·乡村振兴模式与实践丛书·

战旗智库出品

乡村振兴中集体土地项目全程运营模式与实践

伍波◎编著

中国法制出版社
CHINA LEGAL PUBLISHING HOUSE

序一

“土地是财富之母，劳动是财富之父”。土地问题对于具有几千年传统农业社会历史的中国而言，更具特殊性与重要性。十八届三中全会以来，我国全面启动了农村土地制度改革进程，以“三块地”改革、农民住房财产权抵押融资为重点的改革不断向纵深推进，土地制度改革不仅直接促进了我国农村面貌的巨大变化，并且与推动新型城镇化、农业供给侧结构性改革等形成了联动互补，改革所产生的巨大效应正在逐步释放。随着乡村振兴战略的落地实施，农业与农村的全方位发展，对我国深化现行土地制度提出了新的要求，加快农村土地制度的理论创新与实践检验，是新时代农村社会经济发展的客观要求。

正是在此背景之下，伍波先生的《乡村振兴中集体土地项目全程运营模式与实践》一书即将出版发行，无疑正当时。该书紧扣乡村振兴战略的时代脉搏，着重分析我国当前乡村振兴中农村集体土地项目投资建设中的热点难点问题，很有特色，很有价值，操作性很强。作者近十多年一直关注农业农村政策法律的改革，并且以多种身份和角色从事农业农村方面的实务工作，积淀了大量的专业经验和研究素材，形成了一批有价值的实操成果，这部著作可以说是他付出了许多心血之后所结出的果实，其中不乏真知灼见。具体体现在以下几个方面：

首先，该书以乡村政策法律为主线，系统梳理了改革实践中遇到的重点、难点问题，以政策法律为基础，提出了解决问题的合理方案，有助于集体经济组织、农户、各类社会主体把握各自的权责底线，共同促进乡村发展。

其次，该书重点收集了成都市农村土地制度改革创新的典型案例。成都作为全国统筹城乡综合配套改革试验区、农村改革试验区、农村金融改革试验区，通过先行先试取得了一系列重要经验，而作者将紧密跟踪案例过程中收集到的素材编撰成书，将有助于读者对全国改革试验区——成都的做法和经验有更为详尽的了解和认识。

最后，该书以集体土地项目建设运营流程为主线，从顶层设计、规划、用地、建设、运营等全流程，详细解析了在特色小镇、田园综合体、现代农业产业融合发展园区等项目中，对集体土地项目如何进行实际操作，如何解决可能面临的问题等，为社会资本投资运营集体土地类似项目提供了可资借鉴的基本方法和路径。

纵观全书，系统性强、思路清晰，富有新意，是一部将政策法律与项目投融资实践紧密融合，并且可读性和操作性较强的著作，对各类主体参与乡村振兴集体土地项目建设和管理都具有一定的参考价值和指导意义。

中央农办、农业农村部乡村振兴专家咨询委员会委员

四川省决策咨询委员会委员

四川省乡村振兴战略智库首席专家

战旗智库首席专家

郭晓鸣

2018 年 10 月

序二

土地是国之基础，民之根本。在国家乡村振兴战略下，目前我国正在进行城乡二元到城乡融合的改革。土地利用，不能仅关注其经济性，还应该重视其法律属性。目前涉及乡村土地的法律已相对滞后，如何按照国家的改革方向利用好集体土地为乡村振兴服务，同时又不违反国家政策法律红线是值得深入探讨的问题。本书笔者作为土地实务专家，并拥有专业律师背景，长期跟踪国家土地政策并深度参与成都市多年统筹城乡土地改革，总结形成了具有一定指导意义与推广价值的土地利用实操范式。相信本书可以帮助读者紧紧把握正确的法律制度风向标，为有志于投身国家乡村振兴战略、参与田园综合体、特色小镇建设等的各类主体提供最新的集体土地实用知识和问题答疑。

本书特点鲜明，概括起来主要有以下三点：第一，时效性。2018 年年底，《中华人民共和国农村土地承包法》修改完毕。国务院已就 33 个试点地区农村土地制度改革的经验总结向全国人大常委会报告。本书除对现行法律法规进行最新解读外，还增加了对上述最新法律规定及改革实践经验的介绍。

第二，系统性。本书从“三农”政策脉络出发，首先介绍了我国农村土地有关的政策法规概况，然后深入集体土地运营各个环节的实质性问题，最后配合案例及评析，自成体系，使读者在最短的时间内吸收大量有用信息。

第三，实用性。集体土地运营最需要的是具有丰富现实经验的操盘手。本书选取了大量集体土地运行实践的案例，通过对案例的系统分析，重点梳理了社会资本在参与集体土地运营过程中遇到的法律问题及解决思路与对策，为各类读者提供有益借鉴与启示。

在本书写作期间，作者就其研究中遇到的一些问题与我进行了多次交流，完稿后，请我为之作序。出于共同的研究兴趣，我欣然同意，写了这些文字，聊以为序，谨与作者共勉。

学习时报总编辑
中央党校报刊社总编辑
丁茂战
2019 年 2 月

自序

不忘初心，砥砺前行，与乡村振兴战略同行

乡村振兴战略是继统筹城乡发展、建设社会主义新农村之后，我们党在十九大报告中首次提出的解决“三农”问题的重大决策部署，是向全党和全国人民吹响解决“三农”问题的总号角。战略围绕“产业兴旺、生态宜居、乡风文明、治理有效、生活富裕”20字总要求，涉及产业发展、生态环境、精神文明、社会治理、农民生活等“三农”问题的各个方面，是政治、经济、文化、社会、生态“五位一体”的综合体现和在农村的具体落实。

在乡村振兴战略提出前，国家分别提出了城乡一体化、全国统筹城乡综合配套改革试验区、社会主义新农村建设、中国美丽乡村建设等解决“三农”问题的主题。中央从2004—2017年连续14年发布了14个与“三农”问题相关的中央一号文件，但是这14个文件涉及的“三农”问题的主题没有任何一个像2018年中央一号文件正式全面发布的“乡村振兴战略”一样全面、系统，目标、路径一应俱全。2018年中央一号文件提出了“中央统筹、省负总责、五级书记一起抓”的高规格要求；同时规定党内制定农村工作条例，立法机构应将乡村振兴法纳入立法规划。这些要求和规定都体现出本次乡村振兴战略的紧迫性、严肃性和责任性。

2004—2018年，连续十五年的中央一号文件都以“三农”（农业、农村、农民）为主题，笔者由于工作的原因，有幸一直从事与“三农”紧密相关的工作。

作为法律专业工作者，笔者参与了“三农”问题及城乡统筹政策法律方面的相关工作。2003 年，笔者作为执业律师和政府法律顾问深度参与了成都市城乡一体化工作，先期参与了成都市“三个集中”以及“六个城乡一体化”改革中的大量政策法律事务。“三个集中”即工业向园区集中、农民向城镇集中、土地向业主集中；“六个城乡一体化”即城乡规划一体化、城乡产业发展一体化、城乡市场体制一体化、城乡基础设施一体化、城乡公共服务一体化、城乡管理体制一体化。为此易中天教授专门到成都采访、调研，出版了一本《成都方式》的专著。2003—2007 年，成都市进行的城乡一体化改革是成都市自身的探索和实践，由于城乡二元结构背景下的政策和法律体系障碍，工作中涉及的农民身份、土地权属、集体经济发展、集体资产改革、农村社会公共服务等重要问题，都没有国家层面的政策法律文件的直接依据。2007 年 6 月 7 日，国家批准成都作为全国统筹城乡综合配套改革试验区，记得当时一起参加改革工作的一位同志开玩笑说，成都全国统筹城乡试验区的设立批文，相当于国家给了成都一张推进城乡一体化以及开展统筹城乡改革的营业执照。也正是有了国家层面的批准和支持，2008 年 1 月 1 日中共成都市委、成都市政府联合发布了《关于加强耕地保护进一步改革完善农村土地和房屋产权制度的意见》（成发〔2008〕1 号）的一号文件，该《意见》就农村土地承包经营权、农村集体建设用地、农村房屋流转等问题进行了规定。成都批准设立为全国统筹城乡综合配套改革试验区后，笔者作为成都市统筹城乡及农村产权制度改革法律工作组成员，深度参与和见证了改革中的重要工作和取得的重要改革成果，参与了承包经营权长久不变试点改革、集体资产股份量化改革、建设用地指标交易规则的设立、新农村四大基础工程改革工作等城乡统筹及农村产权制度改革的相关重要工作；参与和见证了全国首家集体土地及农村产权交易平台——成都市农村产权交易所的设立；参与和见证了全国首家农村产权纠纷解决平台——成都仲裁委农村产权仲裁院的设立和首例农村产权纠纷仲裁裁判工作；多次列席参加了由成都市主要领导主持及各区市县主要领导参加的“产改联席会”；持续多年列席参加了成都市农委组织召开的处以上干部参加的“主任办公会”；受成都市委党校的邀请，多次为成都市副处级以上干部培训班讲座“城乡统筹中的重要问题政策法律体系”；受成都仲裁委的邀请，在成都仲裁委农村产权仲裁院成立仪式上为首届农村产权仲裁员培训农村产权仲裁规则；在四川省司法厅、成都市人民政府、成都市司法局的指导下，领衔建立了成都市律师协会城乡统筹法律专业委员会并任首届主任，同时协助指导筹建了四川省律师协会城乡统筹法律专业委员会，组织了有关城乡统筹领域的各类课题调研，受政府及成都仲裁委委托担纲组织编写了相关内部材料。

作为涉农产业行业平台负责人及农业全产业链双创平台创始人，笔者参与了“三农”产业及投融资工作。2013 年，笔者在成都市人民政府的指导和支持下，推动成都市市级以上 700 多家农业产业化龙头企业行业平台建设，融合国内国际及四川省内的银行、担保、小贷、会计、法律、税务、资产评估等行业组织，共同发起组建了成都农业产业化龙头企业融资与上市孵化中心，其间广泛接触成都、四川以及全国农业龙头企业、家庭农场为代表的新型农业经营主体以及愿意投资农村产业链的各类投融资机构。在国家“大众创业、万众创新”的“双创”战略引领下，2016 年，笔者在成都农业产业化龙头企业融资与上市孵化中心的基础上，领头发起成立了全国农业产业化全产业链创新创业孵化平台——三浓创咖众创空间，以农业产业化龙头企业集群为产业基础，以人才、技术、资本、土地、市场等五大核心关键要素为资源打通农业全产业链，促进农业农村创新创业工作。同时，笔者也作为研究机构负责人参与到国家乡村振兴战略中。2018 年 2 月，习总书记视察四川，在成都市郫都区战旗村视察调研时提出“乡村振兴要走在前列，起好示范”的嘱托，这既是对战旗村的鼓励，又是对郫都区、成都市、四川省的期望。为了落实习总书记来川视察和战旗村调研时的嘱托，在中共郫都区区委的支持下，中共四川省委农村工作委员会批准同意，由深度参与国家统筹城乡综合配套改革试验区改革的部分专家为主要发起者，融合了国际国内官方智库、社会智库中在乡村振兴理论与实务领域内有建树的专家，筹建成立了四川战旗乡村振兴研究院并登记注册在战旗村，笔者有幸受党委、政府的信任出任研究院负责人。

本书以国家乡村振兴战略相关政策法律改革推进为基本线索，以投资者参与集体土地项目运营全程各环节可能涉及的基本概念理论知识和实务难题为主要内容，以项目建设运营流程为基本时序，结合笔者多年从事执业律师、政府顾问、项目顾问、直接参与投资、项目孵化等多角度的专业和经验以及系统思考，从顶层设计、规划定位、土地取得、项目建设、项目投融资、项目运营、纠纷预防与风险防控全过程贯穿集体土地项目的开发运营；本书通过政策理论梳理，实务疑难问题解答的方式，旨在为有意或正在投身乡村振兴的投资者提供一个对乡村振兴集体土地项目系统运营的认识，有效避免或解决投资及运营过程中可能带来的各种困难与风险。在当前我国经济社会结构发生深刻变革的背景下，有意投身这场农村改革热潮的各类主体，如何从乡村实际出发，顺势而为，在国家相关改革政策和法律的引领下，将集体土地项目认识好、运行好，创造出价值；同时又避免工商资本、社会资本下乡经营农业过程中可能出现的借机炒作、过分非农化经营和损害农民利益等行为。土地制度是乡村振兴制度体系的核心制度，不管是以农村农用地为基础的农村承包经营权制度，还是以建设用地为基础的宅基地管理、集体经营性建设用地使用权入市、新的征地制度改革等，很多规定和内容都是体现国家规划和用途管制的限制性和禁止性规定，所以对相关政策法律的透彻研究和对集体土地项目的系统运营认识和准备都必不可少。

本书共八篇，以乡村振兴各项改革政策及法律规定为基础梳理各篇基本概要，针对农村集体土地项目运营中的典型问题进行专业解答，同时提供经全国统筹城乡试验区——成都改革试验过程中有关集体土地的各类模式与范本，力求覆盖项目推进中的核心问题，最后附上相关政策文件汇编予以佐证和便于读者查看。

第一篇为“顶层设计”——思想与政策法律篇，提示乡村振兴项目特别是特色小镇、田园综合体等规模化用地项目，在投资建设前，需要把握好中央改革的方向，认真领悟和学习国家政策法律，做好项目的顶层设计，这既是项目的方向，又是项目的底线。

第二篇为“多规合一”——规划篇，主要介绍项目在做好顶层设计后，需要就项目本身的用地情况、产业情况、建设情况结合项目所在地的产业规划、土地利用规划、城乡规划等情况与项目做好多规合一的融合并得到当地政府主管部门的认可。

第三篇为“资源取得”——土地篇，该篇是集体土地项目的重要环节也是本书的重要部分，主要介绍项目在做好顶层设计和多规合一的项目规划得到当地政府认可的同时，需要与政府和集体经济组织签订项目战略合作协议以及和村民或村集体签订好土地流转协议及集体建设用地出让协议，保证项目用地的合法有效取得。由于集体土地不是政府直接供地，需要等项目确定后从集体土地所有权人手里取得项目用地，因此要避免集体土地项目确定后项目用地却迟迟落实不了的情况发生。

第四篇为“项目推进”——建设篇，本篇主要介绍在土地合法有效取得后，如何合法开展项目建设，书中重点介绍了在乡村振兴战略提出前，国家批准成都市作为全国统筹城乡综合配套改革试验区的项目建设情况，部分项目对乡村振兴项目仍然具有极强的借鉴意义。

第五篇为“资金运营”——投融资篇，主要介绍乡村振兴项目除了投资者自身投资外，在借助政策性资金、金融杠杆、项目资本性融资中需要了解掌握的一些问题和相关政策法律规定。

第六篇为“项目招商”——产业篇，主要介绍乡村振兴项目必须以产业为基础，厘清当前国家鼓励发展的产业形态以及在从事相关产业时如何融合农业产业化龙头企业、家庭农场、专合组织等新型经营主体的资源和优势，并找到与当地村集体、村民建立利益共享的利益联结机制。

第七篇为“纠纷解决”——司法篇，主要介绍乡村振兴项目中容易产生纠纷的内容和处理救济的办法，为乡村振兴项目中防范和解决纠纷提供思路和方法。

第八篇为成都案例篇，主要介绍成都市作为全国统筹城乡改革试验区、第二批农村改革试验区的一些先进村集体、政府职能部门在改革中围绕土地、产业、金融、经营等各环节开展的改革创新和实践探索，对乡村振兴土地项目的全程系统运营提供更多的借鉴和模式参考。

本书通过上述章节的安排系统总结了农村集体土地项目 S－DLCFO－D 七步全程系统运营模式，以期为读者提供一个全面思考、整体把握、系统推进的集体土地项目运营管理模式。

由于国家乡村振兴战略刚刚提出，在新的战略规划下，国家层面正式的法律和具体规定较少甚至是空白，成型的可借鉴项目和模式也较少。本书主要梳理和总结了近十多年来与乡村振兴战略方向一致的改革政策和改革试验区一些代表性项目运营情况，由于时间跨度较长且是对集体土地项目全程系统性介绍，难免在政策梳理和专业章节认识上有诸多疏漏和不足，敬请各领域的读者、专业人士、专家指导批评，以帮助笔者优化完善。

2019 年 1 月

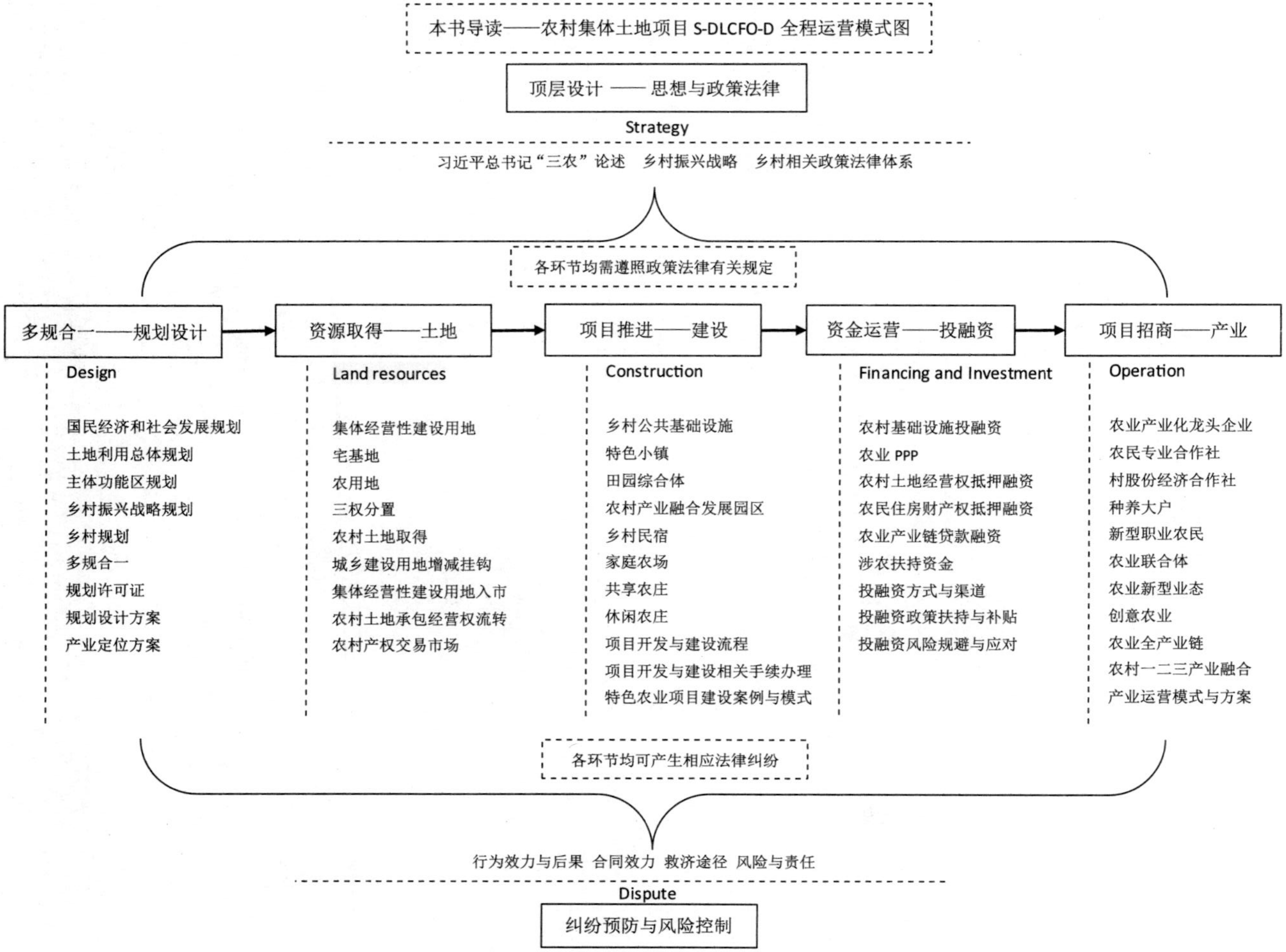
本书导读——农村集体土地项目 S-DLCFO-D 全程运营模式图
顶层设计 —— 思想与政策法律
Strategy
习近平总书记“三农”论述　乡村振兴战略　乡村相关政策法律体系
各环节均需遵照政策法律有关规定
多规合一——规划设计
Design
国民经济和社会发展规划
土地利用总体规划
主体功能区规划
乡村振兴战略规划
乡村规划
多规合一
规划许可证
规划设计方案
产业定位方案
资源取得——土地
Land resources
集体经营性建设用地
宅基地
农用地
三权分置
农村土地取得
城乡建设用地增减挂钩
集体经营性建设用地入市
农村土地承包经营权流转
农村产权交易市场
项目推进——建设
Construction
乡村公共基础设施
特色小镇
田园综合体
农村产业融合发展园区
乡村民宿
家庭农场
共享农庄
休闲农庄
项目开发与建设流程
项目开发与建设相关手续办理
特色农业项目建设案例与模式
资金运营——投融资
Financing and Investment
农村基础设施投融资
农业 PPP
农村土地经营权抵押融资
农民住房财产权抵押融资
农业产业链贷款融资
涉农扶持资金
投融资方式与渠道
投融资政策扶持与补贴
投融资风险规避与应对
项目招商——产业
Operation
农业产业化龙头企业
农民专业合作社
村股份经济合作社
种养大户
新型职业农民
农业联合体
农业新型业态
创意农业
农业全产业链
农村一二三产业融合
产业运营模式与方案
各环节均可产生相应法律纠纷
行为效力与后果　合同效力　救济途径　风险与责任
Dispute
纠纷预防与风险控制

目　录

◆ 重点、热点、疑难问题及解答

【重点、热点问题】

第一篇　“顶层设计”——思想与政策法律篇

一、习近平总书记关于“三农”和实施乡村振兴战略的重要论述

习近平总书记十分重视“三农”工作，提出了很多新思想、新理念、新论断，内容涵盖“三农”各个方面，解决了多年来“三农”发展的许多重大理论与实践问题，形成了新时代解决“三农”问题的理论探索与顶层设计。

2005 年 5 月 21 日，习近平同志提出了五个“务必”。在《农民日报》专访《习近平的“新‘三农’”说》中，深刻论述了他对“三农”工作的认识，即：务必执政为民重“三农”、务必以人为本谋“三农”、务必统筹城乡兴“三农”、务必改革开放促“三农”、务必求真务实抓“三农”。①

2013 年 7 月 22 日，习近平总书记在湖北考察改革发展工作时强调，深化农村改革，完善农村基本经营制度。要好好研究农村土地所有权、承包权、经营权三者之间的关系，土地流转要尊重农民意愿、保障基本农田和粮食安全，要有利于增加农民收入。同时，我们既要有工业化、信息化、城镇化，也要有农业现代化和新农村建设，两个方面要同步发展。要破除城乡二元结构，推进城乡发展一体化，把广大农村建设成农民幸福生活的美好家园。②

2013 年 11 月 28 日，习近平总书记在山东农科院召开座谈会时强调，农业出路在现代化，农业现代化关键在科技进步。我们比以往任何时候都要更加重

---

① 何兰生、徐恒杰、江娜、蒋文龙、孟德才、朱海洋：《梦开始的地方——学访习近平“三农”思想的浙江实践》，载新华网学习进行时：http：//www. xinhuanet. com/politics/2018 - 07/03/c_1123074596. htm，最后访问时间：2018 年 9 月 29 日。

② 《“平语”近人——习近平的“三农观”》，载新华网：http：//www. xinhuanet. com//politics/2015 - 12/29/c_ 1117601781_ 3. htm，最后访问时间：2018 年 9 月 29 日。

视和依靠农业科技进步，走内涵式发展道路。矛盾和问题是科技创新的导向，要适时调整农业技术进步路线，加强农业科技人才队伍建设，培养新型职业农民。小康不小康，关键看老乡，21世纪以来，农民收入连续9年增长，生活水平不断提高，但全面建成小康仍极为艰巨。要大力促进农民增加收入，不要平均数掩盖了大多数，要看大多数农民收入水平是否得到提高。①

2013年12月，在中央农村工作会议上，习近平总书记提出“强、美、富”。即：中国要强，农业必须强；中国要美，农村必须美；中国要富，农民必须富。②

在2013年中央经济工作会议上，习近平总书记提出了国家粮食安全战略。即要坚持以我为主、立足国内、确保产能、适度进口、科技支撑的国家粮食安全战略，确保谷物基本自给、口粮绝对安全。③

2015年4月30日，习近平总书记在中共中央政治局第二十二次集体学习时强调，农村要发展，根本要依靠亿万农民。要坚持不懈推进农村改革和制度创新，充分发挥亿万农民主体作用和首创精神，不断解放和发展农村社会生产力，激发农村发展活力。同时，推进城乡一体化要坚持从国情出发，从我国城乡发展不平衡不协调和二元结构的现实出发，从我国的自然禀赋、历史文化传统、制度体制出发，既要遵循普遍规律、又不能墨守成规，既要借鉴国际先进经验、又不能照抄照搬。要加快推进户籍制度改革，完善城乡劳动者平等就业制度，逐步让农业转移人口在城镇住得进来、住得下、融得进、能就业、可创业，维护好农民工合法权益，保障城乡劳动者平等就业权利。④

2015年，习近平总书记在吉林调研时指出：任何时候都不能忽视农业、不能忘记农民、不能淡漠农村。“三个不能”站在历史角度重新审视我国“三农”的重要规律，坚定了强农惠农富农与推进农村全面建成小康社会的信心，要求

① 《“平语”近人——习近平的“三农观”》，载新华网：http：//www. xinhuanet. com//politics/2015 - 12/29/c_ 1117601781_ 3. htm，最后访问时间：2018年9月29日。

② 《中央农村工作会议在北京举行 习近平李克强作重要讲话》，载中国共产党新闻网：http：//cpc. people. com. cn/n/2013/1225/c64094 - 23938145 - 2. html，最后访问时间：2018年9月29日。

③ 《习近平在中央经济工作会议上发表重要讲话》，载人民网：http：//pic. people. com. cn/n/2013/1214/c1016 - 23840423. html，最后访问时间：2018年9月29日。

④ 《习近平在中共中央政治局第二十二次集体学习时强调 健全城乡发展一体化体制机制 让广大农民共享改革发展成果》，载央视网：http：//tv. cctv. com/2015/05/01/VIDE1430488444211972. shtml，最后访问时间：2018年9月29日。

全党在任何时期、任何情况下，不仅应在经济上保障农民物质利益，同时还应在政治上尊重农民民主权利。[①]

2016年，习近平总书记在安徽凤阳县小岗村召开的农村改革座谈会上强调：要坚定不移深化农村改革，坚定不移加快农村发展，坚定不移维护农村和谐稳定。“三个坚定不移”从全局角度突出了农村改革、发展与稳定的重要关系，在全面深化改革攻坚克难的关键时期，表明了党中央高度重视“三农”工作的坚定态度，党管农村工作是我们的传统，这个传统不能丢。上述三方面论述，不仅着眼于长远的战略判断，同时又以当前的政策部署为基础，在不断进行实践总结的基础上，继承和创新理论成果，集中展现了党对“三农”工作的坚定自信和对亿万农民群众的责任担当。[②]

2017年，习近平总书记主持中央农村工作会议，全面分析“三农”工作面临的形势和任务，研究实施乡村振兴战略的重要政策，部署2018年和今后一个时期的农业农村工作。明确实施乡村振兴战略的目标任务是，到2020年，乡村振兴取得重要进展，制度框架和政策体系基本形成；到2035年，乡村振兴取得决定性进展，农业农村现代化基本实现；到2050年，乡村全面振兴，农业强、农村美、农民富全面实现。[③]

2018年1月，习近平总书记在中共中央政治局第三次集体学习时明确将乡村振兴置于“积极推动城乡区域协调发展，优化现代化经济体系的空间布局”的高度，强调要“突出抓好”。乡村振兴是一盘大棋，要把这盘大棋走好，讲究的是充分观局谋势、通盘考量。乡村振兴的成功实施，并不能只靠发展农村，更需要站在城乡区域协调发展的高度精准把握。[④]

2018年2月，习近平总书记在四川考察时提出了“扎扎实实”四个字的要

---

① 韩长赋：《习近平“三农”思想：“三个必须”“三不能”“三个坚定不移”》，载中国共产党新闻网：http：//theory. people. com. cn/n1/2017/0125/c83846 - 29048273. html，最后访问时间：2018年9月29日。

② 同上注。

③ 董峻、高敬、侯雪静、胡璐：《谱写新时代乡村全面振兴新篇章——2017年中央农村工作会议传递六大新信号》，载中国共产党新闻网：http：//cpc. people. com. cn/n1/2017/1230/c64387 - 29737423. html，最后访问时间：2018年9月29日。

④ 《习近平：推动城乡区域协调发展 走好乡村振兴这盘大棋》，载新浪财经：http：//finance. sina. com. cn/roll/2018 - 02 - 01/doc - ifyrcsrw3164090. shtml，最后访问时间：2018年9月29日。

求。党的十九大提出实施乡村振兴战略，这是加快农村发展、改善农民生活、推动城乡一体化的重大战略，要把发展现代农业作为实施乡村振兴战略的重中之重，把生活富裕作为实施乡村振兴战略的中心任务，扎扎实实把乡村振兴战略实施好。总书记提出“扎扎实实”这四个字的要求，言简意赅。“实干”，也是习近平推进工作一以贯之的要求和标准。①

2018 年 3 月，习近平总书记在参加十三届全国人大第一次会议山东代表团审议时提出了“五个振兴”。实施乡村振兴战略，是党的十九大作出的重大决策部署，是决胜全面建成小康社会、全面建设社会主义现代化国家的重大历史任务，是新时代做好“三农”工作的总抓手。天下大事必作于细。乡村振兴应该怎么干？习近平总书记提出五个“振兴”——乡村产业振兴、人才振兴、文化振兴、生态振兴、组织振兴，强调推动农业全面升级、农村全面进步、农民全面发展。总书记为我们搭建起了乡村振兴的“四梁八柱”。②

2018 年 6 月，习近平总书记在参加山东代表团审议时指出，加快构建现代农业产业体系、生产体系、经营体系，推进农业由增产导向转向提质导向，提高农业创新力、竞争力、全要素生产率，提高农业质量效益和整体素质。这里，总书记将三大体系建设与推进中国农业现代化的整体目标紧密联系在一起，体现总书记在强调现代农业三大体系建设时，将手段和目标高度统一的思想。③

2018 年 7 月，习近平总书记对实施乡村振兴战略作出重要指示：“要坚持乡村全面振兴，抓重点、补短板、强弱项，实现乡村产业振兴、人才振兴、文化振兴、生态振兴、组织振兴，推动农业全面升级、农村全面进步、农民全面发展。”④

2018 年 9 月，习近平总书记在主持中共中央政治局第八次集体学习实施乡

---

① 金佳绪：《这件事，十九大后习近平多次提及》，载新华网：http：//www. xinhuanet. com/politics/xxjxs/2018 -08/06/c_ 1123226849. htm，最后访问时间：2018 年 9 月 29 日。

② 《习近平要求乡村实现“五个振兴”》，载人民网：http：//politics. people. com. cn/n1/2018/0716/c1001 -30149097. html，最后访问时间：2018 年 9 月 29 日。

③ 《习近平参加山东代表团审议》，载央视网：http：//news. cnr. cn/native/gd/20180308/t20180308_524158141. shtml? from = groupmessage，最后访问时间：2018 年 9 月 29 日。

④ 《习近平对实施乡村振兴战略作出重要指示》，载中央人民政府官网：http：//www. gov. cn/xinwen/2018 -07/05/content_ 5303799. htm，最后访问时间：2018 年 9 月 29 日。

村振兴战略时强调，乡村振兴战略是党的十九大提出的一项重大战略，是关系全面建设社会主义现代化国家的全局性、历史性任务，是新时代“三农”工作总抓手。没有农业农村现代化，就没有整个国家现代化。在现代化进程中，如何处理好工农关系、城乡关系，在一定程度上决定着现代化的成败。我国作为中国共产党领导的社会主义国家，应该有能力、有条件处理好工农关系、城乡关系，顺利推进我国社会主义现代化进程。改革开放以来，我国广大农民为推进工业化、城镇化作出了巨大贡献。农业发展和农村建设也取得了显著成就，为我国改革开放和社会主义现代化建设打下了坚实基础。我国拥有 13 亿多人口，不管工业化、城镇化进展到哪一步，城乡将长期共生并存。40 年前，我们通过农村改革拉开了改革开放大幕。40 年后的今天，我们应该通过振兴乡村，开启城乡融合发展和现代化建设新局面。①

习近平总书记指出，农业农村现代化是实施乡村振兴战略的总目标，坚持农业农村优先发展是总方针，产业兴旺、生态宜居、乡风文明、治理有效、生活富裕是总要求，建立健全城乡融合发展体制机制和政策体系是制度保障。要坚持农业现代化和农村现代化一体设计、一并推进，实现由农业大国向农业强国的跨越。要在资金投入、要素配置、公共服务、干部配备等方面采取有力举措，加快补齐农业农村发展短板，不断缩小城乡差距，让农业成为有奔头的产业，让农民成为有吸引力的职业，让农村成为安居乐业的家园。要推动农业农村经济适应市场需求变化、加快优化升级、促进产业融合，加快推进农村生态文明建设、建设农村美丽家园，弘扬社会主义核心价值观、保护和传承农村优秀传统文化、加强农村公共文化建设、提高乡村社会文明程度，推进乡村治理能力和水平现代化、让农村既充满活力又和谐有序，不断满足广大农民群众日益增长的美好生活需要。②

习近平总书记强调，实施乡村振兴战略，首先要按规律办事。在我们这样一个拥有 13 亿多人口的大国，实现乡村振兴是前无古人、后无来者的伟大创举，没有现成的、可照抄照搬的经验。要突出抓好农民合作社和家庭农场两类

---

① 《习近平主持中共中央政治局第八次集体学习》，载第一财经：https：//www.yicai.com/news/100031017.html，最后访问时间：2018 年 9 月 29 日。

② 同上注。

农业经营主体发展，赋予双层经营体制新的内涵，不断提高农业经营效率。我国农耕文明源远流长、博大精深，是中华优秀传统文化的根，要在实行自治和法治的同时，注重发挥好德治的作用，推动礼仪之邦、优秀传统文化和法治社会建设相辅相成。要走城乡融合发展之路，向改革要动力，加快建立健全城乡融合发展体制机制和政策体系，健全多元投入保障机制，增加对农业农村基础设施建设投入，加快城乡基础设施互联互通，推动人才、土地、资本等要素在城乡间双向流动。要建立健全城乡基本公共服务均等化的体制机制，推动公共服务向农村延伸、社会事业向农村覆盖。打好脱贫攻坚战是实施乡村振兴战略的优先任务。贫困村和所在县乡当前的工作重点就是脱贫攻坚，要保持目标不变、靶心不散、频道不换。①

习近平总书记指出，实施乡村振兴战略，各级党委和党组织必须加强领导，汇聚起全党上下、社会各方的强大力量。要把好乡村振兴战略的政治方向，坚持农村土地集体所有制性质，发展新型集体经济，走共同富裕道路。要充分发挥好乡村党组织的作用，把乡村党组织建设好，把领导班子建设强。人才振兴是乡村振兴的基础，要创新乡村人才工作体制机制，充分激发乡村现有人才活力，把更多城市人才引向乡村创新创业。②

习近平总书记强调，在实施乡村振兴战略中要注意处理好以下关系。一是长期目标和短期目标的关系，要遵循乡村建设规律，坚持科学规划、注重质量、从容建设，一件事情接着一件事情办，一年接着一年干，切忌贪大求快、刮风搞运动、防止走弯路、翻烧饼。二是顶层设计和基层探索的关系，党中央已经明确了乡村振兴的顶层设计，各地要制定符合自身实际的实施方案，科学把握乡村的差异性，因村制宜，发挥亿万农民的主体作用和首创精神，善于总结基层的实践创造。三是充分发挥市场决定性作用和更好发挥政府作用的关系，要进一步解放思想，推进新一轮农村改革，发挥政府在规划引导、政策支持、市场监管、法治保障等方面的积极作用。四是增强群众获得感和适应发展阶段的关系，要围绕农民群众最关心最直接最现实的利益问题，加快补齐农村发展和

---

① 《习近平主持中共中央政治局第八次集体学习》，载第一财经：https：//www.yicai.com/news/100031017.html，最后访问时间：2018 年 9 月 29 日。

② 同上注。

民生短板，让亿万农民有更多实实在在的获得感、幸福感、安全感，同时要形成可持续发展的长效机制，坚持尽力而为、量力而行，不能提脱离实际的目标，更不能搞形式主义和“形象工程”。①

习近平总书记有着丰富的基层农村工作经验，因而总是能用深入浅出、善接地气的语言阐释“三农”重大问题，既讲大逻辑又说大众话，习近平总书记关于“三农”的重要论述，体现了对农业农村发展的深刻洞察、对农民的殷殷情怀。②

2018 年 9 月 25 日，习近平总书记在北大荒考察时指出，农业要振兴，就要插上科技的翅膀。农业是基础性产业，中国现代化就离不开农业现代化，我们这么大的国家，农业是不可或缺的，农业要振兴，就要依靠科技的翅膀，靠优秀的人才、先进的设备、与产业发展相适应的园区，农业科技大有潜力，大有可为。③

二、政策体系

（一）“十八大”以来农村改革的政策体系

“改革”是当前最能代表新时代精神的词汇。40 年前，中国的改革自农村发轫，安徽小岗村 18 户农民首创了家庭联产承包责任制，拉开了中国农村经济社会快速发展的序幕。“十八大”以来，我国农村改革系统集成、稳步推进，农民农业农村的改革发展活力不断增强，为整个农村经济社会的深刻变革增添了新动能。

农村改革是全面深化改革的重要内容。根据党中央、国务院的决策部署，农村各项改革正在扎实开展，一些重要改革事项试点工作正在有序推进。当前，我国经济发展进入新常态，新型工业化、信息化、城镇化、农业现代化持续推进，农村经济社会深刻变革，农村改革涉及的利益关系更加复杂，目标更加多

① 《习近平主持中共中央政治局第八次集体学习》，载第一财经：https：//www. yicai. com/news/100031017. html，最后访问时间：2018 年 9 月 29 日。

② 同上注。

③ 《在最早迎接太阳的垦区 习近平一以贯之强调这些事》，载人民网：http：//politics. people. com. cn/n1/2018/0929/c1024－30319971. html，最后访问时间：2018 年 9 月 29 日。

元，影响因素更加多样，任务也更加艰巨。农村改革综合性强，靠单兵突进难以奏效，必须树立系统性思维，做好整体谋划和顶层设计，找准牵一发而动全身的牛鼻子和主要矛盾，进一步提高农村改革决策的科学性。农村改革要从总体上把握好方向，提出深化农村改革总体目标、基本原则、基本任务、重要路径，从全局上更有效地指导和协调农村各项改革，加强各项改革之间的衔接配套，最大限度释放改革的综合效应。

综上，前文所述内容与本书编写直接相关的改革内容可概括分为三个部分，即农村土地制度改革、农村集体产权制度改革以及农村基础设施投融资体制机制改革。

1. 农村土地制度改革

处理好农民与土地的关系，始终是农村改革的主线任务。近年来，随着我国工业化、信息化、城镇化和农业现代化深入推进，农村劳动力大量转移，新型农业经营主体不断涌现，土地流转和规模经营发展已成为必然趋势，但如何规范流转行为，确定流转双方的权责，亟须从顶层制度设计上加以统筹。目前主要有自然资源部具体实施的“三块地”改革与农业农村部具体实施的承包地“三权分置”改革等。

中共中央办公厅（后文简称中办）、国务院办公厅（后文简称国办）联合印发《关于农村土地征收、集体经营性建设用地入市、宅基地制度改革试点工作的意见》（后文简称《试点意见》），标志着我国农村土地制度改革进入试点阶段。《试点意见》中指出，针对农村土地征收改革方面，要探索缩小土地征收范围，要规范制定征收目录，健全矛盾纠纷调处机制，全面公开土地征收信息，还要完善对被征地农民合理、规范、多元保障机制等；针对农村集体经营性建设用地入市改革方面，要探索完善用地产权制度，赋予农村集体经营性建设用地出让、租赁、入股权能，明确农村集体经营性建设用地入市范围和途径，还要建立健全市场交易规则和服务监管制度等；针对农村宅基地制度改革方面，要完善宅基地权益保障和取得方式，探索农民住房保障在不同区域户有所居的多种实现形式，对超标准占用宅基地和一户多宅等情况，探索实行有偿使用，以及进城落户农民在本集体经济组织内部自愿有偿退出或转让宅基地等。①2018 年年初，在充分借鉴成都、重庆等地指标交易实践的基础上，国务院办公厅下发《关于印发跨省域补充耕地国家统筹管理办法和城乡建设用地增减挂钩节余指标跨省域调剂管理办法的通知》，为土地指标在更大范围内合理流动提供了重要路径，也为以土地资源配置撬动资金从发达地区向欠发达或不发达地区流动，指明了具体方向。

2016 年，中办、国办联合印发《关于完善农村土地所有权承包权经营权分置办法的意见》（后文简称《分置意见》），在总结各地改革实践经验的基础上，确立了农村承包地坚持集体所有权、稳定农户承包权、放活土地经营权的“三权分置”制度。这是继家庭联产承包责任制后我国农村改革的又一大创新，为推动今后一段时间农村土地产权制度改革打下了坚实的基础。“三权分置”制度在坚持集体所有制的前提下，既保障了农民的土地经营基本权益，稳定承包权，让农民吃上“定心丸”，同时又放活了经营权，促进农村土地有序流转，土地适度规模经营也初见雏形。除经营权流转外，经营权入股、抵押等也是放活经营权的重要方式，为现代农业发展带来了资金“活水”。

表 1－1

序号	文件名称	发文单位	发布时间
1	关于跨省域补充耕地国家统筹管理办法和城乡建设用地增减挂钩节余指标跨省域调剂管理办法的通知	国务院办公厅	2018. 3. 10
2	关于完善农村土地所有权承包权经营权分置办法的意见	中共中央办公厅、国务院办公厅	2016. 10. 30
3	关于印发农村土地征收、集体建设用地入市和宅基地制度改革实施细则的通知	国土资源部	2016. 5. 13
4	农村承包土地的经营权抵押贷款试点暂行办法	中国人民银行、中国银监会、中国保监会、财政部、农业部	2016. 3. 15

① 《农村土地制度三项改革试点意见出台 2017 年底完成》，载人民网财经频道：http：//finance. people. com. cn/n/2015/0110/c1004－26361789. html，最后访问时间：2018 年 9 月 29 日。

续表

序号	文件名称	发文单位	发布时间
5	农民住房财产权抵押贷款试点暂行办法	中国人民银行、中国银行业监督管理委员会、中国保险监督管理委员会、财政部、国土资源部、住房和城乡建设部	2016. 3. 15
6	关于引导农村产权流转交易市场健康发展的意见	国务院办公厅	2014. 12. 30
7	关于农村土地征收、集体经营性建设用地入市、宅基地制度改革试点工作的意见	中共中央办公厅、国务院办公厅	2015. 1

2. 农村集体产权制度改革

有恒产者有恒心。党的十八大以来，农村改革的版图中，产权的内涵愈加清晰，产权的价值更加深入人心，产权制度改革的步伐明显加快。党的十八大以来，全国农村集体经济组织账面资产总额由2012年的2. 18万亿元增长到2016年的3. 1万亿元，年均增长9. 2%。然而，数量如此庞大的资产，却长期面临权属不清、权责不明、保护不严、流转不畅等问题，特别是随着工业化、城镇化的快速发展，农村集体资产还面临流失的风险。①

党的十八大及十八届三中、五中全会发布的多个中央“一号文件”，都高度重视农村集体产权制度改革。2016年12月，《中共中央、国务院关于稳步推进农村集体产权制度改革的意见》正式发布，这是向全国逐步推开农村集体产权制度改革的重大标志性事件。在明晰农村集体产权、引导农民发展股份合作的同时，改革也注重完善集体产权权能，赋予农民对农村集体资产股份占有、收益、有偿退出及抵押、担保、继承等相关权能，改革成果也非常明显。

在坚持家庭承包经营基础上，培育从事农业生产和服务的新型农业经营主体是关系我国农业现代化的重大战略。2017年5月，中办、国办印发了《关于加快构建政策体系培育新型农业经营主体的意见》，而在此之前农业部也先后制

① 施维：《将深化农村改革进行到底——党的十八大以来农村改革成就综述》，载农业农村部官网：http://www.moa.gov.cn/ztzl/ncggsyq/xcbd/201709/T20170926_5828241.htm，最后访问时间：2018年9月29日。

定了促进和规范家庭农场、农民合作社、龙头企业等发展的意见。在新一轮农村综合改革中，新型农业经营主体的培育，以及规模化服务主体和市场化经营环境的培养尤为重要。

表 1－2

序号	文件名称	发文单位	发布时间
1	关于加快推进农业供给侧结构性改革大力发展粮食产业经济的意见	国务院办公厅	2017. 9. 1
2	关于支持农业生产社会化服务工作的通知	农业部办公厅、财政部办公厅	2017. 6. 9
3	关于加快构建政策体系培育新型农业经营主体的意见	中共中央办公厅、国务院办公厅	2017. 5. 31
4	关于推进农业供给侧结构性改革的实施意见	农业部	2017. 1. 26
5	关于稳步推进农村集体产权制度改革的意见	中共中央、国务院	2016. 12. 26
6	关于支持返乡下乡人员创业创新促进农村一二三产业融合发展的意见	国务院办公厅	2016. 11. 18
7	关于加强对工商资本租赁农地监管和风险防范的意见	农业部、中央农村工作领导小组办公室、自然资源部、国家工商行政管理总局	2015. 4. 14
8	积极发展农民股份合作赋予农民对集体资产股份权能改革试点方案	农业部、中央农村工作领导小组办公室、国家林业局	2014. 11. 22
9	关于引导农村土地经营权有序流转发展农业适度规模经营的意见	中共中央办公厅、国务院办公厅	2014. 11. 20

3. 农村基础设施投融资体制机制改革

城乡发展一体化是解决我国“三农”问题的根本途径，必须坚持工业反哺农业、城市支持农村的基本方针，协调推进城镇化和新农村建设，加快形成以工促农、以城带乡、工农互惠、城乡一体的新型工农城乡关系，努力缩小城乡发展差距。

2017年2月，国办发布《国务院办公厅关于创新农村基础设施投融资体制机制的指导意见》（后文简称《投融资意见》），旨在从投融资的角度破解农村基础设施资金投入不足、发展水平落后等问题。《投融资意见》中进行了明确分工，涉及国家发改委等21个中央政府机构，基本涵盖了农村基础设施建设的所有职能部门。

如何看待当前农村基础设施建设，直接关系到地方政府的政策制定以及相关市场主体的经营决策。农村基础设施建设是中国正在进行的城镇化过程的应有之义，而不论是在中国还是在外国，对于城镇化而言，资本都是一个稀缺资源。“钱从哪儿来”是各国城镇化过程中面临的重要问题。完善农村基础设施建设投入和建管机制，一方面，需要进一步加大公共财政对农村基础设施建设的投入力度，加快基础设施向农村延伸，探索建立城乡基础设施和公共服务设施互联互通、共建共享的机制；另一方面，要创新农村基础设施和公共服务设施决策、投入、建设和运行管护机制，建立自下而上的民主决策机制，通过村民自选、自建、自管、自用等方式，更好地发挥农民主体作用，积极引导社会资本参与农村公益性基础设施建设、管护和运营。

表1－3

序号	文件名称	发文单位	发布时间
1	关于深入推进农业领域政府和社会资本合作的实施意见	财政部、农业部	2017.5.31
2	关于创新农村基础设施投融资体制机制的指导意见	国务院办公厅	2017.2.6
3	关于在公共服务领域推广政府和社会资本合作模式的指导意见	国务院办公厅	2015.5.19
4	关于进一步鼓励和引导民间资本投资国土资源领域的意见	国土资源部、全国工商联	2012.6.15

（二）2018年“乡村振兴战略”的实施意见

2017年10月，习近平总书记在党的十九大报告中指出，要实施乡村振兴战略。农业农村农民问题是关系国计民生的根本性问题，必须始终把解决好“三农”问题作为全党工作的重中之重。2018年1月，中共中央、国务院印发

《关于实施乡村振兴战略的意见》，提出实施乡村振兴战略，要坚持党管农村工作，坚持农业农村优先发展，坚持农民主体地位，坚持乡村全面振兴，坚持城乡融合发展，坚持人与自然和谐共生，坚持因地制宜、循序渐进；要巩固和完善农村基本经营制度，保持土地承包关系稳定并长久不变，第二轮土地承包到期后再延长三十年；要确保国家粮食安全，把中国人的饭碗牢牢端在自己手中；要加强农村基层基础工作，培养造就一支懂农业、爱农村、爱农民的“三农”工作队伍。

走中国特色社会主义乡村振兴道路，要依照产业兴旺、生态宜居、乡风文明、治理有效、生活富裕这20字方针的总要求，让农业成为有奔头的产业，让农民成为有吸引力的职业，让农村成为安居乐业的美丽家园。

产业兴旺是实现乡村振兴的基石。发展现代农业是产业兴旺最重要的内容，其重点是通过产品、技术、制度、组织和管理创新，提高良种化、机械化、科技化、信息化、标准化、制度化和组织化水平，推动农业、林业、牧业、渔业和农产品加工业转型升级。一方面，大力发展以新型职业农民、适度规模经营、作业外包服务和绿色农业为主要内容的现代农业；另一方面，推进农村一二三产业融合发展，促进农业产业链延伸，为农民创造更多就业和增收机会。

生态宜居是提高乡村发展质量的保证。其内容涵盖村容整洁，村内水、电、路等基础设施完善，以保护自然、顺应自然、敬畏自然的生态文明理念纠正单纯以人工生态系统替代自然生态系统的错误做法等。它提倡保留乡土气息、保存乡村风貌、保护乡村生态系统、治理乡村环境污染，实现人与自然和谐共生，让乡村人居环境绿起来、美起来。

乡风文明是乡村建设的灵魂。乡风文明建设既包括促进农村文化教育、医疗卫生等事业发展，改善农村基本公共服务，又包括大力弘扬社会主义核心价值观，传承遵规守约、尊老爱幼、邻里互助、诚实守信等乡村良好习俗，努力实现乡村传统文化与现代文明的融合，还包括充分借鉴国内外乡村文明的优秀成果，实现乡风文明与时俱进。

治理有效是乡村善治的核心。治理越有效，乡村振兴战略的实施效果就越好。为此，应建立健全党委领导、政府负责、社会协同、公众参与、法治保障的现代乡村社会治理体制，健全自治、法治、德治相结合的乡村治理体系，加强农村基层基础工作，加强农村基层党组织建设，深化村民自治实践，建设平安乡村。进一步密切党群、干群关系，有效协调农户利益与集体利益、短期利益与长期利益的关系，确保乡村社会充满活力、和谐有序。

生活富裕是乡村振兴的目标。乡村振兴战略的实施效果要用农民生活富裕程度来评价。为此，要努力保持农民收入较快增长，持续降低农村居民的恩格尔系数，不断缩小城乡居民收入差距，让广大农民群众和全国人民一道进入全面小康社会，向着共同富裕目标稳步前进。

（三）《乡村振兴战略规划（2018—2022 年）》

党的十九大提出实施乡村振兴战略，是以习近平同志为核心的党中央着眼党和国家事业全局，深刻把握现代化建设规律和城乡关系变化特征，顺应亿万农民对美好生活的向往，对“三农”工作作出的重大决策部署，是决胜全面建成小康社会、全面建设社会主义现代化国家的重大历史任务，是新时代做好“三农”工作的总抓手。为贯彻落实党的十九大、中央经济工作会议、中央农村工作会议精神和政府工作报告要求，描绘好战略蓝图，强化规划引领，科学有序推动乡村产业、人才、文化、生态和组织振兴，根据中共中央、国务院印发的《关于实施乡村振兴战略的意见》，2018 年 9 月，中共中央、国务院印发《乡村振兴战略规划（2018—2022 年）》，对实施乡村振兴战略第一个五年工作作出具体部署，是指导各地区各部门分类有序推进乡村振兴的重要依据。

1. 规划编制的基本原则

——坚持党管农村工作。毫不动摇地坚持和加强党对农村工作的领导，健全党管农村工作方面的领导体制机制和党内法规，确保党在农村工作中始终总揽全局、协调各方，为乡村振兴提供坚强有力的政治保障。

——坚持农业农村优先发展。把实现乡村振兴作为全党的共同意志、共同行动，做到认识统一、步调一致，在干部配备上优先考虑，在要素配置上优先满足，在资金投入上优先保障，在公共服务上优先安排，加快补齐农业农村短板。

——坚持农民主体地位。充分尊重农民意愿，切实发挥农民在乡村振兴中的主体作用，调动亿万农民的积极性、主动性、创造性，把维护农民群众根本利益、促进农民共同富裕作为出发点和落脚点，促进农民持续增收，不断提升农民的获得感、幸福感、安全感。

——坚持乡村全面振兴。准确把握乡村振兴的科学内涵，挖掘乡村多种功能和价值，统筹谋划农村经济建设、政治建设、文化建设、社会建设、生态文明建设和党的建设，注重协同性、关联性，整体部署，协调推进。

——坚持城乡融合发展。坚决破除体制机制弊端，使市场在资源配置中起决定性作用，更好发挥政府作用，推动城乡要素自由流动、平等交换，推动新型工业化、信息化、城镇化、农业现代化同步发展，加快形成工农互促、城乡互补、全面融合、共同繁荣的新型工农城乡关系。

——坚持人与自然和谐共生。牢固树立和践行绿水青山就是金山银山的理念，落实节约优先、保护优先、自然恢复为主的方针，统筹山水林田湖草系统治理，严守生态保护红线，以绿色发展引领乡村振兴。

——坚持改革创新、激发活力。不断深化农村改革，扩大农业对外开放，激活主体、激活要素、激活市场，调动各方力量投身乡村振兴。以科技创新引领和支撑乡村振兴，以人才汇聚推动和保障乡村振兴，增强农业农村自我发展动力。

——坚持因地制宜、循序渐进。科学把握乡村的差异性和发展走势分化特征，做好顶层设计，注重规划先行、因势利导，分类施策、突出重点，体现特色、丰富多彩。既尽力而为，又量力而行，不搞层层加码，不搞一刀切，不搞形式主义和形象工程，久久为功，扎实推进。

2. 规划实现的主要目标

到2020年，乡村振兴的制度框架和政策体系基本形成，各地区各部门乡村振兴的思路举措得以确立，全面建成小康社会的目标如期实现。到2022年，乡村振兴的制度框架和政策体系初步健全。国家粮食安全保障水平进一步提高，现代农业体系初步构建，农业绿色发展全面推进；农村一二三产业融合发展格局初步形成，乡村产业加快发展，农民收入水平进一步提高，脱贫攻坚成果得到进一步巩固；农村基础设施条件持续改善，城乡统一的社会保障制度体系基本建立；农村人居环境显著改善，生态宜居的美丽乡村建设扎实推进；城乡融合发展体制机制初步建立，农村基本公共服务水平进一步提升；乡村优秀传统文化得以传承和发展，农民精神文化生活需求基本得到满足；以党组织为核心的农村基层组织建设明显加强，乡村治理能力进一步提升，现代乡村治理体系初步构建。探索形成一批各具特色的乡村振兴模式和经验，乡村振兴取得阶段性成果。

3. 战略规划的主要亮点

（1）约束与预期并行，首次构建乡村振兴指标体系

本次战略规划共提出了 22 项具体指标，其中约束性指标 3 项、预期性指标 19 项。其中，产业兴旺类指标 5 项，包括粮食综合生产能力、农业科技进步贡献率、农业劳动生产率等；生态宜居类指标 4 项，包括村庄绿化覆盖率、对生活垃圾进行处理的村占比、农村卫生厕所普及率等；乡风文明类指标 4 项，包括村综合文化服务中心覆盖率、县级以上文明村和乡镇占比、农村义务教育学校专任教师本科以上学历比例等；治理有效类指标 5 项，包括村庄规划管理覆盖率、村规民约的村占比、集体经济强村比重等；生活富裕类指标 4 项，包括农村居民恩格尔系数、城乡居民收入比、农村自来水普及率等。

（2）因地制宜，分类推进乡村振兴

为顺应村庄发展规律和演变趋势，坚持乡村振兴与新型城镇化双轮驱动，对如何统筹城乡发展空间、优化乡村发展布局、打好精准脱贫攻坚战提出了要求。规划根据不同村庄的发展现状、区位条件、资源禀赋等，按照集聚提升、融入城镇、特色保护、搬迁撤并的思路，分类推进乡村振兴，不搞一刀切。

一是集聚提升类村庄。现有规模较大的中心村和其他仍将存续的一般村庄，占乡村类型的大多数，是乡村振兴的重点。科学确定村庄发展方向，在原有规模基础上有序推进改造提升，激活产业、优化环境、提振人气、增添活力，保护保留乡村风貌，建设宜居宜业的美丽村庄。鼓励发挥自身比较优势，强化主导产业支撑，支持农业、工贸、休闲服务等专业化村庄发展。

二是城郊融合类村庄。城市近郊区以及县城城关镇所在地的村庄，具备成为城市后花园的优势，也具有向城市转型的条件。综合考虑工业化、城镇化和村庄自身发展需要，加快城乡产业融合发展、基础设施互联互通、公共服务共建共享，在形态上保留乡村风貌，在治理上体现城市水平，逐步强化服务城市发展、承接城市功能外溢、满足城市消费需求能力，为城乡融合发展提供实践经验。

三是特色保护类村庄。历史文化名村、传统村落、少数民族特色村寨、特色景观旅游名村等自然历史文化特色资源丰富的村庄，是彰显和传承中华优秀传统文化的重要载体。统筹保护、利用与发展的关系，努力保持村庄的完整性、真实性和延续性。切实保护村庄的传统选址、格局、风貌以及自然和田园景观等整体空间形态与环境，全面保护文物古迹、历史建筑、传统民居等传统建筑。尊重原住居民生活形态和传统习惯，加快改善村庄基础设施和公共环境，合理利用村庄特色资源，发展乡村旅游和特色产业，形成特色资源保护与村庄发展的良性互促机制。

四是搬迁撤并类村庄。对位于生存条件恶劣、生态环境脆弱、自然灾害频发等地区的村庄，因重大项目建设需要搬迁的村庄，以及人口流失特别严重的村庄，可通过易地扶贫搬迁、生态宜居搬迁、农村集聚发展搬迁等方式，实施村庄搬迁撤并，统筹解决村民生计、生态保护等问题。拟搬迁撤并的村庄，严格限制新建、扩建活动，统筹考虑拟迁入或新建村庄的基础设施和公共服务设施建设。坚持村庄搬迁撤并与新型城镇化、农业现代化相结合，依托适宜区域进行安置，避免新建孤立的村落式移民社区。搬迁撤并后的村庄原址，因地制宜复垦或还绿，增加乡村生产生态空间。农村居民点迁建和村庄撤并，必须尊重农民意愿并经村民会议同意，不得强制农民搬迁和集中上楼。

（3）部署“三个重大”，破解乡村振兴“人、地、钱”等城乡要素互通难题

规划在坚持乡村全面振兴的基础上，按照产业兴旺、生态宜居、乡风文明、治理有效、生活富裕的总要求，围绕推动乡村产业、人才、文化、生态和组织振兴，抓重点、补短板、强弱项，对加快农业现代化步伐、发展壮大乡村产业、建设生态宜居的美丽乡村、繁荣发展乡村文化、健全现代乡村治理体系、保障和改善农村民生等作了明确安排，部署了82项重大工程、重大计划、重大行动。围绕乡村振兴“人、地、钱”等要素供给，规划提出了推动城乡融合发展、加快城乡基础设施互联互通、推进城乡基本公共服务均等化的政策举措。

（4）专章强化用地保障，明确新增用地的路径措施

规划明确提出完善农村土地利用管理政策体系，盘活存量，用好流量，辅以增量，激活农村土地资源资产，保障乡村振兴用地需求。

首先，健全农村土地管理制度。总结农村土地征收、集体经营性建设用地

入市、宅基地制度改革试点经验，逐步扩大试点，加快土地管理法修改。探索具体用地项目公共利益认定机制，完善征地补偿标准，建立被征地农民长远生计的多元保障机制。建立健全依法公平取得、节约集约使用、自愿有偿退出的宅基地管理制度。在符合规划和用途管制前提下，赋予农村集体经营性建设用地出让、租赁、入股权能，明确入市范围和途径。建立集体经营性建设用地增值收益分配机制。

其次，完善农村新增用地保障机制。统筹农业农村各项土地利用活动，乡镇土地利用总体规划可以预留一定比例的规划建设用地指标，用于农业农村发展。根据规划确定的用地结构和布局，年度土地利用计划分配中可安排一定比例新增建设用地指标专项支持农业农村发展。对于农业生产过程中所需各类生产设施和附属设施用地，以及由于农业规模经营必须兴建的配套设施，在不占用永久基本农田的前提下，纳入设施农用地管理，实行县级备案。鼓励农业生产与村庄建设用地复合利用，发展农村新产业新业态，拓展土地使用功能。

最后，盘活农村存量建设用地。完善农民闲置宅基地和闲置农房政策，探索宅基地所有权、资格权、使用权“三权分置”，落实宅基地集体所有权，保障宅基地农户资格权和农民房屋财产权，适度放活宅基地和农民房屋使用权，不得违规违法买卖宅基地，严格实行土地用途管制，严格禁止下乡利用农村宅基地建设别墅大院和私人会馆。在符合土地利用总体规划前提下，允许县级政府通过村土地利用规划调整优化村庄用地布局，有效利用农村零星分散的存量建设用地。对利用收储农村闲置建设用地发展农村新产业新业态的，给予新增建设用地指标奖励。

（四）全国统筹城乡综合配套改革试验区、第二批全国农村改革试验区——成都市城乡统筹改革的政策体系

成都市自 2007 年获批全国统筹城乡综合配套改革试验区，2014 年获批第二批全国农村改革试验区以来，针对“大城市带大农村”的基本市情和“户籍分隔、产业分离、市场分割、服务分化、管理分治”的城乡二元结构特征，以健全城乡发展一体化体制机制为核心，围绕“地该怎么用”“钱从哪儿来”“人往哪儿走”等重点问题，着力推进城乡制度统筹、建设统筹、产业统筹、公共

服务统筹和社会治理统筹，系统性、综合性、整体性推进统筹城乡改革发展，初步呈现出城乡经济社会一体化发展新格局。

1. 围绕解决“地该怎么用”，推进农村产权制度改革

（1）建立现代农村产权制度。一是开展全面、系统的确权颁证。对农村集体土地所有权，农民合法取得的土地承包经营权、集体建设用地（含宅基地）使用权、农村房屋所有权和林权进行确权登记，核发相关权属证书，对不能确权到农户的集体所有的土地、房屋和集体其他资产进行股份量化，向农户核发股权证；深化确权颁证，开展土地经营权、农村养殖水面经营权、农业生产设施所有权、小型水利工程所有权新“四权”登记颁证，加快建立归属清晰、权责明确、保护严格、流转顺畅的现代农村产权制度。二是完善确权颁证配套保障制度。建立农村产权管理服务体系，组建乡镇农村产权管理服务中心，完善农村产权信息数据库，将农村产权登记纳入常态化、信息化管理；建立农村产权保护体系，组建农村产权维护法律援助中心，创设成都农村产权仲裁院；建立市县乡三级农村产权纠纷调处机制，切实维护农村产权合法权益。三是开展农村产权“长久不变”试点。以集体经济组织成员会议自主自愿形成决议的方式，探索了农村土地承包经营权“长久不变”的实现途径。

表1-4

序号	文件名称	发文单位
1	协同推进农村土地和房屋产权制度改革相关文件	成都市委、市政府、市政府办公厅
2	集体土地所有权、集体建设用地使用权、农村土地承包经营权、集体土地上房屋所有权等相关权利确权登记改革文件	成都市原国土资源局、市农业委员会、市城乡房产管理局
3	农村集体资产清产核资、股份量化、股权登记和交易相关管理规范文件	成都市农业委员会、
4	农村产权出资组建农民专业合作社、农业公司制企业登记管理相关规范文件	成都市农业委员会
5	农业设施、农村养殖水面经营权、农业生产设施所有权等登记管理相关规范文件	成都市农业委员会

（2）推进城乡要素自由流动改革试点。鼓励和支持集体建设用地使用权持有人在符合规划的前提下，通过自主开发、公开转让、参股合作等方式开发利用集体建设用地，支持新农村建设和场镇改造，发展工业、旅游业、商贸服务业，既解决农村建设发展用地之需，又让农民能够获得更多的土地增值收益。一是开展农民利用集体建设用地发展二三产业的改革试点。金堂县竹篙镇农民引进社会资金共建农产品精深加工园区，实现了集体建设用地开发方式的多样化和土地价值的提升。二是鼓励农民以产权为纽带组建资产管理公司或土地股份合作社自主开发利用集体建设用地。郫县古城镇指路村农民采取自我筹资、自我整理、自我建设、自我开发、自我收益的“五自”做法开发利用集体建设用地，保障了农民的自主开发权、收益权。三是探索有条件农户自愿有偿退出宅基地。在充分尊重农民意愿和确保住有所居的前提下，结合农村土地综合整治、场镇改造建设、乡村旅游发展的需要，利用货币化安置、住房安置等方式，开展农户宅基地使用权退出改革试点工作。

表 1－5

序号	文件名称	发文单位
1	促进生产要素自由流动相关政策文件	成都市委、市政府
2	完善集体建设用地使用权、土地承包经营权、农村房屋和集体林权的流转、交易、价格评估等相关制度规范文件	成都市政府办公厅、市原国土资源局、市农业委员会、市城乡房产管理局

（3）建立农村产权交易服务体系。成都市在全国范围内首创成立“成都农村产权交易所”，在区（市）县建立农村产权交易分所，在乡镇建立农村产权流转服务站，培养发展农村产权经纪人 200 余名，形成了市县乡三级农村产权流转交易平台、四级服务体系。制定了一系列政策措施，建立了一整套农村产权流转交易的程序、规则和流程。

表 1－6

序号	文件名称	发文单位
1	鼓励引导非国有林权、农村产权入场流转管理相关文件	成都市政府办公厅、市林业和园林局

续表

序号	文件名称	发文单位
2	农村产权交易市场建设管理相关文件	成都市政府办公厅
3	农村土地承包经营权、集体建设用地使用权及集体土地上房屋交易规则相关文件	成都市农业委员会、市原国土资源局、城乡房产管理局

2. 围绕解决“钱从哪儿来”，推进农村投融资和金融体制改革

（1）推进农村金融体制改革。一是创新农村金融产品。开展集体建设用地使用权、农村土地承包经营权、农村房屋所有权、林权抵押融资，截至2017年，成都各类农村产权抵押融资超过123亿元；探索出仓单质押、资金互助社、职业经理人资格贷款、集体建设用地在建项目抵押贷款等融资方式，农村有效抵押担保物范围进一步扩大。二是完善风险防范机制。成立产权抵押担保公司，建立农村产权担保和保险风险补偿专项资金、农村产权抵押风险防范基金，消除金融机构参与农村产权融资的顾虑，同步设立政策性农业保险和涉农商业性保险，进一步完善风险分担机制，加大对农村金融的政策支持力度。三是完善农村金融服务体系。引导商业银行在成都设立村镇银行，鼓励金融机构向农村延伸网点，发展多种形式的新型农村金融服务机构，基本形成覆盖全域的农村金融服务体系。

表1－7

序号	文件名称	发文单位
1	农村产权抵押融资、总体方案、风险基金筹集和使用及管理相关文件	成都市政府办公厅、市金融办
2	农村金融服务综合改革相关文件	成都市政府等
3	农村土地经营权抵押融资管理相关文件	成都市农业委员会

（2）建立耕地保护补偿机制。一是设立耕地保护基金。市、区（市）县两级每年从新增建设用地土地有偿使用费、耕地占用税和土地出让收入中提取一定比例的资金，按基本农田每年每亩400元、一般耕地每年每亩300元的标准，为承担耕地保护责任的农民发放耕地保护金。二是把耕地保护与健全农村社会保障体系结合起来。将耕地保护基金的90%发给承担耕地保护责任的农户，用

于农民养老保险和医疗保险的个人缴费及其他支出。三是把耕地保护与发展现代农业结合起来。将耕地保护基金的5%用于农业保险补贴。①

表1－8

序号	文件名称	发文单位
1	耕地保护基金筹集和使用管理相关文件	成都市政府、市政府办公厅
2	集体建设用地使用权初次流转政府收取公共基础设施和公用事业建设配套费及耕地保护金等规范文件	成都市政府办公厅

3. 围绕解决“人往哪儿去”，推进户籍制度改革

（1）推进渐进式改革，实现农民进城入户“零门槛”。在全市范围内取消“农业户口”和“非农业户口”的性质划分，实现城乡“一元化”户籍登记。打破农民向城镇转移的政策壁垒，农民租住统一修建房屋、城镇私人成套住房均可登记入户，促进进城务工农村劳动者向城镇居民转变。尊重农民的财产权利，农民进城不以牺牲承包地、宅基地等财产权和集体经济组织成员权利为条件。

（2）消除附着在户籍上的城乡居民的权利和待遇不平等。从就业、社保、住房保障、社会救助、计划生育、义务教育、职业教育、民主管理权利、义务兵家庭优待这9个方面入手，实现城乡居民享受平等基本公共服务和社会福利，使农民不再是一种身份，而是一种职业。

（3）推行居住证管理。以居住证为载体，保障来蓉人员子女就学、证照申领、医疗卫生、社会保险、住房保障等基本公共服务权利，稳步推进并逐步实现城镇基本公共服务常住人口全覆盖。

（4）有序引导人口向中心城区以外城镇梯度转移。合理控制中心城区规模，注重中小城市特别是小城镇的发展，着力改善基础设施条件，增强城市综合承载能力，推行“产城一体”模式，鼓励农村富余劳动力向二三产业转移，引导市内农业转移人口就近就地落户、有序市民化。

---

① 参见成都市委、市政府《关于加强耕地保护进一步改革完善农村土地和房屋产权制度的意见（试行）》《成都市耕地保护基金使用管理办法（试行）》。

表 1－9

序号	文件名称	发文单位
1	深化户籍制度改革深入推进城乡一体化相关政策文件	成都市委、市政府、市公安局

三、法律体系

（一）宪法

党的十一届三中全会以后，经济建设取得明显成效，人民生活水平显著提高，与此同时各项用地需求压力也显著增大，土地关系中涉及的矛盾越发凸显，针对此现象有必要进一步加强土地立法，尤其需加强建设规范土地所有制方面的法律体系。1982 年《中华人民共和国宪法》（后文简称 1982 年宪法）明确规定，“城市的土地属于国家所有”，“农村和城市郊区的土地，除由法律规定属于国家所有的以外属于集体所有”，“宅基地和自留地、自留山，也属于集体所有”。

考虑到土地要素对国民经济发展的重要作用，1982 年宪法以维护公共利益为依据对土地所有权作出了总的限制，规定“国家为了公共利益的需要，可以依照法律规定对土地实行征用”；以节约用地，保护耕地基本国策为基准，规定“一切使用土地的组织和个人必须合理地利用土地”；以维护社会主义土地公有制为原则，本着“社会主义的公共财产神圣不可侵犯”的基本要求，规定“任何组织或者个人不得侵占、买卖、租赁或者以其他形式非法转让土地”。1982 年宪法应对土地问题，集中凸显两项重要变革，一是赋予社会主义土地公有制两种具体形式以宪法地位；二是考虑到我国人多地少，土地资源结构特殊，可利用土地相对不足的国情，以根本大法的形式体现土地基本国策。不足之处是，由于主客观条件的限制，没有认识到土地的商品属性，对“社会主义的公共财产神圣不可侵犯”的原则作了片面理解，禁止土地通过市场流动。为此，1988 年 4 月 12 日第七届全国人民代表大会第一次会议通过了宪法修正案，其中第 2 条规定将宪法第 10 条第 4 款修改为：“任何组织或者个人不得侵占、买卖或者以其他形式非法转让土地。土地使用权可以依照法律的规定转让。”这是在市场经济不断发展，用地供需矛盾不断突出，传统的土地使用制度亟待改革的情况下进行的重大修正。

其后还有三次宪法修正案涉及农村方面改革。第一次是 1993 年宪法修正案删去“农村人民公社”的提法，确立“家庭联产承包为主的责任制”的法律地位。第二次是 1999 年宪法修正案修改了我国的农村生产经营制度，规定“农村集体经济组织实行家庭承包经营为基础、统分结合的双层经营体制”。第三次是 2004 年宪法修正案将国家的土地征用制度修改为“国家为了公共利益的需要，可以依照法律规定对土地实行征收或者征用并给予补偿”。同时，将“公民的合法的私有财产不受侵犯”写入宪法。

现行宪法实行国家所有制和劳动群众集体所有制并存的形式，有其重要意义。主要考量以下两点：一是土地兼具财产价值与生产生活保障两项基本功能，在我国人多地少的矛盾下，有必要通过土地公有制形式保障最广大人民的基本的、普遍的权利。二是推进新型城镇化建设，实现人口的合理流动，提高城镇化水平，又要求将一部分土地作为全社会共同的财产来加以利用。

按现行宪法规定，农村集体土地所有权的主体是农民集体所有，而并非农民集体经济组织。农民不再以个人或家庭的形式拥有土地所有权，而是以“队为基础，三级所有”的所有制格局替代。《土地管理法》第 10 条规定：“农民集体所有的土地依法属于村农民集体所有的，由村集体经济组织或者村民委员会经营、管理；已经分别属于村内两个以上农村集体经济组织的农民集体所有的，由村内各该农村集体经济组织或者村民小组经营、管理；已经属于乡（镇）农民集体所有的，由乡（镇）农村集体经济组织经营、管理。”对于如何管理这部分集体所有土地，《村民委员会组织法》第 8 条第 2 款作出了明确规定，“村民委员会依照法律规定，管理本村属于村农民集体所有的土地和其他财产，引导村民合理利用自然资源，保护和改善生态环境”。

（二）全国人大及其常委会——基本法及相关普通法

我国涉及农村土地方面的规定主要可分为五类，分别为民事权利类、行政管理类、主体地位类、乡村治理类、纠纷处理类，这些规定散见于多部法律，且未成体系。近年来，随着“三农”政策体系基本成熟稳定，2018 年中央一号文件正式提出将乡村振兴法纳入立法议程，把近年来农村的重大政策法治化，强化党内法规和国家法治保障，正好补上了“坚持法治国家、法治政府、法治社会一体建设”的短板——乡村法治建设。

民事权利类主要包括《民法总则》《物权法》《合同法》《农村土地承包法》《担保法》《森林法》等。《民法总则》主要涉及关于农村承包经营户、村委会民事主体地位的规定。《物权法》对农用地、集体建设用地（含宅基地）相关权利类型做了完整规定，但尚未有“三权分置”改革的相关内容，还需通过以后立法修改。《担保法》因已生效较长时间，关于农村土地不得抵押担保的系列规定已在改革试点实践中予以突破。

行政管理类主要包括《土地管理法》《城市房地产管理法》《农业法》《城乡规划法》《建筑法》《环境保护法》等，其中《土地管理法》针对农村改革诸多制度，需要相应修改众多法律条文。2017 年 5 月，原国土资源部在前期改革试验的基础上，就《中华人民共和国土地管理法（修正案）》面向社会公开征求意见，主要在城乡建设用地“同等入市”、公共利益界定、征地补偿、被征地农民多元保障、土地增值收益分配、法律责任等方面着手进行修法。

主体地位类主要包括《公司法》《农民专业合作社法》等。当前的主要问题是农村集体资产管理公司、土地股份合作社等主体地位还需进一步明确。另外，关于集体经济组织的具体形式及法律地位等，还需立法予以明确。实践中，也存在混淆农民集体、集体经济组织、村委会、农民专业合作社等主体概念及其功能的情况。

乡村治理类主要有《村民委员会组织法》，该法针对村民委员会的法律地位、具体职能、议事程序等有较为明确的规定。关于涉农纠纷处理，主要有《农村土地承包经营纠纷调解仲裁法》这一部特别法，其他纠纷可参照《民事诉讼法》等法律法规，按一般民事纠纷予以处理。

基于法律修订的严肃性，为落实党的十八届三中全会决定关于全面深化改革要求，同时避免与现行法律正面冲突，2015 年 2 月 27 日，经全国人大常委会表决，决定授权国务院在北京市大兴区等三十三个试点县（市、区）行政区域，暂时调整实施土地管理法、城市房地产管理法关于农村土地征收、集体经营性建设用地入市、宅基地管理制度的有关规定。期限已延长至 2019 年 12 月 31 日。

根据决定，暂时调整实施的内容包括：暂时调整实施集体建设用地使用权不得出让等的规定，即在符合规划、用途管制和依法取得的前提下，允许存量农村集体经营性建设用地使用权出让、租赁、入股，实行与国有建设用地使用权同等入市、同权同价；暂时调整实施宅基地审批权限的规定，即使用存量建设用地的，下放至乡（镇）人民政府审批，使用新增建设用地的，下放至县级人民政府审批；暂时调整实施征收集体土地补偿的规定，即综合考虑土地用途和区位、经济发展水平、人均收入等情况，合理确定土地征收补偿标准，安排被征地农民住房、社会保障。同时加大就业培训力度，符合条件的被征地农民全部纳入养老、医疗等城镇社会保障体系，有条件的地方可采取留地、留物业等多种方式，由农村集体经济组织经营。具体涉及暂停实施的法律法规包括：

表 1－10

改革事项	涉及暂停实施的法律法规
集体经营性建设用地入市	《土地管理法》第 43 条第 1 款：任何单位和个人进行建设，需要使用土地的，必须依法申请使用国有土地；但是，兴办乡镇企业和村民建设住宅经依法批准使用本集体经济组织农民集体所有的土地的，或者乡（镇）村公共设施和公益事业建设经依法批准使用农民集体所有的土地的除外。
	《土地管理法》第 63 条：农民集体所有的土地的使用权不得出让、转让或者出租用于非农业建设；但是，符合土地利用总体规划并依法取得建设用地的企业，因破产、兼并等情形致使土地使用权依法发生转移的除外。
	《城市房地产管理法》第 9 条：城市规划区内的集体所有的土地，经依法征收转为国有土地后，该幅国有土地的使用权方可有偿出让。
宅基地改革	《土地管理法》第 44 条第 3 款、第 4 款：在土地利用总体规划确定的城市和村庄、集镇建设用地规模范围内，为实施该规划而将农用地转为建设用地的，按土地利用年度计划分批次由原批准土地利用总体规划的机关批准。在已批准的农用地转用范围内，具体建设项目用地可以由市、县人民政府批准。 本条第 2 款、第 3 款规定以外的建设项目占用土地，涉及农用地转为建设用地的，由省、自治区、直辖市人民政府批准。
	《土地管理法》第 62 条第 3 款：农村村民住宅用地，经乡（镇）人民政府审核，由县级人民政府批准；其中，涉及占用农用地的，依照本法第 44 条的规定办理审批手续。

续表

改革事项	涉及暂停实施的法律法规
征地制度改革	《土地管理法》第47条第1款至第4款、第6款：征收土地的，按照被征收土地的原用途给予补偿。 征收耕地的补偿费用包括土地补偿费、安置补助费以及地上附着物和青苗的补偿费。征收耕地的土地补偿费，为该耕地被征收前三年平均年产值的六至十倍。征收耕地的安置补助费，按照需要安置的农业人口数计算。需要安置的农业人口数，按照被征收的耕地数量除以征地前被征收单位平均每人占有耕地的数量计算。每一个需要安置的农业人口的安置补助费标准，为该耕地被征收前三年平均年产值的四至六倍。但是，每公顷被征收耕地的安置补助费，最高不得超过被征收前三年平均年产值的十五倍。 征收其他土地的土地补偿费和安置补助费标准，由省、自治区、直辖市参照征收耕地的土地补偿费和安置补助费的标准规定。 被征收土地上的附着物和青苗的补偿标准，由省、自治区、直辖市规定。 依照本条第2款的规定支付土地补偿费和安置补助费，尚不能使需要安置的农民保持原有生活水平的，经省、自治区、直辖市人民政府批准，可以增加安置补助费，但是，土地补偿费和安置补助费的总和不得超过土地被征收前三年平均年产值的三十倍。

为推动农村承包土地经营权、农民住房财产权抵押融资改革，全国人大常委会同样以授权暂时调整实施相关法律的方式进行，在防范风险，遵守农村土地制度改革等政策的基础上，赋予农民承包土地（指耕地）的经营权和农民住房财产权（含宅基地使用权）抵押融资功能。在农村承包土地的经营权抵押贷款试点区域，规定允许以农村承包土地的经营权抵押贷款。在农民住房财产权抵押贷款试点区域，规定允许以农民住房财产权抵押贷款。

表1－11

改革事项	涉及暂停实施的法律法规
农村承包土地经营权、农民住房财产权抵押融资改革	《物权法》第184条第2项，下列财产不得抵押：耕地、宅基地、自留地、自留山等集体所有的土地使用权。
	《担保法》第37条第2项，下列财产不得抵押：耕地、宅基地、自留地、自留山等集体所有的土地使用权。

（三）国务院及各部委——行政法规、部门规章及相关规范性文件

我国涉及农村土地方面，以国务院令形式公布的行政法规主要有《土地管

理法实施条例》《土地复垦条例》《森林法实施条例》《乡村集体所有制企业条例》《农民专业合作社登记管理条例》《村庄和集镇规划建设管理条例》《不动产登记暂行条例》等；以部长令形式公布的部门规章，主要有《城乡建设用地增减挂钩试点管理办法》《不动产登记暂行条例实施细则》《农业基本建设项目管理办法》《关于严格规范城乡建设用地增减挂钩试点工作的通知》《关于用好用活增减挂钩政策积极支持扶贫开发及易地扶贫搬迁工作的通知》等。除了行政法规、部门规章外，国务院还下发了一系列指导操作实践的规范性文件，如《关于深化改革严格土地管理的决定》《关于严格规范城乡建设用地增减挂钩试点切实做好农村土地整治工作的通知》《关于严格执行有关农村集体建设用地法律和政策的通知》《关于加快构建政策体系培育新型农业经营主体的意见》等。

相比法律，行政法规、部门规章及相关规范性文件内容更具实操性，制定修改程序更具灵活性。国务院及各部委除针对相关法律具体实施发布相关法规规章予以解释外，依据实际情况需要，还会在法定权限范围内针对法律暂未规定的相关内容予以补充。这对指导各行政部门的业务工作有重要作用，但也造成各类行政法规、规章和规范性文件体系庞杂而散乱的状况，缺乏具有统领性的法律支撑形成体系。其对不断深化的改革现实的应对，与更加灵活的政策相比也还有一定差距。

（四）最高法院——司法解释及相关指导性文件

自2006年起，最高人民法院出台了一系列保障农村改革的意见。主要有《关于人民法院为建设社会主义新农村提供司法保障的意见》《关于为推进农村改革发展提供司法保障和法律服务的若干意见》《关于审理涉及农村土地承包经营纠纷调解仲裁案件适用法律若干问题的解释》等。2018年2月24日，最高人民法院发出《关于认真学习贯彻〈中共中央、国务院关于实施乡村振兴战略的意见〉的通知》，对如何从司法角度保障改革做出了明确要求。

一是要妥善审理乡村振兴战略实施过程中的各类案件，为乡村振兴发展提供良好的法治环境。要妥善审理涉及农村承包地、宅基地“三权分置”案件，完善农村基本经营制度，促进农村土地制度改革；妥善审理破坏农村社会秩序、扰乱农业市场秩序、危害农村投融资环境等刑事案件，为乡村全面振兴营造安全有序的环境；妥善审理涉及农村产权保护、基础设施建设、农村科技创新、劳动就业保护等民事商事案件，夯实乡村振兴要素基础；妥善审理涉及农地征收征用、乡村规划建设、农村经济管理等行政案件，为建设法治乡村保驾护航。

二是要综合运用审判执行手段，提升乡村绿色发展的制度化、法治化水平，以绿色发展引领乡村振兴。要通过刑事、民事、行政等审判手段，推进农村生态保护制度、生态补偿机制的全面建立；依法监督行政机关行使职权，坚决惩处破坏农业资源、生态资源、生物资源等违法犯罪行为，着力保护农民、农户、农村集体经济组织、农村合作经济组织因环境资源违法行为受到损害的权利。

三是要落实各项司法为民便民利民措施，及时回应人民群众的合法利益诉求。要综合运用互联网、手机短信平台等现代信息网络技术手段，搭建涵盖立案、审判、执行的全方位便民服务平台；要充分发挥民事简易程序的功能，深化诉讼服务机制，为当事人诉讼提供便利；要加大涉农案件执行力度，确保农民合法权益及时得到实现；要加大司法救助力度，对经济确有困难的当事人给予必要帮助。

四是要依托乡村治理新体系，多渠道化解社会矛盾纠纷。要始终坚持党的领导，紧紧依靠各级党委、政府，充分发挥乡村干部、司法协理员、人民调解员等多种力量，运用社会矛盾纠纷多元化解机制，共同化解矛盾纠纷；要高度重视并认真研判有关案件审判中出现的新情况、新问题，及时向地方党委、人大报送专项报告，向政府及其他相关部门提出司法建议。

第二篇 “多规合一”——规划篇

一、“多规合一”基本概述

目前我国规划体系主要由国民经济与社会发展规划、主体功能区规划、城乡规划、土地利用规划、产业发展规划以及生态环境规划等各类规划构成，各类规划因制定用途不同、制定标准不同、制定单位不同、职能划分不清等原因，导致规划层级错位、越位甚至缺位，相关法律法规之间也不协调，部分规划甚至缺乏法律法规制度保障。“多规合一”的提出则是意图将多个规划融合到一个区域上，同时保证“多规”确定的保护性空间、开发边界、城市规模等重要空间参数一致，并在统一的空间信息平台上建立控制线体系，以实现优化空间布局、有效配置土地资源、提高政府空间管控水平和治理能力的目标。最终实现一个市县一本规划、一张蓝图，解决现有各类规划自成体系、内容冲突、缺乏衔接等问题。

在 2013 年 12 月举办的中央城镇化会议上，习近平总书记指出要积极推进市县规划体制改革，探索能够市县“多规合一”的方式方法，实现一个市县、一本规划、一张蓝图，并以此为基础，把一张蓝图干到底。次年 8 月，国家发改委、国土部、环保部和住建部四部委联合下发《关于开展市县“多规合一”试点工作的通知》，该通知明确了开展试点的主要任务及相关措施，提出在福建省厦门市、广东省佛山市南海区、广西壮族自治区贺州市、重庆市江津区、四川省宜宾市、四川省绵竹市、云南省大理市、陕西省富平县、陕西省榆林市、甘肃省敦煌市、甘肃省玉门市等 28 个市县开展“多规合一”试点。

就厦门试点经验而言，首先是进行总体布局，重点强调整体规划之后的管理。“多规合一”审批流程改革既实现了在市、区、部门等建设审批服务领域的全覆盖，也实现了投资建设从前端项目策划生成到后端施工图审查、施工许可、竣工验收阶段的全流程覆盖，切实推进了与投资建设涉审批服务密切相关的各个领域的全方位监管。①

再比如贺州试点，该地区主要以主体功能区规划为基础，依托经济社会发展规划，统筹各类规划，编制形成贺州市发展总体规划，与此同时构建以发展总体规划为龙头，城乡、土地利用、环境保护为 3 个主要空间性规划，以及交通、林业、水利等多个规划组成的“1 +3 + X”规划体系，并同步开展多个规划的编制工作。在编制阶段直接统一了各类规划的规划期限、基础数据、技术标准等内容。贺州还提出了城镇用地“规模刚性、布局弹性”的创新模式，在规划期内保持城镇用地总规模不变的前提下，允许布局进行规定幅度以内的弹性调整，以增强规划应对发展不确定性的弹性应对能力。在城市开发边界以内划定相应规模的“白地”，作为城镇用地进行布局弹性调整时的优先备选地，避免弹性走向随意性。通过建立统一的规划信息管理平台，统一全市各类规划的空间坐标体系和数据标准，保障空间信息的共享；并通过政务网络接入三县两区和各委办局，实现业务协同。通过优化行政审批流程，提高行政审批效率，提升政府现代治理能力。谋划成立贺州市规划委员会，负责指导、审查、协调各类规划，在规划的编制、审批、实施监管等环节建立相应的规划衔接协调机制。②

除市县外，2016 年 3 月到 5 月，国家发展改革委员会联合国家测绘局先后与浙江省、贵州省、广西壮族自治区、福建省、湖北省人民政府签订了省级空间规划合作意向。2016 年 12 月 27 日，中共中央办公厅、国务院办公厅印发了《省级空间规划试点方案》，目的在于建立健全统一衔接的空间规划体系，提升国家国土空间治理能力和效率。

就海南省试点经验而言，编制完成的《海南省总体规划》，明确了生态红线、环境质量底线、资源消耗上限、城市发展边界、人口环境容量、空间结构、功能和产业分区等内容，基本确定 2020 年的战略目标及 2030 年的发展愿景。

① 谢嘉晟、林世雄：《“多规合一”厦门经验全国借鉴》，载《福建日报》2017 年 6 月 20 日，第 14 版。

② 中国城市中心规划院：《多规合一：浙江开化和广西贺州经验》，载合肥市规划局官网：http://www.hfsghj.gov.cn/1313/1316/201603/t20160303_1942886.html，最后访问日期：2018 年 7 月 26 日。

同时强调要强化“五个统一”，一是探索成立统一权威的规划管理机构，统筹协调全省各类规划，加强规划实施的监督管理，使“多规合一”管理工作常态化；二是探索建立与“多规合一”相适应的行政区划体制，避免资源浪费和同质化、重复建设；三是探索明确省级总体规划刚性指标约束力，各市县、各部门必须严格遵照执行，确保在管控目标上协调一致；四是探索建立全省统一的信息管理平台，对收集的城乡、国土、林业、海洋等空间规划数据转换坐标后集合在统一的信息管控平台上，对出现的数据冲突问题以“尊重历史、面向现实”为原则形成统一口径；五是探索完善规划编制、审批和修改机制。海南省还试图通过“多规合一”进一步提高政府治理能力，一方面坚持要以立法保障改革，在法治下推进改革、在改革中完善法治，确保重大改革事项必须于法有据；另一方面，要完善规划强力执行实施的相关政策机制，对违反规划的及时发现、处置，确保不出现违反规划的项目。①

二、相关规划概念简述

（一）国民经济和社会发展规划

依据国务院《关于加强国民经济和社会发展规划编制工作的若干意见》的规定，国民经济和社会发展规划是国家加强和改善宏观调控的重要手段，也是政府履行经济调节、市场监管、社会管理和公共服务职责的重要依据。科学编制并组织实施国民经济和社会发展规划，有利于合理有效地配置公共资源，引导市场发挥资源配置的基础性作用，促进国民经济持续快速协调健康发展和社会全面进步。国民经济和社会发展规划编制工作应规范化、制度化，并体现科学性、民主性。

国民经济和社会发展规划实行“三级三类规划管理体系”。按行政层级分为国家级规划、省（区、市）级规划、市县级规划；按对象和功能类别分为总体规划、专项规划、区域规划。

国家总体规划和省（区、市）级、市县级总体规划分别由同级人民政府组

① 彭青林：《省域“多规合一”试点将发挥对全局性改革的示范、突破、带动作用　破壁垒去藩篱下好全省一盘棋》，载《海南日报》2015 年 7 月 23 日，第 4 版。

织编制，并由同级人民政府发展改革部门会同有关部门负责起草；专项规划由各级人民政府有关部门组织编制；跨省（区、市）的区域规划，由国务院发展改革部门组织国务院有关部门和区域内省（区、市）人民政府有关部门编制。

国家总体规划、省（区、市）级总体规划和区域规划的规划期一般为5年，可以展望到10年以上。市县级总体规划和各类专项规划的规划期可根据需要确定。

（二）土地利用总体规划

依据《土地管理法》和《土地利用总体规划管理办法》的相关规定，土地利用总体规划是指各级人民政府依据国民经济和社会发展规划、国土整治和资源环境保护的要求、土地供给能力以及各项建设对土地的需求，组织编制的对今后一段时期内土地利用的总安排。

土地利用总体规划是国家空间规划体系的重要组成部分，是实施土地用途管制，保护土地资源，统筹各项土地利用活动的重要依据。城乡建设、区域发展、基础设施建设、产业发展、生态环境保护、矿产资源勘查开发等各类与土地利用相关的规划，应当与土地利用总体规划相衔接。

土地利用总体规划分为国家、省、市、县和乡（镇）五级。

（三）乡村规划

依据《城乡规划法》的规定，城乡规划包括了城镇体系规划、城市规划、镇规划、乡规划和村庄规划，即乡村规划作为城乡规划法规范的内容，是城乡规划的重要部分。依据《村庄和集镇规划建设管理条例》及《村镇规划编制办法（试行）》两个文件的规定，乡村规划具体是指为加强村庄、集镇的规划建设管理，改善村庄、集镇的生产、生活环境，促进农村经济和社会发展，在用地布局、建设要求等方面进行的部署和安排。

（四）主体功能区规划

主体功能区规划是指根据不同区域的资源环境承载能力、现有开发密度和发展潜力，统筹谋划未来人口分布、经济布局、国土利用和城镇化格局，将国土空间划分为优化开发、重点开发、限制开发和禁止开发四类，确定主体功能定位，明确开发方向，控制开发强度，规范开发秩序，完善开发政策，逐步形成人口、经济、资源环境相协调的空间开发格局。

编制主体功能区规划，推进形成主体功能区，有利于坚持以人为本，缩小地区间公共服务的差距，促进区域协调发展；有利于引导经济布局、人口分布与资源环境承载能力相适应，促进人口、经济、资源环境的空间均衡；有利于从源头上扭转生态环境恶化趋势，适应和减缓气候变化，实现资源节约和环境保护；有利于打破行政区划，制定实施有针对性的政策措施和绩效考评体系，加强和改善区域调控。

全国主体功能区规划是战略性、基础性、约束性的规划，是国民经济和社会发展总体规划、人口规划、区域规划、城市规划、土地利用规划、环境保护规划、生态建设规划、流域综合规划、水资源综合规划、海洋功能区划、海域使用规划、粮食生产规划、交通规划、防灾减灾规划等在空间开发和布局的基本依据。同时，编制全国主体功能区规划要以上述规划和其他相关规划为支撑，并在政策、法规和实施管理等方面做好衔接工作。

（五）乡村振兴战略规划

乡村振兴战略规划是以习近平总书记关于“三农”工作的重要论述为指导，按照产业兴旺、生态宜居、乡风文明、治理有效、生活富裕的总要求，描绘好战略蓝图，强化规划引领，科学有序推动乡村产业、人才、文化生态和组织振兴，对实施乡村振兴战略按阶段作出谋划，细化实化工作重点和政策措施，部署重大工程、重大计划、重大行动，确保乡村振兴战略落实落地，是指导各地区各部门分类有序推进乡村振兴的重要依据。目前国家 2018—2022 年乡村振兴战略规划已编制公布，规划分别明确至 2020 年全面建成小康社会和 2022 年召开党的二十大时的目标任务。

（六）产业发展规划

产业发展规划是国家对各类产业发展布局、产业结构调整在一定时期和阶段内进行的整体布置和规划，主要从实际状况出发，充分考虑国际国内及经济发展态势，对各类产业发展的定位、产业体系、产业结构、产业链、空间布局、经济社会环境影响、实施方案等做出的科学计划。例如，国务院《“十三五”国家战略性新兴产业发展规划》就是在“战略性新兴产业代表新一轮科技革命和产业变革的方向，是培育发展新动能、获取未来竞争新优势的关键领域”背景下，国家为了把战略性新兴产业摆在经济社会发展更加突出的位置，大力构建现代产业新体系，推动经济社会持续健康发展，根据“十三五”规划纲要有关部署，为国家战略性新兴产业发展制定的规划，规划期为2016—2020年。

（七）生态环境保护规划

生态环境保护规划是国家为使生态环境与经济社会协调发展而对自身活动和环境所做的时间和空间的合理安排。它是以社会经济规律、生态规律为指导，研究与把握社会—经济—环境生态系统在一个较长时间内的发展变化趋势，提出协调社会经济与生态环境相互关系可行性措施的一种科学理论和方法。例如，针对“十三五”期间的生态环境保护，国务院下发了《“十三五”生态环境保护规划》，该规划对“十三五”期间生态环境保护的指导思想、基本原则、主要目标、具体内容进行了详细安排和部署。

◆ 重点、热点、疑难问题及解答

【重点、热点问题】

1. 土地利用总体规划实施有哪些具体要求？

答：土地利用总体规划不仅确定了项目的用地范围，而且对土地空间安排做了相对明确的安排，其应注意的概念包括允许建设区、限制建设区以及禁止建设区。《土地利用总体规划管理办法》第三十三条规定：“土地利用总体规划划定的城乡建设用地管制边界和管制区域，必须严格执行，未经依法批准，不得擅自突破。需要使用土地的城、镇、村和工矿建设项目，应当在允许建设区内安排建设用地。严禁在限制建设区和禁止建设区内安排城镇建设项目。交通、能源、水利、军事、国家安全、矿山和其他因生态环境保护要求确需在限制建设区和禁止建设区内单独选址的建设项目，必须经依法批准。”

2. 确需修改土地利用总体规划的情形有哪些？应履行何种程序？

答：土地利用总体规划一经确定，即具有法律效力，但现实中不排除会有因新项目引入、政策调整等客观原因，确需调整的情形。《土地利用总体规划管理办法》第三十九条对此作了明确规定：“有下列情形之一，确需修改土地利用总体规划的，规划编制机关可以依法组织修改规划，报原规划审批机关批准：（1）国家或者省级重大战略实施、重大政策调整、经济社会发展条件发生重大变化；（2）经国务院或者省级人民政府及其投资主管部门批准的能源、交通、水利、矿山、军事设施等建设项目；（3）重大自然灾害抢险避灾、灾后恢复重建；（4）行政区划调整；（5）重要民生项目建设；（6）法律、行政法规规定的其他情形。经规划实施评估，确需修改土地利用总体规划的，依照前款规定执行。规划修改报批程序依照本办法规定的规划编制报批程序执行。”

3. 如何制定城乡建设用地规模边界调整方案？

答：实务中，城乡建设用地规模边界调整，是让项目更加符合产业发展要求，实现项目合法落地的重要途径，掌握好该边界调整方法，将有利于促进项目合理、高效用地。具体调整要求及方法，应依据《土地利用总体规划管理办法》第三十八条规定：“城、镇、村和工矿建设发展空间应当限定在土地利用总体规划确定的允许建设区内。市、县在不改变允许建设区规模、不突破城乡建设用地扩展边界和有条件建设区的前提下，可以制定城乡建设用地规模边界调整方案，经土地利用总体规划审批机关同级的自然资源管理部门同意后，调整允许建设区和有条件建设区的空间布局。城乡建设用地扩展边界不得调整。确需调整的，依照本办法规定报规划原审批机关批准。”

4. 乡镇土地利用总体规划应重点突出哪些内容？

答：按照《土地利用总体规划管理办法》第十九条规定：“乡（镇）土地利用总体规划，应当重点突出下列内容：（1）耕地、基本农田地块的落实；（2）县级规划中土地用途分区、布局与边界的落实；（3）地块土地用途的确定；（4）镇和农村居民点用地扩展边界的划定；（5）土地整治项目的安排。”作为田园综合体、特色小镇的建设单位，在建设前需要首先完成的工作就是了解所涉乡镇的土地利用总体规划情况，掌握本地现有的土地资源及发展空间。

5. 村土地利用规划与乡镇土地利用总体规划的关系如何？

答：在田园综合体、特色小镇打造中，与项目建设直接关联的规定主要是乡镇土地利用总体规划，同时，一般还需要制定村土地利用规划。二者的关系，按照《土地利用总体规划管理办法》第五条规定：“土地利用总体规划分为国家、省、市、县和乡（镇）五级。村土地利用规划是乡（镇）土地利用总体规划的重要组成部分。”

6. 村土地利用规划应重点突出哪些内容?

答: 现实中，村土地利用规划并非强制性要求，部分经济发展较快的村编制了该规划，大部分经济相对落后，较为偏远的村却未编制上述规划，但该规划却为落实具体产业项目指明了方向，按照《土地利用总体规划管理办法》第二十条:“村土地利用规划，应当重点突出下列内容:（1）乡（镇）规划中土地用途分区、布局与边界的落实;（2）农村集体建设用地的安排，农村宅基地、公益性设施用地等的范围;（3）不同用途土地的使用规则。”

7. 乡村建设规划许可证是否是办理用地审批手续的前置程序?

答: 依据《城乡规划法》第四十一条第四款规定:“建设单位或者个人在取得乡村建设规划许可证后，方可办理用地审批手续。”因此，建设单位首先应考虑项目是否符合乡村建设规划，在取得规划许可后，才能申请办理用地审批手续。

8. 项目建设前，如何办理乡村建设规划许可?

答: 根据住房城乡建设部《乡村建设规划许可实施意见》规定，乡村建设规划许可的申请主体为个人或建设单位，具体办理流程如下：乡、镇人民政府负责接收个人或建设单位的申请材料，报送乡村建设规划许可申请。城市、县人民政府城乡规划主管部门负责受理、审查乡村建设规划许可申请，作出乡村建设规划许可决定，核发乡村建设规划许可证。城市、县人民政府城乡规划主管部门在其法定职责范围内，依照法律、法规、规章的规定，可以委托乡、镇人民政府实施乡村建设规划许可。

进行农村村民住宅建设的，村民应向乡、镇人民政府提出乡村建设规划许可的书面申请，申请材料应包括：国土部门书面意见；房屋用地四至图及房屋设计方案或简要设计说明；经村民会议讨论同意、村委会签署的意见。

进行乡镇企业、乡村公共设施和公益事业建设的，个人或建设单位应向乡、镇人民政府提出乡村建设规划许可的书面申请，申请材料应包括：国土部门书面意见；建设项目用地范围地形图（1∶500 或 1∶1000），建设工程设计方案等；经村民会议讨论同意、村委会签署的意见等。

城市、县人民政府城乡规划主管部门应自受理乡村建设规划许可申请之日起二十个工作日内进行审查并作出决定。对符合法定条件、标准的，应依法作出准予许可的书面决定，并向申请人核发乡村建设规划许可证。对不符合法定条件、标准的，应依法作出不予许可的书面决定，并说明理由。

9. 在乡、村庄规划区内未依法取得乡村建设规划许可证或者未按照乡村建设规划许可证的规定进行建设的，应承担哪些法律后果？

答：在农村各类项目推进中，较为普遍存在“未批先建”“边批边建”的情形，项目单位在未依法取得乡村建设规划许可证或者未按照乡村建设规划许可证的规定进行开工建设，对上述违法行为，将面临较为严重的处罚。按照《城乡规划法》第六十五条规定：“在乡、村庄规划区内未依法取得乡村建设规划许可证或者未按照乡村建设规划许可证的规定进行建设的，由乡、镇人民政府责令停止建设、限期改正；逾期不改正的，可以拆除。”

10. 特色小镇、田园综合体等项目打造中，在村庄建设和发展方面应满足哪些要求？

答：在田园综合体、特色小镇等项目打造中，除依据《关于开展田园综合体建设试点工作的通知》《关于开展特色小镇培育工作的通知》等政策文件要求，围绕生产、产业、经营、生态、服务以及运行等进行规划建设，还应注意与《城乡规划法》第二十九条第三款的融合，即“乡、村庄的建设和发展，应当因地制宜、节约用地，发挥村民自治组织的作用，引导村民合理进行建设，改善农村生产、生活条件”。

11. 特色小镇、田园综合体建设中，需要在乡规划、村庄规划区内进行乡镇企业、乡村公共设施和公益事业建设的，应如何办理手续？

答：田园综合体的功能定位是加强基础设施、产业支撑、公共服务、环境风貌建设，实现农村生产生活生态“三生同步”、一二三产业“三产融合”、农业文化旅游“三位一体”。因此，项目初期规划除了经营性项目外，还应有乡镇企业（或集体经济组织的其他形式）、乡村公共设施与公益事业规划。按照《城乡规划法》第四十一条第一款的规定：“在乡、村庄规划区内进行乡镇企业、乡村公共设施和公益事业建设的，建设单位或者个人应当向乡、镇人民政府提出申请，由乡、镇人民政府报城市、县人民政府城乡规划主管部门核发乡村建设规划许可证。”

12. 田园综合体等项目打造中，需要配建乡村公共公益设施，确需占用农用地的，应如何办理手续？

答：在田园综合体、乡村民宿等项目建设中，因宅基地总体规模的限制，可实际利用的宅基地面积十分有限，针对部分投资规模较大的项目，难免可能占用农用地，此时，应如何办理手续？按照《城乡规划法》第四十一条第三款的规定：“在乡、村庄规划区内进行乡镇企业、乡村公共设施和公益事业建设以及农村村民住宅建设，不得占用农用地；确需占用农用地的，应当依照《中华人民共和国土地管理法》有关规定办理农用地转用审批手续后，由城市、县人民政府城乡规划主管部门核发乡村建设规划许可证。”因此，农用地转用是前置审批手续，项目建设单位不得以“先占后补”方式，占用农用地进行建设，而是应在办理农用地转用手续后，方可实施建设。

13. 乡村民宿建设中，使用原有宅基地进行农村村民住宅建设的规划管理，应遵循哪些规定？

答：在乡村民宿项目打造中，以利用农民闲置宅基地为主要方式，通过数户农民的联合，实现民宿的连片打造。《城乡规划法》第四十一条第二款之规定：“在乡、村庄规划区内使用原有宅基地进行农村村民住宅建设的规划管理办法，由省、自治区、直辖市制定。”因此如何利用宅基地进行民宿建设，主要应当遵循各省、自治区、直辖市规定。例如《四川省村镇规划建设管理条例》第二十五条第二款规定：“村民住宅建设在开工前，应向乡级人民政府提出开工申请，经审查同意后，方可开工。”

14. 田园综合体、特色小镇、乡村民宿等项目引入后，需要修改原有乡规划、村庄规划的，应当如何履行审批程序？

答：实践中，在田园综合体、特色小镇、乡村民宿等新项目进入后，一般需要对原有的乡规划、村庄规划进行修改，修改完毕后方能进行项目施工。《城乡规划法》第四十八条第二款规定："修改乡规划、村庄规划的，应当依照本法第二十二条规定的审批程序报批。"按照该法第二十二条规定："乡、镇人民政府组织编制乡规划、村庄规划，报上一级人民政府审批。村庄规划在报送审批前，应当经村民会议或者村民代表会议讨论同意。"另外，《乡村建设规划许可实施意见》对乡村建设规划许可变更作了更为具体的规定，即个人或建设单位应按照乡村建设规划许可证的规定进行建设，不得随意变更。确需变更的，被许可人应向作出乡村建设规划许可决定的行政机关提出申请，依法办理变更手续。因乡村建设规划许可所依据的法律、法规、规章修改或废止，或准予乡村建设规划许可所依据的客观情况发生重大变化的，为了公共利益的需要，可依法变更或撤回已经生效的乡村建设规划许可证。由此给被许可人造成财产损失的，应依法给予补偿。

15. 田园综合体、特色小镇等项目建设中，涉及村庄整治规划编制的，应遵循哪些基本要求？

答：田园综合体、特色小镇等项目建设，涉及对原有村庄风貌的再造，生产方式的优化，居住环境的改善，因此，上述项目多含村庄整治的基本内容。如何编制村庄整治规划，按照《村庄整治规划编制办法》的要求，编制村庄整治规划应以改善村庄人居环境为主要目的，以保障村民基本生活条件、治理村庄环境、提升村庄风貌为主要任务，同时应注意慎砍树、不填塘、少拆房，避免大拆大建和贪大求洋，找准村民改善生活条件的迫切需求和村庄建设管理中的突出问题，针对问题开展规划编制，提出有针对性的整治措施。为强化整治中的民主参与，还应考虑尊重村民意愿，发挥村民主体作用，在规划调研、编制等各个环节充分征询村民意见，通过简明易懂的方式公示规划成果，引导村民积极参与规划编制全过程，避免大包大揽。

16. 乡村规划师在当地田园综合体建设中主要有哪些保障和作用，对特色小镇、田园综合体等乡村振兴建设项目有何作用？

答：2010 年 10 月，成都市率先在全国实施乡村规划师制度，面向社会公开招募 100 名乡村规划师，具体制度设计包括：确保重点镇、特色镇、示范线沿线重要镇（乡）乡村规划师满覆盖，同时满足周边镇（乡）得到辐射服务；针对派驻乡村规划师的镇（乡）政府要进一步为乡村规划师的工作创造必要条件，激发和保护乡村规划师的工作热情，充分尊重其专业意见，为乡镇的规划建设发挥出更大的作用；为切实落实乡村规划师工作经费，为乡村规划师制度提供保障，财政部门安排乡村规划专项经费，用于乡村规划师社会招聘人员年薪补贴、乡村规划师及全市基层规划工作人员培训等。在乡村振兴战略中，“产业兴旺，生态宜居”，是乡村振兴战略总要求的重要内容，乡村规划师的设立，为产业合理布局乡村的同时让乡村在各种产业落地中保持生态宜居，提供了专业力量和项目落地保障，会有力促进乡村振兴的发展，同时还会大大促进乡村规划水平的提高。

17. 造成各类规划调整的主要因素有哪些，有关部门如何最大限度地避免规划修编或调整？

答：一般来看，造成规划调整的主要原因有以下三点：

第一，控规指标确定依据不足，刚性与弹性之间存在较大的矛盾，使规划管理部门陷入“自我矛盾”的怪圈。受到控规完成时间、覆盖程度、规划经费及编制单位投其所好的影响，编制单位往往在了解管理部门的要求以后，把精力放在设定符合要求的指标上，而不是在编出的规划能否实施、是否符合产权界限、是否需要分析地块与周边及上位规划关系等问题上。一个很简单的控规，如果没有对现状认真解读，科学细致分析与比较，就不会得出切实可行的控规指标。控规的指标体系就其属性可分为“刚性”和“弹性”两种指标，“刚性”指标为强制性指标，如土地使用性质、容积率、建筑密度、绿地率、配套设施等。“弹性”指标为指导性指标，如建筑体量、色彩、风格等。控规一经审批通过，具有法律效力，应经过相应程序才能修改。然而在实际的操作中，却经常面对这一现实：编制过于感性，导致产权单位之间利益纠纷，有的甚至出现公共设施放置在已出让土地上的尴尬等现实，造成感性规划经常遇到挑战，使规划管理部门陷入“自我矛盾”的怪圈。

第二，城乡建设存在不确定性，控规编制过程中存在对产权单位不尊重等问题，造成规划实施困难重重。对于众多地区来讲，建设速度很大程度上取决于招商引资力度。当政府引进一个项目后，希望马上开工，这时必然以投资商需求为主，而投资商有不同的利益诉求，往往并不认可政府事先编制的规划。如何求得二者兼顾，给控规提出了严峻挑战。一般控规成果外观很美，加上适当的设计，控规成果给人的印象是严肃、直观、实用，但如果把控规方案放在一张清晰的土地权属图纸上后，会发现有很多建筑横跨几处地块，造成控规成果实施起来困难重重，最终导致需要调整已编规划。

第三，国家或地区重大战略的调整。规划调整的一个重要影响因素是国家和地区的重大战略调整，无论是哪一种规划，一般是根据重大战略进行编制，随着国家和地区的发展以及现实情况的改变，重大战略往往会出现一定的调整，已编制规划也会随着重大战略的调整而出现修编、重编的情况。

规划编制前应该充分了解各个部门的实际情况，最大限度协调好规划所涉及的各个政府部门、执行部门之间的矛盾，满足各个部门之间的需求。因此，在充分了解了各个部门的实际需求和规划内容的基础上，最好在规划编制的准备阶段多次召开包括所有部门在内的座谈会，面对面调解各个部门之间的冲突与矛盾；在规划编制中，随时同各大部门保持联系，一来可以保证规划的实用性与可操作性，二来可以避免各部门之间出现新的矛盾，及时解决矛盾；在规划完成后，需要再一次召开全部门座谈会，全部门表决通过后该规划才能生效。值得注意的是，因国家战略调整出现的规划修编情况不可避免，只能在原有规划的基础上，最大限度地结合现有战略，把已实施项目的损失降到最低。

18. 特色小镇、田园综合体等项目实施中，如何防范及处理因规划调整带来的不可抗力风险？

答：不可抗力风险是指，不能预见、不能避免并不能克服的风险，通常无法通过技术、经验、预先判断或者小心对待来规避。对田园综合体、特色小镇、乡村民宿等项目而言，不可抗力风险一般是指因规划调整带来的对原合同条款的更改及实际履行内容的变更。通常情况下，应对项目规划调整风险主要有四种措施：风险规避、风险转移、风险控制和风险自留，不同措施应对不同类型风险。

风险规避是通过避免风险的方式，使一些会对项目产生极其不利甚至致命影响的风险不要发生，此类风险的发生一般受国家或地区政策的影响比较大。如避免使用尚未在当地创新实验的土地新政，包括集体经营性建设用地入市、宅基地“三权分置”、“两权”抵押等。

风险转移是通过签署协议的方式，将风险转移给能够以最低成本有效管理风险的一方。但该措施仅对可保险的不可抗力因素有效，如农产品保险、农村土地流转合同履约保险等。

风险控制是通过一系列措施，降低项目风险发生的概率或项目风险发生的后果。针对不可抗力因素，项目公司可以采用以下两种风险控制方式降低风险：一是制订应急计划；二是通过合约缓解。项目公司需要确保所有签署的合约中，对“不可抗力”的定义均一致以及提前商定发生不可抗力情形时合同将进行再谈判。谈判对象主要针对村集体、村民、乡镇政府等。

风险自留是通过建立应急准备金、预留定价边界或合约价格调整空间的方式，吸收对于项目本身产生负面效应较小的风险。对于剩余的不可抗力风险，如经保险公司补偿后仍不能弥补的损失，或者不适合通过保险转移的风险所导致的损失，可以通过项目公司自留的方式保留风险。目前，以成都为代表的农村改革先行试点区域，已建立了农村产权抵押融资风险基金、农村产权收储机制等风险化解措施，除应对不可抗力风险外，还可应对一些市场变化风险，该风险处置经验有一定的推广价值。

【疑难问题】

特色小镇、田园综合体等各类乡村振兴项目规划中，应如何认识国家政策提出的“多规合一、一张蓝图”的问题？

答：关于如何解决众多规划之间的冲突和矛盾，实现“多规合一、一张蓝图”，根据国家发改委、国土部、环保部和住建部四部委在2014年联合下发《关于开展市县“多规合一”试点工作的通知》的指导意见，提出以下几点认识和建议：

1. 规划要服务于国家战略需求。比如国家区域发展总体战略，要作为规划的一个基础指引来考虑，要建立与国家战略中提出的重要立足点资源环境承载力相匹配的规划，符合绿色发展需要，以适应时代的需求。总体而言就是要尽可能结合各个规划目标，特别强调耕地保护来协调矛盾、互为补充，最终实现经济发展，推动民生，保障城乡发展的总体目标。

2. 规划要体现国家意志。在某种程度上而言，规划是政府引导和市场行为相结合的产物，因为空间资源配置的外部性，单凭市场化手段无法解决所有的问题，所以必须有政府对一些底线性的问题提出管控诉求，比如涉及资源安全、生态安全、经济安全、环境安全、粮食安全等方面问题时，以保障规划自身的规范性和合理性。

3. 规划要明确一个统一的规划年限。由政府统一牵头，合理确定规划期限，统一规划编制期限和时序。针对现有各类规划之间编制基期和期限各异的情况，建议首先明确规划编制基期，并统筹考虑法律法规要求和相关规划的特点，探索按照近期、中期及远景三个期限，确定统一协调的规划中期年限和目标年限，作为各类规划衔接目标任务的时间节点，多规合一修编制度建议统一为5年一次。

4. 规划对于空间整体布局体系建立要保证协调统一，以提升空间治理的效果。这个也是多规合一的基本作用之一，这就要求必须在国土空间上寻求最大限度的共识；除此之外，还要对国土空间开发保护的边界有一个清晰的划定，知道哪些是需要坚守生态保护的底线，构建规划空间布局约束框架；虽然不同底线尺度的差异是边界清晰与否的一个重要的决定因素，在不同的程度下边界衔接的问题，还需要继续深入探索，实践中可通过全面开展乡村规划及土地利用现状基础条件和需求分析，并结合经济社会的中长期发展需求，测算一定时期的乡村发展规模，与生态红线、永久基本农田保护边界相结合，通过确定特色小镇、田园综合体等项目的规划边界等方式进行划定。以城乡规划与土地利用规划为主的建设用地的“斑块”差异，在确保“总量控制”之下，建议以重点项目布局、现状用地性质等情况为依据，研究确定差异协调原则和方法，提出分类差异处理建议，最终实现“多规”图层叠合，确保空间的无缝衔接。

针对空间布局方面，还需要保证空间基础信息平台的互联互通。许多空间规划冲突，多数是信息壁垒等原因所致，未来要建立以统一的基础数据为支撑的平台，平台上集成各类规划底图数据，使规划用地规模、用地性质、产业布局、空间功能布局等最终能够集聚在一张图上。还要保证信息联动。目前实践中，规划实施通常采取串联式审批的方式，即一个部门一个部门地审批，一旦某一环节有问题就需要从头再来，极大地浪费了时间，效率很低。所以建议在未来的规划中，要把串联的审批换成并联的审批，对一个空间规划有任何补充意见或建议，在最开始就集中提出，统一修改完成后再进行集中审批。要实现这种程度的协同，还需要厘清各层级政府的规划职能，相关部门规划衔接关系，从技术和管理两个层面共同推进。

当前，“多规合一”在实际操作中主要面临以下现实困难：

一是规划名目繁多。据统计，我国经法律授权编制的规划至少有 83 种，国务院有关部门编制的行业规划，省、地（市）、县三级政府编制的规划纲要、重点专业规划等更是不胜枚举，各类规划名目繁多。

二是各类规划体系各异，且各类规划均自成体系，相互对接非常困难。城乡规划有《城市用地分类与规划建设用地标准》《镇规划标准》等，土地利用规划有《全国土地分类》《土地利用现状分类》等，市、县、乡镇三级土地利用总体规划中又有相应的分类体系，旅游发展规划有《旅游规划通则》等。这些规划都是从不同角度进行的分类，并且规划的内容不同，很难从体系结构上相互对接使用。

三是多规合作存在技术障碍。各类空间规划存在编制基础缺乏协调，基础资料、统计口径、用地分类标准等各类要素的不统一，规划基期、规划期不同的技术障碍，使得“多规合一”存在很大的交易成本。

四是规划空间与产业的不统一。传统乡镇级别的规划以城乡总体规划为主，但该类规划由于自城市规划的体系演变而来，其核心出发点依然是在对用地的集约化和高效利用，缺乏对产业的思考；而社会经济发展规划、产业规划等规划更偏重于产业，但又因为缺乏对用地产生效力而难以达到规划的效果。

第三篇 “资源取得”——土地篇

一、我国土地制度基本概述

我国现行《宪法》明确规定，城市市区的土地属于国家所有。农村和城市郊区的土地，除由法律规定属于国家所有的以外，属于农民集体所有，宅基地和自留地、自留山，属于农民集体所有。这就确定了城乡二元土地所有制架构，以该架构为基础，形成了城乡土地完全不同的权利体系，权利限制差别较大。

比如土地的用途限制不同。城市国有建设用地允许个人和机构依法享有使用权，并可在国有土地上进行工业、商业、旅游、娱乐、商品住宅等经营性开发建设；而集体建设用地目前限于三类用途：即农民集体兴办乡镇企业或者与其他单位、个人以土地使用权入股以及联营等形式共同兴办乡镇企业，进行集体公共设施和公益事业建设，农民修建个人住房。比如土地可抵押范围也不同：国有建设用地使用权可依法用于抵押贷款，而在农村，乡镇、村企业的建设用地使用权以及耕地、宅基地、自留地、自留山等集体所有土地的使用权不得抵押。农村允许抵押的土地及其相关财产仅限于以招标、拍卖、公开协商等方式取得的荒地等土地承包经营权，以乡镇、村企业的厂房等建筑物抵押的，其占用范围内的建设用地使用权一并抵押。对于特殊土地如宅基地而言，其要求申请人必须具有集体经济组织成员身份，且原则上一户一宅，农户对宅基地只有占有和使用的权利，没有收益权和转让权，农户不能将宅基地上修建的个人住房出卖给城市居民。

集体所有的土地转为国有土地主要实行政府征收。而征收过程中又长期存在征地范围过大、程序不够规范、被征地农民保障机制不完善等问题。所以总体而言，现有土地制度对于集体土地呈现限制偏多，保障又较少的现象。

农村土地制度作为农村制度体系的基础与核心，其完善和优化与否，是深入实施乡村振兴战略的关键之一。面对城乡不同的土地权利体系，党的十八大以来，我国不断推进和深化农村土地制度改革，目前已进入深水区。一方面2018年年底最新的《农村土地承包法》发布，确实落实了承包地的“三权分置”制度，还增设一章土地经营权，规定了土地经营权基本概念、流转、登记以及融资担保等重要内容，保障在坚持农村土地集体所有权的根本地位和严格保护农户承包权的前提下，形成所有权、承包权、经营权三权分置，经营权流转的格局；另一方面如前文提到，全国人大常委会授权国务院在北京大兴区等三十三个试点县（市、区）行政区域，暂时调整实施土地管理法、城市房地产管理法关于农村土地征收、集体经营性建设用地入市、宅基地管理制度的有关规定，对“三块地”进行试点改革，“农村土地征收”要缩小土地征收范围，探索制定土地征收目录，严格界定公共利益用地范围，规范土地征收程序，完善对被征地农民合理、规范、多元保障机制。“集体经营性建设用地入市”规定是明确在符合规划、用途管制和依法取得的前提下，允许存量农村集体经营性建设用地使用权出让、租赁、入股，实行与国有建设用地使用权同等入市、同权同价。“宅基地管理制度”主要强调在遵循“依法、有偿、自愿”原则的前提下，确保宅基地在“取得、使用、退出、流转”等环节的规范进行，如探索宅基地的有偿退出、宅基地的三权分置等。

国家一系列深化农村土地制度改革政策和措施的出台与推行，使得众多投资者对广袤的农村土地趋之若鹜，纷纷到农村投资兴业。投资者应认真研读并深入理解我国推行的农村土地制度改革相关政策，合法地取得农村土地进行相关项目投资建设，避免相关政策法律风险。

二、相关概念简述

（一）所有权及土地所有权制度

所有权是指所有人依法对自己的财产所享有的占有、使用、收益和处分的权利。依据我国现行《宪法》第六条的规定，中华人民共和国的社会主义经济制度的基础是生产资料的社会主义公有制，即全民所有制和劳动群众集体所有制。第九条规定，矿藏、水流、森林、山岭、草原、荒地、滩涂等自然资源，都属于国家所有，即全民所有；由法律规定属于集体所有的森林和山岭、草原、荒地、滩涂除外。第十条第一款、第二款规定，城市的土地属于国家所有。农村和城市郊区的土地，除由法律规定属于国家所有的以外，属于集体所有；宅基地和自留地、自留山，也属于集体所有。依据《土地管理法》第四条的规定，土地分为农用地、建设用地、未利用地三类。

（二）建设用地

《土地管理法》第四条第三款明确规定，建设用地是指建造建筑物、构筑物的土地，包括城乡住宅和公共设施用地、工矿用地、交通水利设施用地、旅游用地、军事设施用地等。建设用地根据土地所有权性质的不同，又分为国有建设用地和集体建设用地。

（三）集体土地所有权

集体土地所有权是指农村各级农民集体对其所有的集体土地依法享有的占有、使用、收益和处分的权利。依据我国现行《宪法》第十条第一款、第二款的规定，城市的土地属于国家所有。农村和城市郊区的土地，除由法律规定属于国家所有的以外，属于集体所有；宅基地和自留地、自留山，也属于集体所有。

（四）集体建设用地使用权

集体建设用地使用权是指农民集体和个人进行非农业建设依法使用农民集体所有土地的权利。《土地管理法》第十一条第二款规定，农民集体所有的土地依法用于非农业建设的，由县级人民政府登记造册，核发证书，确认建设用地使用权。弄清集体建设用地使用权这一概念需要把握两个核心问题，一是使用权主体；二是使用权权能。我国现行法律对集体建设用地使用权的主体有较为严格的限制，一般只能由本集体及其所属成员拥有使用权。使用权权能上，《土地管理法》第六十三条明确规定，农民集体所有的土地的使用权不得出让、转让或者出租用于非农业建设。这一规定极大限制了集体建设用地使用权权能充分发挥作用。

（五）农用地

依据《土地管理法》第四条第三款的规定，农用地是指直接用于农业生产的土地，包括耕地、林地、草地、农田水利用地、养殖水面等。

（六）设施农用地

依据《土地利用现状分类》和自然资源部、农业部《关于进一步支持设施农业健康发展的通知》（以下简称《设施农业健康发展的通知》）的相关规定，设施农用地是指直接用于经营性养殖的畜禽舍、工厂化作物栽培或水产养殖的生产设施用地及其相应附属设施用地，农村宅基地以外的晾晒场等农业设施用地。

（七）未利用地

依据《土地管理法》第四条第三款的规定，未利用地是指农用地和建设用地以外的土地。未利用地中提及最多的一个概念是“四荒地”。依据现行《农村土地承包法》第四十四条和《土地管理法》第八条的规定，农村四荒地是指属于农村集体经济组织所有荒山、荒沟、荒丘、荒滩等未利用的土地。农村四荒地所有权属于农民集体。

（八）土地征收

依据《物权法》第四十二条第一款、第二款的规定，为了公共利益的需要，依照法律规定的权限和程序可以征收集体所有的土地和单位、个人的房屋及其他不动产。征收集体所有的土地，应当依法足额支付土地补偿费、安置补助费、地上附着物和青苗的补偿费等费用，安排被征地农民的社会保障费用，保障被征地农民的生活，维护被征地农民的合法权益。容易和土地征收混淆的一个概念是土地征用。依据《物权法》第四十四条的规定，因抢险、救灾等紧急需要，依照法律规定的权限和程序可以征用单位、个人的不动产或者动产。被征用的不动产或者动产使用后，应当返还被征用人。单位、个人的不动产或者动产被征用或者征用后毁损、灭失的，应当给予补偿。土地征收和土地征用都属于为了公共利益需要，通过运用国家强制力而对公民的土地权利进行限制的形式，都应经过法定程序，都要依法给予补偿。不同之处在于，土地征收是土地所有权的转移，即由集体土地转变为国有土地；土地征用是土地使用权的转移，土地所有权仍然属于农民集体，征用条件结束，应将土地交还给农民集体。

针对我国现行土地征收制度存在的弊端，中共中央办公厅、国务院办公厅《关于农村土地征收、集体经营性建设用地入市、宅基地制度改革试点工作的意见》提出要完善土地征收制度，针对征地范围过大、程序不够规范、被征地农民保障机制不完善等问题，要缩小土地征收范围，探索制定土地征收目录，严格界定公共利益用地范围；规范土地征收程序，建立社会稳定风险评估制度，健全矛盾纠纷调处机制，全面公开土地征收信息；完善对被征地农民合理、规范、多元保障机制。

（九）农村土地经营权

依据最新《农村土地承包法》第九条相关规定，农村土地承包方可通过自己经营完整地保有其土地承包经营权，也可以自主决定保留其土地承包权，流转土地经营权由他人经营。可知农村土地经营权是从农村土地承包经营权中分离出的一项权能，即承包农户将其承包土地流转出去，由其他组织或者个人经营，其他组织或者个人取得土地经营权，经流转而获得土地经营权者在流转合同约定期限内有权占有承包地、自主开展农业生产经营并取得收益。

（十）农村集体经营性建设用地入市

依据2014年12月2日，中央全面深化改革领导小组第七次会议审议的《关于农村土地征收、集体经营性建设用地入市、宅基地制度改革试点工作的意见》的规定，农村集体经营性建设用地是指存量农村集体建设用地中，土地利用总体规划和城乡规划确定为工矿仓储、商服等经营性用途的农村集体建设用地。农村集体经营性建设用地使用权入市，是指农村集体经济组织将农村集体经营性建设用地使用权以出让、租赁或作价出资（入股）方式进入市场的行为。

（十一）农村土地经营权流转

依据最新的《农村土地承包法》第三十六条的规定可知，农村土地经营权流转主要是指拥有土地承包权的家庭，可以自主决定依法采取出租（转包）、入股或者其他方式向他人流转土地经营权的行为，并向发包方备案。

（十二）农用地“三权分置”

依据中共中央办公厅、国务院办公厅于 2016 年 10 月 30 日印发并实施的《分置意见》的相关规定，三权分置是指将农村土地承包经营权分为承包权和经营权，实行所有权、承包权、经营权（以下简称“三权”）分置并行。三权分置是继家庭联产承包责任制后农村改革的又一重大制度创新。

三权的关系中，要始终坚持农村土地集体所有权的根本地位，农村土地集体所有权是土地承包权的前提，农户享有承包经营权是集体所有的具体实现形式。严格保护农户承包权，加快放活土地经营权，在土地流转中，农户承包经营权派生出土地经营权。支持在实践中积极探索农民集体依法依规行使集体所有权、监督承包农户和经营主体规范利用土地等的具体方式。鼓励在理论上深入研究农民集体和承包农户在承包土地上、承包农户和经营主体在土地流转中的权利边界及相互权利关系等问题。通过实践探索和理论创新，逐步完善“三权”关系，为实施“三权分置”提供有力支撑。

（十三）宅基地“三权分置”

依据 2018 年中央一号文件相关内容，宅基地三权分置是指，宅基地所有权、资格权和使用权三权分置并行。宅基地三权的关系为：落实宅基地集体所有权，保障宅基地农户资格权和农民房屋财产权，适度放活宅基地和农民房屋使用权。

落实宅基地集体所有权主要体现在：明确集体经济组织对村庄用地的规划利用权；适度强化集体经济组织对违法建设、超标建设和长期闲置的宅基地，及时纠正和有条件调整、收回的权能；集体经济组织在宅基地使用权流转、征收时行使民主协商和决策监督的权能；明确集体经济组织在宅基地使用权转让时按照一定比例分享流转收益，在征地补偿时参与收益分配，维护集体土地权益。

保障宅基地农户资格权和农民房屋财产权主要体现在：农户有权通过转让、互换、出租方式在本集体经济组织内流转资格权并获得收益；有权依法依规就宅基地使用权设定抵押、担保；有权自愿有偿退出宅基地；农户宅基地被征收的，有权依法获得相应补偿、参与社会保障。

适度放活宅基地和农民房屋使用权主要体现在：应在依法保护集体所有权和农户资格权的前提下，平等保护使用权人依流转合同取得的宅基地使用权，并保障其经营预期。

（十四）农村三块地改革

依据2014年12月2日，中央全面深化改革领导小组第七次会议审议的《关于农村土地征收、集体经营性建设用地入市、宅基地制度改革试点工作的意见》的规定，农村三块地改革是指对于农村土地征收、集体经营性建设用地入市以及农村宅基地的改革。2015年2月1日，中共中央、国务院印发《关于加大改革创新力度加快农业现代化建设的若干意见》（2015年中央一号文件）第23条对“三块地”的改革作了统一安排：制定缩小征地范围的办法；赋予符合规划和用途管制的农村集体经营性建设用地出让、租赁、入股权能；依法保障农民宅基地权益，改革农民住宅用地取得方式，探索农民住房保障的新机制等。

（十五）城乡建设用地增减挂钩

2004年，国务院印发《关于深化改革严格土地管理的决定》，文件中指出：“鼓励农村建设用地整理，城镇建设用地增加要与农村建设用地减少相挂钩。”城乡建设用地增减挂钩，是指依据土地利用总体规划，将若干拟复垦为耕地（或农用地）的农村建设用地地块（拆旧区）和拟用于城镇建设、农民居住区建设的地块（建新区），共同组成建新拆旧项目区（以下简称项目区），通过农村建设用地的建新拆旧和土地复垦，最终实现项目区内建设用地总量不增加，耕地面积不减少，同时用地布局更加合理，集约化水平也大幅度提高。

上述概念解释中提到的“拆旧区”是指依据土地利用总体规划，复垦为耕地的农村建设用地地块组成的区域；“农民居住区”是指开展增减挂钩的村根据集体经济组织成员的人口、户数和新村建设规划，本着“一户一宅”、集约节约用地的原则核定的新村建设区域，其用地规模包括住房安置用地和村（居）民的生产生活安置用地。“城镇建新区”是指利用节余指标进行城镇建设的区域，主要用于经营性用地和工业用地，建新区在占地数量和质量上低于或等于节余指标数量和质量。

与城乡建设用地增减挂钩有关的两个概念为挂钩周转指标和挂钩节约指标。“挂钩周转指标”是指上级部门批复的一定时期内一定数量的用地周转规模，并在一定时期内用拆旧地块复垦的耕地归还相应数量的指标。挂钩周转指标数量上等于拆旧复垦面积。周转指标从项目区整体审批实施至指标归还有一定期限限制，一般不超过三年。“挂钩节余指标”即城镇建新区可使用挂钩周转指标，是指挂钩周转指标扣除安置用地中占用农用地面积后剩余的用于城镇建设的面积。

（十六）耕地占补平衡

“耕地占补平衡”是我国耕地保护的一项原则，依据《土地管理法》的相关规定，国家保护耕地，严格控制耕地转为非耕地。国家实行占用耕地补偿制度，非农业建设经批准占用耕地的，按照“占多少，垦多少”的原则，由占用耕地的单位负责开垦与所占用耕地的数量和质量相当的耕地。没有条件开垦或者开垦的耕地不符合要求的，应当按照省、自治区、直辖市的规定缴纳耕地开垦费，专款用于开垦新的耕地。

（十七）农村产权交易市场

《中共中央关于全面深化改革若干重大问题的决定》（2013 年 11 月 12 日中国共产党第十八届中央委员会第三次全体会议通过）明确提出：建立城乡统一的建设用地市场。在符合规划和用途管制前提下，允许农村集体经营性建设用地出让、租赁、入股，实行与国有土地同等入市、同权同价。建立农村产权流转交易市场，推动农村产权流转交易公开、公正、规范运行。

依据 2014 年 12 月 30 日，国务院办公厅《关于引导农村产权流转交易市场健康发展的意见》（国办发〔2014〕71 号）的规定，农村产权交易市场是指由政府主导、服务“三农”，为各类农村产权依法流转交易提供服务的平台。农村产权交易市场在法律性质上讲是非营利性机构，依据《民法总则》的规定，可以是事业法人，也可以是企业法人。农村产权流转交易市场包括了现有的农村土地承包经营权流转服务中心、农村集体资产管理交易中心、林权管理服务中心和林业产权交易所，以及各地探索建立的其他形式农村产权流转交易市场。

2008年10月13日，全国首个农村产权交易所——成都农村产权交易所挂牌成立。作为经成都市政府批准的农村产权综合性市场平台，成都农村产权交易所不以营利为目的。对作为转让方的农户，不收取交易服务费用；对受让方只收取交易服务成本费用，以扶持农村产权的流转。

图片来源：为作者拍摄。

◆ 重点、热点、疑难问题及解答

【重点、热点问题】

1. 田园综合体、特色小镇、农村产业融合发展园区等规模化用地的乡村振兴项目建设中一般会涉及什么性质的土地，哪些用途的土地，应如何规划和运营?

答：根据特色小镇、田园综合体、农村产业融合发展园区等项目规划建设内容，从实务角度出发，一个项目可能会同时涉及不同性质多种用途的土地：

（1）从土地的性质看

上述项目由于是规模化用地，根据具体项目用地及区域不同，有的项目同时涵盖城镇规划区的用地以及非城市规划区的乡村用地，项目中土地性质必然涉及国有土地和集体土地，同时还涉及集体土地转征为国有土地。

（2）从土地的用途看

项目用地涉及国有建设用地、集体建设用地、四荒地、公共公益事业建设用地、配套设施建设用地、农民自有住宅、闲置宅基地等各种用途的建设用地；同时项目中又会包含耕地、园地、林地、自留地、设施农用地等各种用途的农用地；另外根据项目区域位置不同还会涉及不同性质的四荒地。在规模化项目用地中，由于涉及土地所有权性质不同以及各类土地的用途不同，所以在项目取得和开发利用中，应根据土地不同性质和用途区别对待。比如涉及国有建设用地的，应按国有建设用地招拍挂政策进行取得土地；如果涉及集体建设用地的，在试点区域应按集体经营性建设用地程序从集体经济组织取得集体建设用地；农用地和未利用地的还应从不同的集体经济组织或农户处取得相应权属。在开发利用时，也应根据其不同性质和用途属性进行不同区分，进行合法有效的运营。项目投资主体区分项目用地的性质和用途对各类土地进行合理规划、合法建设和有效运营是田园综合体、特色小镇等乡村振兴规模化投资项目的重点和难点，也是这类项目的风险所在。

2. 田园综合体、农村产业融合发展园区、家庭农场、农家乐等建设项目中，如何流转农用地，需要注意的问题有哪些？

依据《农村土地承包法》和《分置意见》的相关规定，项目主体主要通过依法流转农村承包土地经营权的方式取得项目所需农用地。

农村承包土地经营权流转过程中主要注意以下几点内容：

（1）农村承包土地经营权的流转主体。中共中央、国务院印发的《关于实施乡村振兴战略的意见》中明确提出：农村土地承包关系稳定并长久不变，第二轮土地承包到期后再延长30年。有权依法流转农村承包土地经营权的主体应该是依法享有农村土地承包经营权的农户，并且不论农村承包土地的经营权如何流转，农村土地承包权都属于农户。

（2）农村承包土地经营权流转方式。项目主体可以根据农用地的现状并结合项目建设需要，采取不同类型的流转方式。流转方式主要有：

①出租，即承包方将部分或全部土地的经营权以一定期限租赁给项目相关主体从事农业生产经营。出租后原土地承包关系不变，原承包方继续履行原土地承包合同规定的权利和义务。承租方按双方签订的租赁合同履行支付租金等义务。租赁期限不能超过剩余承包年限且最长不能超过20年；

②入股，即农户与项目主体合作，将其农村承包土地经营权量化为股权，作价入股成立公司或者合作社。以入股方式进行流转应与转让、互换、转包等

流转方式进行区分。转让是转让的农村土地承包权，并且承包农户转让土地承包权原则上应在本集体经济组织内进行且需经发包方同意。互换主要是为解决承包地细碎化问题，互换可以保留土地承包权不变，仅互相交换农村土地经营权，但通常是在对属于同一集体经济组织的承包地块进行交换。转包是指承包方将部分或全部土地经营权以一定期限转给同一集体经济组织的其他农户从事农业生产经营。

（3）农村承包土地经营权人的权利。根据《农村土地承包法》和“三权分置”的改革方向，在依法保护集体所有权和农户承包权的前提下，农村承包土地经营权人对流转土地依法享有在一定期限内占有、耕作并取得相应收益的权利，具体表现在以下几个方面：

①农村承包土地经营权人有权使用流转土地根据项目规划建设内容自主从事农业生产经营并获得相应收益；

②经承包农户同意，可依法依规改良土壤、提升地力，建设农业生产、附属、配套设施，并依照流转合同约定获得合理补偿；

③农村承包土地经营权人有权在流转合同到期后按照同等条件优先续租承包土地；

④农村承包土地经营权人经承包农户或其委托代理人书面同意，并向农民集体书面备案（告知）后，可再流转土地经营权或依法依规设定抵押；

⑤签订流转合同时，农村承包土地经营权人可与承包农户协商确定，流转土地在流转期限内被征收的，地上附着物及青苗补偿费可全部或按一定比例归土地经营权人所有；

⑥农村承包土地经营权人有权要求将所签订的流转合同通过流转合同鉴证、交易鉴证等多种方式对土地经营权予以确认，以更好保护自身合法权益；

⑦流转合同约定的其他农村承包土地经营权人应享有的权利。

3. 田园综合体、农村产业融合发展园区项目建设中，有哪些土地适度规模经营方式符合国家政策和法律？

答：国家鼓励发展多种形式的适度规模经营，实现农业“规模化、专业化、标准化”经营。总结全国各地实践经验，比较成熟的土地适度规模经营的方式有：

（1）土地流转方式经营（见问题2关于如何流转农用地应注意的问题）。

（2）土地股份合作经营。土地股份合作可以说是土地适度规模经营的主流模式。实务中，可与项目密切相结合的土地股份合作方式可分为三类：第一类是承包农户以农村土地承包经营权入股成立农民专业合作社，成立的农民专业合作社再以农村土地经营权入股与项目相关主体进行合作实现土地适度规模化；第二类是承包农户直接以农村承包土地经营权折价入股与项目相关主体进行合作；第三类是农户以农村土地经营权、资金、大棚产权等多种要素入股与项目相关主体进行合作。

鉴于我国关于土地股份合作的法律制度尚未完善，土地股份合作方式在实践中面临一些法律问题需要解决，如有限责任公司股东不能超过50人，作为股东的农户如果超过50人的该如何处理；公司的经营范围和经营期限是否限制；公司章程应在哪些方面特别约定以切实维护农民股东的合法权益等。

（3）土地托管方式。所谓土地托管是指农户将不愿耕种或无能力耕种的土地托给新型农业经营主体，并由其代为耕种管理的方式。土地托管又可分为全程托管、劳务托管和订单托管。全程托管是指受托主体对托管的土地实现从种到收的全程托管经营管理；劳务托管是指农户与受托主体达成劳动服务协议，受托主体承包播种、育种、育秧、整田、栽秧、插秧、施肥、打药、收割等种植过程所需劳动作业的主要环节，种植户自身承担劳动服务费、种子、农药、肥料等费用，农业收获归农户所有；订单托管是指农户将农业生产过程中某个时段的劳务项目委托给受托方，受托方按劳务项目获得报酬。项目主体可结合项目实际需要选择不同的土地托管方式。

4. 田园综合体、农村产业融合发展园区项目建设中，如何取得和运用好设施农用地？

答：关于设施农用地的取得。设施农用地直接用于或者服务于农业生产，其性质属于农用地，按农用地管理。因此，设施农用地的取得可以参照农用地的取得方式。根据设施农用地的分类，兴建农业设施占用农用地的，不需办理农用地转用审批手续，其中生产设施占用耕地的，生产结束后由经营者负责复耕，不计入耕地减少考核；兴建附属设施占用耕地的，由经营者按照“占一补一”要求负责补充占用的耕地。设施农用地的使用有严格的申报和审批程序，依据《设施农业健康发展的通知》的相关规定，使用设施农用地的申报和审批流程如下：

（1）公示设施建设方案和土地使用条件。项目相关主体应拟定设施建设方案，设施建设方案的主要内容包括项目名称、建设地点、设施类型和用途、数量、标准和用地规模等。项目相关主体同时与乡镇政府和农村集体经济组织协商土地使用年限、土地用途、土地复垦要求及时限、土地交还和违约责任等有关土地使用条件。协商一致后，建设方案和土地使用条件通过乡镇、村组政务公开等形式向社会予以公告，公告时间不少于10天。

（2）签订用地协议。公告期结束后无异议的，乡镇政府、设施建设所在地的农村集体经济组织和项目相关主体三方共同签订用地协议。设施建设用地如果涉及农村土地承包经营权流转的，项目相关主体应依法先行与承包农户签订农村土地承包经营权流转合同，征得承包农户同意。流转合同约定的土地流转期限不得超过土地承包期的剩余年限。

（3）用地协议备案。乡镇政府应按要求及时将签订的三方用地协议与设施建设方案报县级自然资源管理部门和农业部门备案。这里值得注意的是，县级自然资源部门和农业部门会依据职能对备案信息进行核实。在核实过程中，如果发现存在选址不合理、附属设施用地和配套设施用地超过规定面积、缺少土地复垦协议内容，以及将非农建设用地以设施农用地名义备案等问题的；项目设立不符合当地农业发展规划布局、建设内容不符合设施农业经营和规模化粮食生产要求、附属设施和配套设施建设不符合有关技术标准，以及土地承包经营权流转不符合有关规定的，自然资源和农业部门将会在规定期限内分别在其职责范围内告知乡镇政府、农村集体经济组织及项目相关主体，乡镇政府接到通知后应负责督促纠正。凡是不符合设施农用地有关规定的不得动工建设。

关于设施农用地的运用和管理。项目建设中，运用和管理好设施农用地要注意以下几方面的内容：

（1）合理控制设施农用地的用地规模。依据国土资源部、农业部《关于进一步支持设施农业健康发展的通知》的相关规定，设施农用地的建设控制标准为：

①工厂化作物栽培的附属设施用地规模原则上控制在项目用地规模5%以内，但最多不超过10亩；

②规模化畜禽养殖的附属设施用地规模原则上控制在项目用地规模7%以内（其中，规模化养牛、养羊的附属设施用地规模比例控制在10%以内），但最多不超过15亩；

③水产养殖的附属设施用地规模原则上控制在项目用地规模7%以内，但最多不超过10亩；

④根据规模化粮食生产需要合理确定配套设施用地规模。南方从事规模化粮食生产种植面积500亩、北方1000亩以内的，配套设施用地控制在3亩以内；超过上述种植面积规模的，配套设施用地可适当扩大，但最多不得超过10亩。

（2）严格明确设施农用地的用地范围。项目建设内容涉及以农业为依托的休闲、观光、旅游项目，涉及建设永久性餐饮、住宿、会议、大型停车场、工厂化农产品加工、中高档展销等，均不属于设施农用地范围，应按非农建设用地管理。确需建设的，必须符合土地利用规划，依法办理建设用地审批手续。

（3）合理科学地进行设施农用地的选址。在设施农用地的选址上，应注意：

①建设应尽量利用荒山、荒坡、滩涂等未利用地和低效闲置的土地，不占或少占耕地，严禁占用基本农田；

②确需占用耕地的，也应尽量占用劣质耕地，避免滥占优质耕地，同时通过工程、技术等措施，尽量减少对耕作层的破坏。

（4）严格设施农用地的用途。明确设施农用地是直接用于或者服务于农业生产的用地，其性质属于农用地，因此不能在设施农用地上进行实质用途为非农建设的项目。实务中，变相将设施农用地用于非农建设的行为主要有：

①以发展畜禽养殖建设畜禽舍为名，圈占农用地包括耕地建住宅用房；

②以发展畜禽养殖为名，圈占农用地包括耕地，先建设畜禽舍院，然后改建成住宅用于居住或者转让、出租，从事其他产业经营活动；

③以发展观光农业名义，圈占农用地包括耕地，建设旅游休闲度假村，从事餐饮住宿娱乐等服务经营项目；

④以发展水产养殖为名，圈占农用地包括耕地，挖塘养鱼，供游人垂钓，休闲娱乐等。

5. 特色小镇、田园综合体、农村产业融合发展园区项目建设中，项目主体如何利用“城乡建设用地增减挂钩”制度取得项目建设用地，国家试点区域又有什么样的模式突破?

答：依据国务院《关于严格规范城乡建设用地增减挂钩试点切实做好农村土地整治工作的通知》相关规定，国家引导和规范民间资本参与城乡建设用地增减挂钩试点。国务院的上述通知对城乡建设用地增减挂钩试点工作提出了总体要求，并就如何规范和监督管理试点工作作了明确规定。各省根据相关法律法规和政策规定，结合各省实际，就各省范围内挂钩试点项目区的申报、实施、验收、管理和监督以及社会资本参与增减挂钩试点的途径、方式、项目管理、资金管理、利益分配机制等内容制定相关办法。以四川省为例，四川省出台的关于挂钩试点的相关办法主要有《四川省城乡建设用地增减挂钩试点管理办法》、《四川省城乡建设用地增减挂钩试点项目验收办法》以及《四川省人民政府办公厅关于优化城乡建设用地增减挂钩试点改革的意见》等。

依据相关办法规定的内容和结合实践经验，小城镇等项目建设主体参与城乡建设用地增减挂钩的主要途径是：项目建设主体作为挂钩项目的投资人全额垫资实施挂钩项目，投资人按协议约定在挂钩项目实施完成后取得分成节余指标，分成节余指标在公开交易平台上进行流转的资金作为投资人的投资成本、回报收益等。项目建设主体也可选择通过公开招投标方式依法取得建设用地使用权。依据四川省的相关规定，小城镇等项目建设主体参与挂钩项目的基本流程如下：

（1）依法进行挂钩项目区的申报。

①申报主体。虽然小城镇等项目建设主体作为投资方参与挂钩项目，但应明确其并非挂钩项目区的申报主体。挂钩项目区的申报主体应为试点县（市、区）人民政府，项目区实施单位为试点县（市、区）国土资源管理部门。

②申报工作的步骤。乡镇人民政府组织村组干部对本辖区农户拆旧建新意愿度进行摸底调查，摸底确认相关农户基本同意开展农村建设用地整理后，以书面形式向县国土部门提出申请，县国土部门对项目实施的可行性进行论证，论证通过后，由投资方按照《四川省城乡建设用地增减挂钩试点项目区实施规划编制技术要点》的规定组织技术单位编制实施规划；县（市、区）

人民政府按规定准备齐全申报材料后报市（州）国土部门审查；挂钩项目区申报材料经市（州）国土资源管理部门审查后，出具审查意见并转报四川省国土资源厅；四川省国土资源厅对项目申报材料审查同意后按规定报批，出具立项批复。

（2）依法进行挂钩项目区的实施。

①挂钩项目区经四川省国土资源厅立项批复后，试点县（市、区）国土部门、乡镇人民政府、投资方共同编制项目区实施规划方案，逐级上报四川省国土资源厅审批。根据实施规划方案规定，项目涉及投资方、乡镇政府、村、组和相关部门，在职责职能范围内各司其职，共同推进挂钩项目建设。

②根据挂钩项目具体情况，在挂钩项目实施过程中，涉及工程建设的，执行项目法人制、招投标制、工程监理制、合同制、公告制、审计制、验收制、工程质量终身负责制、绩效考核问责制、廉政建设等制度。

③复垦后的耕地按照审批的土地权属调整方案及时进行确权颁证。

④挂钩项目区内房屋及附属物的拆迁安置补偿工作，由投资方和乡镇人民政府共同组织实施，项目区村、组具体落实。挂钩项目拆迁补偿办法通常实行“一户一宅”还建安置补助或货币化安置补助两种方式，被拆迁人可以自行选择。拆迁安置一般顺序为“拆旧—建新—搬新居”或“建新—拆旧—搬新居”。原则上安置住房建成后，被拆迁户必须拆除原宅基地并复垦为耕地。分工上，乡镇人民政府组织动员农户拆旧建新，投资方保障安置点内“三通一平”、绿化等配套基础设施建设、农户原宅基地拆除复耕、支付拆旧建新补助资金等。

⑤集中安置点主要采取统规自建的方式建房，条件成熟的乡镇可采取统规统建的方式。建房地基分配根据实际情况可采取摇号、抓阄或先建先分的方式。

（3）挂钩项目区竣工验收。

①挂钩项目施工完成后，由投资方向县国土部门提出竣工验收申请，县部门会同财政、农业、水务、发改、林业、住建等部门，根据《四川省城乡建设用地增减挂钩试点项目验收办法》的规定，组织开展项目区竣工自查；

②自查合格后，报市国土部门进行初验；

③初验合格后，报四川省国土厅终验；

④挂钩项目区终验合格后，由四川省国土资源厅对经自然资源部下达并由

四川省国土资源厅按挂钩项目分解下达各试点市、县的挂钩周转指标进行验收，验收合格后出具验收意见函。

（4）投资方分成的节余指标的使用。挂钩项目区内建新地块属于经营性用地的，必须征收为国有土地，并按照规定实行招标拍卖挂牌方式供地。投资方也可自己参与土地的招拍挂。

6. 特色小镇、田园综合体、农村产业融合发展园区等项目建设中，全国试点区域取得集体经营性建设用地的模式和程序是怎样的?

答：集体经营性建设用地入市是全国人民代表大会常务委员会授权国务院在北京市大兴区、四川省郫都区等三十三个试点县（市、区）行政区域内开展的试点工作。目的是总结试点经验，为完善土地管理法律制度打好基础。因此，集体经营性建设用地入市应"封闭运行、风险可控"，严格在授权行政区域内开展试点工作。

项目主体选择利用集体经营性建设用地入市方式，取得项目建设用地的，应首先弄清楚项目选址所在地是否在试点区域内，是否能进行入市改革试点。其次，授权试点区域暂时停止了《土地管理法》第四十三条、第六十三条和《城市房地产管理法》第九条关于集体建设用地使用权不得出让等规定的实施，试点要求授权试点区域从农村集体经营性建设用地入市主体、范围和途径，建立健全市场交易规则和服务监管制度，建立兼顾国家、集体、个人的土地增值收益分配机制，实现与城镇国有建设用地"同等入市、同权同价"等方面进行试点。因此，项目主体应依据项目所在地地方政府出台的关于集体经营性建设用地入市相关规定来具体制定项目建设用地取得的方案。

例如，作为授权试点区域之一的四川省郫都区，就出台了《郫都区农村集体经营性建设用地入市规定》《郫都区农村集体经营性建设用地入市增值收益调节金征收使用管理暂行办法》《郫都区农村集体经营性建设用地项目建设管理办法》《郫都区农村集体经营性建设用地入市主体认定工作办法》《郫都区农村集体经营性建设用地项目建设规划管理办法》等一系列试点改革配套文件。实务中，以四川省郫都区出台的相关试点文件为依据，项目主体利用集体经营性建设用地入市取得项目建设用地应注意以下几方面的问题：

（1）集体经营性建设用地的入市主体。郫都区对集体经营性建设用地入市主体和入市实施主体这两个概念进行了区分。入市主体应为依法或依照规定取得农村集体经营性建设用地使用权的权属主体。依据我国现行法律规定，农村集体经济组织、村民小组、村委会等是入市主体，但不具备法人主体资格，由具有市场法人主体资格的新型集体经济组织经授权作为实施主体代表农民集体开展集体经营性建设用地使用权的经营和入市更为合适。全国第二宗、四川第一宗挂牌的农村集体经营性建设用地使用权入市地块就在四川郫都区战旗村。战旗村 2011 年成立战旗村集体资产管理公司，锁定集体经济组织成员 1704 人，村民代表大会授权由该公司对集体经济组织资产和资源统一经营管理，作为集体经济性建设用地的入市实施主体。

（2）集体经营性建设用地的入市方式。郫都区按照首次入市和二次入市将入市方式主要分为以下几种方式：

①农村集体经营性建设用地使用权出让，是指取得农村集体经营性建设用地使用权的权属主体作为出让方将农村集体经营性建设用地使用权在一定年限内出让与受让方，由受让方向出让方支付土地出让价款的行为。农村集体经营性建设用地使用权出让的最高年限不得超过同用途国有建设用地使用权的最高出让年限。工矿仓储用地使用年限不得超过 50 年；商服用地使用年限不得超过 40 年；其他营利性医疗、卫生、教育、体育等服务设施用地使用年限不得超过 50 年。

②农村集体经营性建设用地使用权租赁，是指取得农村集体经营性建设用地使用权的权属主体作为租赁方将农村集体经营性建设用地使用权在一定年限内出租给承租方，由承租方向租赁方支付租金的行为。农村集体经营性建设用地使用权租赁的最高年限不得超过 20 年。

③农村集体经营性建设用地使用权作价出资（入股），是指取得农村集体经营性建设用地使用权的权属主体作为作价出资（入股）方将一定年限的农村集体经营性建设用地使用权以评估方式确定价格进行出资或入股的行为。作价出资（入股）的农村集体经营性建设用地使用年限不得超过同用途的农村集体经营性建设用地使用权的最高出让年限。

④农村集体经营性建设用地使用权转让，是指农村集体经营性建设用地受让方在出让年限内将农村集体经营性建设用地使用权让渡的行为。农村集体经

营性建设用地使用权转让年限不得超过出让合同约定的剩余年限。

⑤农村集体经营性建设用地使用权转租，是指农村集体经营性建设用地承租方在租赁年限内取得原出租方同意后或根据租赁合同约定，将农村集体经营性建设用地使用权再转移的行为。农村集体经营性建设用地使用权转租年限不得超过租赁合同约定年限的剩余年限。

（3）集体经营性建设用地的入市流程。郫都区规定项目主体拟以出让、租赁方式取得农村集体经营性建设用地使用权的，原则上在郫都区交易平台上统一通过招标、拍卖、挂牌方式取得。具体的流程为：确权颁证，即在自愿申请的前提下为拟入市地块颁发集体土地所有权证书→入市主体提出申请并依据土地利用总体规划和城乡规划编制入市方案→本集体经济组织享有农村集体经营性建设用地使用权的权属主体的三分之二以上成员或成员代表同意通过入市方案→镇政府（街道办）、区国土局审查方案→区国土局牵头审查方案通过后报区土地改革试点领导小组办公室同意→区公共资源交易中心接受入市主体委托后组织实施→受让双方签订成交确认书及农村集体经营性建设用地出让合同或农村集体经营性建设用地租赁合同→当事人将成交确认书及农村集体经营性建设用地出让合同或农村集体经营性建设用地租赁合同送区国土局备案→缴纳土地出让价款及土地增值收益调节金→受让方按宗地交清土地价款后，不动产登记部门核发不动产权证→办理项目规划建设等相关手续。

（4）集体经营性建设用地使用权的用途。项目主体应明确，集体经营性建设用地使用权按照现在试点政策来看，只能用于经营性用途，如工矿仓储、商服、旅游、医疗、卫生、教育、体育，并不能直接用于房地产项目开发。

7. 除了特色小镇、田园综合体、农村产业融合发展园区中以增减挂钩或集体经营性建设用地入市方式获取建设用地进行项目建设外，如果直接使用宅基地盘活闲置农房打造共享农庄、乡村民宿项目应注意些什么问题？

答：项目主体在打造特色小镇、田园综合体、农村产业融合发展园区等项目时，除了按国家改革政策以增减挂钩或集体经营性建设用地入市方式获取建设用地进行项目建设外，按国家“三权分置改革”政策，也可以直接使用宅基地盘活闲置农房进行乡村民宿、共享农庄等项目建设，项目运营中应注意以下几方面的问题：

（1）项目主体应密切与闲置农房所在地的政府和村组沟通协调。最清楚闲置农房基本情况以及传统农村院生态、文化底蕴的是当地政府和村组。如果当地政府有关于乡村旅游产业发展规划、相对完善的村庄规划等规划，对产业布局及农房建筑形态等有所思考，并且村组建立了关于闲置农房资源台账，这些都有利于项目主体有效了解闲置农房情况并进行对接。

（2）项目主体应找准项目对接主体。以成都市温江区为例，温江区为投资方能准确找到对接主体搭建了两级平台。在村级层面，成立了乡村旅游管理公司或合作社，负责闲置用房储备、项目洽谈、协调投资主体与相关农户之间的利益平衡；在镇级层面，搭建农村闲置用房大数据平台，按照一户一档、一院一册的方式进行信息管理，依据全镇产业发展布局，进行项目策划包装，对外发布招商信息，开展定向推介。

（3）项目主体应找准合同签订主体。项目主体如果与拥有闲置农房的农户单个逐一进行谈判，过程复杂、花费的隐形成本高，并且单个农户违约的投资风险也相对较高。因此，如果项目涉及多个农户的，建议项目主体避免直接与农户签订合同，而选择与具有市场主体资格的乡村旅游管理公司或合作社进行谈判并签订相关合同，由公司或合作社以章程等契约形式固定农户的权利和义务。

（4）合理设置合作方式。根据闲置农房的实际情况，项目主体可以在统一进行项目规划的基础上，选择租赁、入股合作等方式利用闲置农房。租赁是指项目主体以支付租金的方式取得闲置农房的使用权，并对闲置农房依法进行改建或新建。改建或新建的审批手续需要农房所有权人配合到相关部门进行办理。入股合作是指项目主体主要以货币出资的方式入股乡村旅游管理公司，或与乡村旅游管理公司另行成立项目公司进行项目开发建设。

8. 在“三块地”改革的宅基地试点改革中，宅基地是如何实现“有偿退出”为乡村振兴中共享农庄、乡村民宿等项目提供建设用地的？在试点区域内宅基地退出和利用采取哪些方法？

答：中共中央办公厅、国务院办公厅印发《关于农村土地征收、集体经营性建设用地入市、宅基地制度改革试点工作的意见》明确提出要改革完善农村宅基地制度，探索进城落户农民在本集体经济组织内部自愿有偿退出或转让宅基地。2015 年 2 月 27 日，全国人民代表大会常务委员会发布《授权国务院在北京市大兴区等三十三个试点县（市、区）行政区域暂时调整实施有关法律规定的决定》，宅基地有偿退出或转让政策在授权试点县（市、区）进行试点。根据宅基地三权分置后三权的关系，即宅基地所有权归农民集体，农户享有资格权，使用权适度流转，在项目中明确农民集体、农户和项目主体各方的权益。项目主体可以通过签订宅基地使用权流转合同（流转方式一般为租赁）或进行其他方式的合资合作经营，使用农户多余的闲置宅基地或改造农户宅基地。取得宅基地使用权后，项目主体可在依法办理相关审批的基础上对宅基地上的农房进行改建和重建并开展不是以住宅为主的产业经营活动。流转宅基地使用权的农户还可以应聘到项目主体开发的民宿等项目中工作，增加自身收入。

项目主体通过宅基地三权分置取得项目建设用地后，应用于经营性项目。项目主体要明白宅基地三权分置不是允许城市居民到农村购买宅基地修房子，也不是允许企业在宅基地上进行住宅开发。项目主体不得利用农村宅基地建设别墅大院和私人会馆，更不得打着宅基地三权分置的旗号违规违法进行宅基地买卖。

四川泸县是三十三个授权试点县（市、区）之一，主要通过实行宅基地有偿退出的方式盘活闲置宅基地：

（1）确定宅基地退出的前提。

①依据我国现行法律的规定，农民对宅基地依法享有占有和使用的权利。因此，农民对宅基地的权利应属于财产性权利，所以即便农民将宅基地闲置不用也是农民的财产。农民退出宅基地必须以有偿和农民自愿退出为前提。

②我国设置宅基地制度之初就赋予了宅基地保障农户居住的保障性功能。因此，农民退出宅基地必须以农户在退出后住有所居为前提。

③确权颁证是交易的前提，农户自愿退出的宅基地必须是已确权颁证的宅基地。

（2）确定宅基地退出的补偿方式。经过村民自治方式给予宅基地退出补助、房屋残值补偿。泸县在试点中，还允许农户自主选择暂时退出、长期退出、部分退出或者整体退出，除长期退出且获得补偿的农户外，其他退出户均可重回农村，以有偿取得方式，再次获得宅基地。

（3）确定退出宅基地的取得途径。泸县在试点中，制定了两种取得退出宅基地的制度安排。

①允许宅基地在县域范围内流转，即允许宅基地在县域内使用。

②宅基地“转化入市”，泸县对农民自愿退出的宅基地，经过集体经济组织复垦整治，县镇联合验收，颁发合格证，生成集体建设用地指标。生成的集体建设用地指标在扣除自用指标后，允许节余建设用地指标，经过规划布局、指标调整、补偿安置、行政审批，转化为集体经营性建设用地，凭证入市出让。该途径实现了宅基地有偿退出与集体经营性建设用地入市有效衔接，撬动了集体建设用地的增值。

9. 田园综合体、特色小镇、农村产业融合发展园区、家庭农场等项目中，如何有效取得农村四荒地进行项目建设？

答：农村四荒地所有权属于农民集体，项目主体利用农村四荒地进行项目建设应注意以下几个方面的问题：

（1）农村四荒地的承包主体。依据《物权法》第一百三十四条和《农村土地承包法》第五十二条的规定，农村四荒地的承包人不局限于本集体经济组织内部的成员，本集体经济组织成员以外的农户或者其他组织等农业生产经营者也可作为农村四荒地的承包人。因此，项目主体可以直接承包农村四荒地。

（2）农村四荒地的承包方式。依据《物权法》第一百三十四条和《农村土地承包法》第五十条规定，项目主体可以通过招标、拍卖、公开协商等方式承包农村四荒地。

（3）四荒地承包经营权的保护。依据《农村土地承包法》第四十九条的规定，项目主体通过招标、拍卖、公开协商等方式承包农村四荒地的，应当签订承包合同。因此，项目主体需要注意的是应当依法签订书面承包合同，而不能仅仅是口头约定。并且承包合同中应明确当事人的权利义务、承包期限、承包费用等内容。关于承包费用，以招标、拍卖方式承包的，承包费通过公开竞标、竞价确定；以公开协商等方式承包的，承包费由双方议定。项目主体取得农村四荒地承包经营权后，应到不动产登记机关办理土地承包经营权证或林权证。

（4）四荒地承包经营权的流转。依据《农村土地承包法》第五十三条的规定，四荒地承包经营权经依法确权颁证后，其土地承包经营权可以依法采取出租、入股、抵押或者其他方式流转。流转方式上与以家庭承包方式取得农村土地承包经营权的流转的最大区别在于我国现行法律不允许耕地抵押。

（5）四荒地的使用。依据《农村土地承包法》第十一条的规定，四荒地未经依法批准不得用于非农建设。为进一步优化政策措施，开发农业多种功能，大力促进休闲农业发展，着力推进农村一二三产业融合，2015 年 8 月 18 日，农业部印发《关于积极开发农业多种功能大力促进休闲农业发展的通知》。该文件明确鼓励利用四荒地发展休闲农业，并对中西部少数民族地区和集中连片特困地区利用四荒地发展休闲农业，其建设用地指标给予倾斜。在鼓励四荒地使用上，四川省国土厅 2017 年 6 月 1 日印发的《关于服务保障农业供给侧结构性改革加快培育农业农村发展新动能的意见》比较具有代表性。该文件明确规定，允许农村集体经济组织以外的新型农业经营主体、工商企业和个人，依法通过承包、租赁和流转土地经营权的方式，使用农民集体所有的农用地、未利用地，从事与旅游相关的种植业、林业、畜牧业和渔业生产。因此，项目主体在规划设计小城镇、田园综合体等项目建设时，可将承包的四荒地用于与休闲旅游有关的种植业、林业、畜牧业和渔业生产等产业经营，但同时应注意四荒地用于建设用地时，仍然需要建设用地相关审批程序和手续。

10. 项目主体获取农用地应如何签订农村承包土地经营权流转合同？

答：围绕签订农村承包土地经营权流转合同的合法性问题，项目主体应重点把握以下几方面的关键问题：

（1）找准流转合同和谁签，避免因签订主体错误而导致合同无效的风险。依据《农村土地承包法》第三十六条的规定，农村承包土地经营权流转的主体是承包方。承包方有权依法自主决定土地经营权是否流转和流转的方式。因此，项目主体应与承包方签订土地流转合同。实务中，项目主体有可能会遇到：享有农村土地经营权的农户并未同意流转，但村民会议三分之二以上成员或三分之二以上村民代表同意流转，此时集体经济组织或村民委员会作为一方当事人与受让人（项目主体）签订相关的农村土地经营权流转合同。有些地方甚至出现集体经济组织或村民委员会在多数承包人不知情或不赞同的情况下采用强制手段将其已承包的土地流转。上述集体经济组织或村民委员会的行为属于严重侵犯农户依法享有的农村土地承包经营权的行为。项目主体在签订相关农村承包土地经营权流转合同时应注意签约主体合法性的问题，从而避免所签订的流转合同被认定为无效合同的风险。为有效避免上述问题的发生，项目主体可选择直接与农户签订流转合同，如果因项目实际情况，需要与村社签订流转合同的，需将村社出具的农户同意委托流转的书面文件作为流转合同的附件。

（2）取得相关书面文件，避免集体经济组织其他成员来争权。依据《农村土地承包法》第三十八条第五款的规定，农村承包土地经营权流转的，在同等条件下，本集体经济组织成员享有优先权。因此，项目主体在与承包方签订合同前，一定要让承包方协助取得承包地所在集体经济组织其他成员放弃优先权的书面文件，以避免项目在投入资金开始建设后，又出现农户主张优先权的情况，到时又需要额外花时间和精力来协调解决这些事情。

（3）抓住合同必须约定的关键内容，争取自身权利的最大化。项目主体在签订流转合同时，一定要重点就以下合同内容与承包方进行磋商。

①关于流转方式。实务中，农村承包土地经营权流转的主要方式是出租和入股。以出租方式流转的，重点涉及租赁期限的问题。依据《农村土地承包法》第三十八条第二款和《合同法》第二百一十四条的规定，租赁期限不得超过第二轮承包期的剩余期限且最长不超过 20 年。有些地方在规定租赁期限时与土地承包经营权长久不变的政策相结合，比如在《四川省农村土地承包经营权流转合同示范文本》中《农村土地承包经营权转包/出租合同》第二条就约定：转包/出租的土地承包经营权未形成长久不变决议的，土地承包经营权转包/出租期限不得超过二轮土地承包期限剩余年限。转包/出租的土地承包经营权已形成长久不变决议的，到期后自动续期。以入股方式流转的，项目主体和承包方应就入股的农村承包土地经营权如何作价，农户在合作公司中的权利义务如何约定，农户以农村承包土地经营权入股后的收益如何保障、农村土地承包经营权如何退出等内容进行协商后在合同中予以明确约定。

②关于抵押。全国人大常委会授权国务院在北京市大兴区等232个试点县（市、区）行政区域开展农村承包土地的经营权抵押贷款试点。项目主体应首先明确所流转经营权的承包地是否在授权试点行政区域内，如果在授权试点行政区域内，那在流转合同中就应对农村承包土地经营权抵押的相关内容予以约定。依据2016年3月15日中国人民银行、中国银行业监督管理委员会、中国保险监督管理委员会、财政部、农业部《关于印发〈农村承包土地的经营权抵押贷款试点暂行办法〉的通知》规定，通过合法流转方式获得承包土地的经营权的农业经营主体申请农村承包土地经营权抵押贷款，应提交承包方同意承包土地的经营权可用于抵押和承包方已明确告知发包方承包土地的抵押事宜的证明文件。因此，为方便项目主体办理相关抵押贷款手续，项目主体应在流转合同中加入“承包农户同意抵押和承包农户已告知发包方承包土地抵押事宜”等内容。

③关于承包地征收。承包地有时会存在被国家基于一定公共利益而予以征收的情况，此时牵涉到补偿金的分配以及后续合同是否履行，如何履行等问题。为能更好应对此类风险，项目主体应与承包方在合同中约定经营权流转期限内如遇承包地被征收时，补偿金中哪些部分归项目主体，哪些部分归承包方，损失如何计算等内容。

（3）积极对流转合同进行备案和见证，让项目主体取得的权利更有保障。依据《农村土地承包经营权流转管理办法》第二十五条的规定：“发包方对承包方提出的转包、出租、互换或者其他方式流转承包土地的要求，应当及时办理备案，并报告乡（镇）人民政府农村土地承包管理部门。”在实务中，以四川省郫都区为例，该区规定如果农村土地经营权流转的土地亩数超过100亩以上的，就需要通过镇向区报备。依据《农村土地承包经营权流转管理办法》第二十四条的规定，项目主体作为农村承包土地经营权流转的当事人可以自主选择是否向乡（镇）人民政府农村土地承包管理部门申请合同鉴证。项目主体对合同申请鉴证的好处在于，乡（镇）人民政府在进行流转合同鉴证过程中，对发现流转合同中有违反法律法规的约定，会及时予以纠正，相当于政府部门帮项目主体对合同把了一次关。

11. 农村产权交易市场可以完成哪些农村产权交易，如何在农村产权交易市场取得农村产权?

依据国务院办公厅《关于引导农村产权流转交易市场健康发展的意见》（国办发〔2014〕71 号）的规定，现阶段农村产权交易市场的交易品种主要包括：

（1）农户承包土地经营权。是指以家庭承包方式承包的耕地、草地、养殖水面等经营权，可以采取出租、入股等方式流转交易，流转期限由流转双方在法律规定范围内协商确定。

（2）林权。是指集体林地经营权和林木所有权、使用权，可以采取出租、转让、入股、作价出资或合作等方式流转交易，流转期限不能超过法定期限。

（3）“四荒”使用权。是指农村集体所有的荒山、荒沟、荒丘、荒滩使用权。采取家庭承包方式取得的，按照农户承包土地经营权有关规定进行流转交易。以其他方式承包的，其承包经营权可以采取转让、出租、入股、抵押等方式进行流转交易。

（4）农村集体经营性资产。是指由农村集体统一经营管理的经营性资产（不含土地）的所有权或使用权，可以采取承包、租赁、出让、入股、合资、合作等方式流转交易。

（5）农业生产设施设备。是指农户、农民合作组织、农村集体和涉农企业等拥有的农业生产设施设备，可以采取转让、租赁、拍卖等方式流转交易。

（6）小型水利设施使用权。是指农户、农民合作组织、农村集体和涉农企业等拥有的小型水利设施使用权，可以采取承包、租赁、转让、抵押、股份合作等方式流转交易。

（7）农业类知识产权。是指涉农专利、商标、版权、新品种、新技术等，可以采取转让、出租、股份合作等方式流转交易。

（8）其他。农村建设项目招标、产业项目招商和转让等。

在此需要提醒的是：国务院办公厅的国办发〔2014〕71 号文件只是规定了上述权利和资产可以成为农村产权交易所的交易品种，并为防止暗箱操作对一定标的额以上的农村集体资产流转必须进入市场公开交易，进行了明确规定。文件并没有说项目投资主体只能通过农村产权交易市场才能取得上述权利和资产。各省（市）为贯彻落实国办发〔2014〕71 号文件精神，相继出台了有关农村产权交易市场体系建设的指导意见。以成都市为例，成都市人民政府办公厅《关于印发成都市鼓励和引导农村产权入场流转交易办法的通知》就明确规定了原则上应入场流转交易的权利和资产范围（依法采取租赁、出让、入股、合资或者以其他方式流转交易的农村集体资产，以及农村集体经济组织受托进行流转交易的农村产权和项目）；必须入场公开交易的权利和资产范围（标的额在10万元以上的农村集体资产流转）以及鼓励入场流转交易的权利和资产范围（个人拥有的农村产权，专业大户、家庭农场、家庭林场、农民专业合作社、涉农企业等新型经营主体的各类农村产权，需要进行六站交易时）。因此，项目投资者在确定相关权利和资产是否应通过农村产权交易市场取得时，应各级项目所在地的农村产权交易市场的相关规定来予以确定。

国办发〔2014〕71号文件明确规定：农村产权流转交易市场要建立健全规范的市场管理制度和交易规则，对市场运行、服务规范、中介行为、纠纷调处、收费标准等作出具体规定。实行统一规范的业务受理、信息发布、交易签约、交易中（终）止、交易（合同）鉴证、档案管理等制度。因此，项目投资者可以在项目所在地的农村产权交易市场获取农村各类产权交易的相关规定和具体流程。以成都市农村产权交易所关于土地经营权交易的流程为例：转让方向农交所提交流转申请（转让方应按照交易所的规定提交相关资料）→农交所内部形式审核→转让方授权委托农交所→发布经营权流转信息→接受意向受让方报名（意向受让方应按照交易所的规定提供相关资料）→组织现场交易/召开电子竞价会/举办项目协议出让签约会→签订成交确认书以及经营权流转合同→结算交易款项→办理交易鉴证书→办理经营权证初始或变更登记。

【疑难问题】

工商资本、社会资本以及各类投资者投资乡村振兴项目，在取得土地资源和项目推进中如何正确认识农民、农户、村社集体经济组织或村民委员会、土地股份合作社、农民专业合作社、乡镇人民政府、区县人民政府等不同相关利益主体在项目中的地位和作用以及处理好与他们（它们）之间的关系？

答：各类项目投资主体在投资乡村振兴项目时，在土地资源取得和项目推进中会与村民、农户、村民委员会或村集体经济组织、土地股份合作社、农民专业合作社等各类权利主体以及乡镇人民政府、区县人民政府和相关职能部门等行政管理主体打交道，如何正确认识和区分各类主体在项目中的法律地位和作用，对于土地资源的取得以及项目的顺利推动具有十分重要的意义，根据不同主体的法律性质和作用，本书按项目权利主体和行政管理主体两类加以区分和认识。

1. 项目权利类主体

（1）村民和农户、农民。依据我国现行法律以及政策的相关规定，村民和农户享有的权利主要有：

①我国农村村民一户只能拥有一处宅基地。作为农民集体成员的村民依法享有宅基地使用权，是宅基地使用权的主体。

②依据《土地管理法》第九条和第五十九条的规定，凡依法使用集体建设用地的单位或个人都可成为农村集体建设用地使用权的主体。因此，村民是农村集体建设用地使用权主体之一。

③农村房屋所有权主体。该处所称农村房屋包括宅基地上的农民住宅和在集体建设用地上修建的建筑物和构筑物。依据《土地管理法》和《不动产登记暂行条例实施细则》的相关规定，农村村民是农村房屋所有权主体之一。

④依据《森林法》第三条和第七条的规定，村民可成为林权的使用权主体之一。

⑤农户是我国家庭承包方式中农村土地承包经营权的主体，农民是农户中的成员。

村民和农民在确定是否是集体经济组织成员资格身份时有所不一样，村民不一定是集体经济组织成员，但农户中的农民是当然的集体经济组织成员。

（2）村集体经济组织和村民委员会。按照国家政策和法律对村级组织的治理规定，村集体经济组织是村的经济事务管理的主体，村委会是村公共和社会事务管理的主体，二者的法律性质和角色定位是不一样的，但不少村的村集体内有设立或虚设集体经济组织，往往是村委会作为代表对外签约及代行经济事务权利。依据我国现行法律以及政策的相关规定，村集体经济组织和村民委员会享有的权利主要有：

①依据《物权法》第六十条的规定，农民集体是农村土地所有权的主体。依据《关于稳步推进农村集体产权制度改革的意见》（后文简称《农村集体产

权改革意见》）的规定，农村集体土地所有权由村农民集体所有的，由村集体经济组织代表集体行使所有权，未成立集体经济组织的由村民委员会代表集体行使所有权；分别属于村内两个以上农民集体所有的，由村内各该集体经济组织代表集体行使所有权，未成立集体经济组织的由村民小组代表集体行使所有权；属于乡镇农民集体所有的，由乡镇集体经济组织代表集体行使所有权。因我国尚未从法律层面上针对代表农民集体行使所有权的主体"集体经济组织"进行立法，实务中就导致集体经济组织在个别地区被虚化。因此，《农村集体产权改革意见》中明确提出要对农村集体经营性资产进行股份合作制改革，改革后农村集体经济组织要完善治理机制，制定组织章程，对于涉及成员利益的重大事项实行民主决策，防止被少数人操控。农村集体经济组织的股份合作制改革典型案，例如四川温江区的"两股一改"。

②依据《土地管理法》第九条和第五十九条的规定，凡依法使用集体建设用地的单位或个人都可成为农村集体建设用地使用权的主体。因此，集体经济组织是集体建设用地使用权主体之一。

③依据《土地管理法》和《不动产登记暂行条例实施细则》的相关规定，集体经济组织是农村房屋所有权主体之一。

④依据《森林法》第三条和第七条的规定，集体经济组织是林权的使用权主体之一。

（3）土地股份合作社、农民专业合作社、其他新型农业经营主体（此处仅限于土地类合作社主体）

为了有效组织农民进行生产和适用市场需求，国家鼓励农村土地规模化经营成立专业合作社，提高农村土地利用效率，享有农村土地承包经营权的农户以及享有集体建设用地使用权的农民以土地折价入股成立各种类型的土地股份合作社、农民专业合作社以及其他新型农业经营主体。土地使用权折价入股后，土地股份合作社、农民专业合作社等依法享有折价入股土地的使用权。

（4）投资者与上述权利主体签订协议时应注意的事项。在签订农地流转协议时，由于权利主体是农户，所以法律意义上农地的流转需要同农户签订，同时农户是农民组成的，需要农户家庭成员予以确认。但实务中一般投资者都不会直接与农户签订协议，这是因为：一方面，项目大且土地涉及的农户众多，投资者没有充足的精力和每一户农民打交道；另一方面，每一户农户的需求也不一样。投资者很难平衡众多农民之间的利益关系。在项目实务中投资者一般会与农户委托授权的村集体或村委会签订流转协议。如果村内农户成立了专业合作社或土地股份合作社的，投资者可以直接与专业合作社或土地股份合作社签订土地流转协议。关于集体建设用地，虽然宅基地是村民享有的，但由于宅基地不能直接交易，需要符合规划调整为集体经营性建设用地后交易，所以投资者需要与集体土地所有权人及使用权代表村集体或村民委员会签订，一般土地入市改革中，村集体成立集体资产管理公司作为入市主体代表与投资者签订集体建设用地交易协议。

2. 行政管理类主体

（1）乡镇、区县人民政府

一些乡村振兴项目规模比较大、投资额比较高，为最大限度取得政府在税收、土地价格、市场监管服务等各方面的优惠政策以及发挥政府的协调功能，投资者需要与乡镇或区县人民政府签订项目投资协议，以确定相关权利义务。但投资者应认识到乡村振兴项目涉及集体土地，土地权利人不是政府，乡镇和区县人民政府不是农村土地的相关权利主体。因此，项目投资协议中乡镇和区县人民政府在没有授权的前提下并不能代表农村土地的相关权利主体承诺或处分关于农村土地取得方面的权利，但可以充分发挥其协调投资主体与农村相关权利主体关系和争取政府相关优惠政策的功能。所以，投资者在与乡镇、区县人民政府签订了项目投资协议后，应在乡镇、区县人民政府的配合协调下，与农村土地相关权利主体签订合作协议、农村土地流转协议等合同，这是乡村振兴类项目是否能顺利推进的关键和难点，也是投资者在投资乡村振兴项目与投资国有土地项目上的最大的不一样。

（2）乡镇、区县人民政府各职能部门

投资主体与乡镇、区县人民政府签订投资协议后，为积极推进投资主体与农村土地权利主体相关协议的签订、项目建设和运营相关手续的办理，乡镇、区县人民政府各相关职能部门会有专人积极与投资主体进行对接和联系。项目涉及的政府职能部门主要涉及发改、市场监管、税务、规划、自然资源、建设、房产、农林等部门。

◆ 文书范本

1. 农村土地承包经营权出租合同

转出方（以下简称甲方）：____________________

受让方（以下简称乙方）：____________________

甲、乙双方按照《__________农村土地承包经营权流转管理实施办法》及有关法律法规规定，本着平等、自愿、诚实信用的原则，就农村土地承包经营权出租事宜达成本合同。

一、出租标的

甲方自愿将位于__________乡（镇、街办）__________村（社区）______村民小组（居民小组）的______块地块______亩土地的承包经营权出租给乙方，出租土地为农业用途，主营项目是__________生产经营。（详见附表）

二、出租期限

土地承包经营权出租期限为____年，自______年____月____日起至______年____月____日止。

三、出租价款及支付方式、时间

（一）出租按下列第____种形式计价：

1. 实物。乙方每亩每年支付甲方____公斤（大写：____）____（稻谷、玉米、小麦等），共计每年支付____公斤（大写：____）____（稻谷、玉米、小麦等），按该品种当年当地大宗上市时均价折算现金兑付。

2. 现金。乙方每亩每年支付甲方人民币________元（大写：__________），共计每年支付人民币________元（大写：________________）。

3. 其他：__________________。__________________________________。

（二）出租按下列第____种方式支付：

1. 逐年支付。于每年____月____日前支付____（当年度/下年度）租金，且每年递增______%（约定不递增的填写零），或每隔____年增加____元。

2. 其他方式：______________________________。

四、补偿标准以及支付方式、时间

甲方在出租前对该土地投入而提高土地生产能力，以及该土地上有青苗、构（附）着物等的，乙方按以下约定对甲方进行补偿：

补偿标准：

____。

补偿方式：

____。

补偿时间：

____。

五、土地的交付

（一）甲方于____年____月____日之前将土地交付乙方，并协助乙方办理相关手续。

（二）土地交付的标准为：________________________________

六、甲方的权利与义务

（一）有权获得土地出租收益，有权根据合同的约定到期收回出租的土地。

（二）有权监督乙方合理利用、保护流转土地，有权制止乙方损坏出租土地和其他农业资源的行为，并有权要求乙方赔偿由此造成的损失。

（三）乙方不按合同约定使用土地，改变土地用途、违反城乡环境规划、破坏水利等基础设施或给出租土地造成永久性损害的，甲方有权终止合同。

（四）出租土地被依法征收、占用时，除按投资权属明确为乙方或第三方的青苗补偿和地上附着物补偿外的其他补偿由甲方享受。

（五）不得干涉乙方依法进行正常的生产经营活动和生产条件的改善。

（六）法律、法规、规章和政策规定的其他权利和义务。

七、乙方的权利和义务

（一）依法享有该出租土地的使用权、收益权和经营权。

（二）出租的土地被依法征收、占用、收回时，有权获得出租土地后的青苗补偿、投资权属明确归已的地上附着物补偿及相关损失补偿。

（三）依法保护和合理利用出租的土地。不得改变土地的农业用途，不得弃耕抛荒，不得损坏农田水利设施，不得从事违反国家法律、法规、规章和政策规定的生产经营活动。

（四）合同期满或中途终止合同，应及时交还出租的土地。需继续租用的，在同等条件下享有优先权，并于出租期满前____个月与甲方平等协商，重新订立合同。

（五）出租合同生效后，乙方须及时办理备案登记，符合《________农村土地经营权证管理办法》规定条件的，可申请农村土地经营权证。

（六）法律、法规、规章和政策所规定的其他权利和义务。

八、违约责任

（一）因一方擅自变更或解除本合同，无过错方依法可免除责任，有权要求过错方按照当年股份红利的____%承担违约责任；如果违约金尚不足以弥补守约方经济损失的，违约方应在违约金之外增加赔偿金。

（二）乙方逾期支付出租金，每日按当年应支付金额的____‰承担违约金；甲方逾期交付土地，每日按当年出租费的____‰承担违约金。

（三）甲方干预乙方正常的生产经营活动，给乙方造成的损失由甲方负责赔偿。

（四）乙方不按本合同约定，改变土地用途、破坏水利等基础设施的，负责修复；不能修复或不能如期修复的，负责赔偿。

（五）乙方租用甲方的土地从事违反相关规定的生产经营活动受到国家有关机关的处罚，全部责任由乙方承担；由此给甲方造成的损害由乙方负责赔偿。

九、争议条款

（一）甲乙双方因本合同的订立、效力、履行、变更及终止等发生争议的，应友好协商解决；协商不成的，应先向村民委员会、乡（镇）人民政府或农业主管部门申请调解；调解不成的，应向农村土地承包仲裁机构申请仲裁。

（二）上述方式解决不成的或无法解决的，提交__________仲裁。

十、其他约定

（一）本合同自甲乙双方签章之日起生效。

（二）本合同未尽事宜可经双方协商一致签订补充协议。补充协议与本合同具有同等效力。

甲方（含共有权人签章）：__________　　　　乙方（签章）：__________

______年____月____日　　　　______年____月____日

* **附表**

出租土地基本情况表

__________县（市、区）__________乡（镇）或街道__________村或社区__________村民小组（居民小组）

序号	地块编号	面积	土地承包经营权证编号
1			
2			
3			
4			
5			
6			
7			
8			
9			
10			
合计	面积：_____亩（大写：__________亩）		

注：上述土地基本信息以农村土地承包经营权证记载的为准。登记簿台账与土地承包经营权证书记载不一致的，除有证据证明登记簿台账有错误外，以登记簿台账为准。

转出方签字：______________　　　　受让方签字：______________

2. 农村土地承包经营权转包合同

转出方（以下简称甲方）：____________

身份证号：________________________

受让方（以下简称乙方）：____________

身份证号：________________________

甲、乙双方按照《________农村土地承包经营权流转管理实施办法》及有关法律法规规定，本着平等、自愿、诚实信用的原则，就农村土地承包经营权转包事宜达成本合同。

一、转包标的

甲方自愿将位于__________乡（镇、街办）__________村（社区）______村民小组（居民小组）的______块地块_________亩土地的承包经营权转包给乙方，转包土地为农业用途，主营项目是__________生产经营。（详见附表）

二、转包期限

土地承包经营权转包期限为____年，自____年__月____日起至____年____月____日止。

三、转包价款及支付方式、时间

（一）转包按下列第____种形式计价。

1. 实物。乙方每亩每年支付甲方____公斤（大写：____）____（稻谷、玉米、小麦等），共计每年支付____公斤（大写：____）____（稻谷、玉米、小麦等），按该品种当年当地大宗上市时均价折算现金兑付。

2. 现金。乙方每亩每年支付甲方人民币______元（大写：____________），共计每年支付人民币______元（大写：________________）。

3. 其他：____。

（二）转包按下列第______种方式支付。

1. 逐年支付。于每年____月____日前支付____（当年度/下年度）转包费，且每年递增______%（约定不递增的填写零），或每隔____年增加____元。

2. 其他方式：____。

四、补偿标准以及支付方式、时间

甲方在转包前对该土地投入而提高土地生产能力，以及该土地上有青苗、构（附）着物等的，乙方按以下约定对甲方进行补偿：

补偿标准：

____。

补偿方式：

____。

补偿时间：

____。

五、土地的交付

（一）甲方于____年____月____日之前将土地交付乙方。

（二）土地交付的标准为：____。

六、甲方的权利与义务

（一）有权获得土地转包收益，有权按照合同约定的期限到期收回转包的土地。

（二）有权监督乙方合理利用、保护流转土地，有权制止乙方损坏转包土地及其他农业资源的行为，并有权要求乙方赔偿由此造成的损失。

（三）乙方不按合同约定使用土地，改变土地用途、违反城乡环境规划、破坏水利等基础设施或给土地造成永久性损害的，甲方有权终止合同。

（四）流转土地被依法征收、占用时，除按投资权属明确为乙方或第三方的青苗补偿和地上附着物补偿外的其他补偿由甲方享受。

（五）甲方应按时将转包承包经营权的土地交付给乙方，并协助乙方办理转包相关手续。

（六）不得干涉乙方依法进行正常的生产经营活动和生产条件的改善。

（七）法律、法规、规章和政策规定的其他权利和义务。

七、乙方的权利和义务

（一）依法享有该流转土地的使用权、收益权、经营权。

（二）流转的土地被依法征收、占用、收回时，有权获得接包土地后的青苗补偿、投资权属明确归己的地上附着物补偿及相关损失补偿。

（三）依法保护和合理利用流转的土地。不得改变土地的农业用途，不得弃耕抛荒，不得损坏农田水利设施，不得从事违反国家法律、法规、规章和政策规定的生产经营活动。

（四）合同期满或中途终止合同，应及时交还接包的土地。需继续接包的，在同等条件下享有优先权，并于转包期满前____个月与甲方平等协商，重新订立合同。

（五）转包合同生效后，乙方须及时办理备案登记，符合《________农村土地经营权证管理办法》规定条件的，可申请农村土地经营权证。

（六）法律、法规、规章和政策所规定的其他权利和义务。

八、违约责任

（一）因一方擅自变更或解除本合同，无过错方依法可免除责任，有权要求过错方按照当年股份红利的______%承担违约责任；如果违约金尚不足以弥补守约方经济损失的，违约方应在违约金之外增加赔偿金。

（二）乙方逾期支付转包费，每日按当年应支付金额的____‰承担违约金；甲方逾期交付土地，每日按当年转包费的____‰承担违约金。

（三）甲方干预乙方正常的生产经营活动，给乙方造成的损失由甲方负责赔偿。

（四）乙方不按本合同约定，改变土地用途、破坏水利等基础设施的，负责修复；不能修复或不能如期修复的，负责赔偿。

（五）乙方接包甲方的土地从事违反相关规定的生产经营活动受到国家有关机关的处罚，全部责任由乙方承担；由此给甲方造成的损害由乙方负责赔偿。

九、争议条款

（一）甲乙双方因本合同的订立、效力、履行、变更及终止等发生争议的，应友好协商解决；协商不成的，应先向村民委员会、乡（镇）人民政府或农业主管部门申请调解；调解不成的，应向农村土地承包仲裁机构申请仲裁。

（二）上述方式解决不成的或无法解决的，提交__________仲裁。

十、其他约定

（一）本合同自甲乙双方签章之日起生效。

（二）本合同未尽事宜可经双方协商一致签订补充协议。补充协议与本合同具有同等效力。

甲方（含共有权人签章）：__________　　乙方（签章）：__________

______年____月____日　　______年____月____日

＊**附表**

转包土地基本情况表

____________县（市、区）____________乡（镇）或街道____________村或社区____________村民小组（居民小组）

序号	地块编号	面积	土地承包经营权证编号
1			
2			
3			
4			
5			
6			
7			
8			
9			
10			
合计	面积：_____亩（大写：__________亩）		

注：上述土地基本信息以农村土地承包经营权证记载的为准。登记簿台账与土地承包经营权证书记载不一致的，除有证据证明登记簿台账有错误外，以登记簿台账为准。

转出方签字：________________　　　受让方签字：________________

3. 农村土地承包经营权股份合作合同

转出方（以下简称甲方）：__________________________

受让方（以下简称乙方）：__________________________

甲、乙双方按照《________农村土地承包经营权流转管理实施办法》及有关法律法规规定，本着平等、自愿、诚实信用的原则，就农村土地承包经营权股份合作事宜达成本合同。

一、股份合作标的

甲方自愿将位于______乡（镇、街办）______村（社区）______村民小组（居民小组）的________块地块________亩土地的承包经营权与乙方股份合作，股份合作土地为农业用途，主营项目是________生产经营。（详见附表）

二、股份合作期限

土地承包经营权股份合作期限为____年，自____年____月____日起至____

年____月____日止。股份合作土地承包经营权折合股份为______股或折合金额______元。

三、股份分红与支付方式

（一）采取下列第____种形式分配股份红利：

1. 保底分红。乙方以每亩每年____公斤（大写：________）____（稻谷、玉米、小麦等）或人民币________元（大写：________），共计每年______公斤（大写：________）______（稻谷、玉米、小麦等）或人民币______元（大写：________）作为甲方土地承包经营权股份合作的保底收益，再根据每年的生产经营状况，将纯收益的______%作为红利分配。

2. 固定分红。实物计价，即乙方每亩每年分配甲方______公斤（大写：________）______（稻谷、玉米、小麦等），共计每年分配______公斤（大写：________）______（稻谷、玉米、小麦等），按该品种当年当地大宗上市时均价折算现金；现金结算，即乙方每亩每年分配甲方人民币______元（大写：______），共计每年分配人民币______元（大写：__________）。

3. 其他形式____。

（二）采取下列第______种方式支付股份红利：

1. 逐年支付。于每年____月____日前支付____（当年度/下年度）保底收益或固定分红，且每年递增____%（约定不递增的填写零），或每隔____年增加____元。于每年____月____日前根据生产经营情况，分配红利。

2. 其他方式____。

四、补偿标准以及支付方式、时间

甲方在股份合作前对该土地投入而提高土地生产能力，以及该土地上有青苗、构（附）着物等的，乙方按以下约定对甲方进行补偿：

补偿标准：

____

____。

补偿方式：

____

____。

补偿时间：

____

____。

五、土地的交付

1. 甲方于______年____月____日之前将股份合作土地交付乙方。

2. 土地交付的标准为：

____

____。

六、甲方的权利与义务

（一）甲方有权按照合同约定分得股份红利、到期收回股份合作的土地承包经营权。

（二）甲方应按时将股份合作承包经营权的土地一次性全部交付给乙方，并协助乙方办理相关手续。

七、乙方的权利与义务

（一）乙方于股份合作到期之日将土地交付甲方。

（二）乙方依法享有股份合作土地的使用、收益、经营决策和产品处置的权利。

（三）乙方应当依照合同约定按时足额向甲方支付股份红利。

（四）股份合作合同生效后，乙方须及时办理备案登记，符合《______农村土地经营权证管理办法》规定条件的，可申请农村土地经营权证。

（五）乙方应当依法保护和合理利用股份合作的土地。不得改变土地的农业用途，不得弃耕抛荒，不得损坏农田水利设施，不得从事违反国家法律、法规、规章和政策规定的生产经营活动。

八、违约责任

（一）因一方擅自变更或解除本合同，无过错方依法可免除责任，有权要求过错方按照当年股份红利的______%承担违约责任；如果违约金尚不足以弥补守约方经济损失的，违约方应在违约金之外增加赔偿金。

（二）乙方逾期支付股份红利，每日按当年应支付金额的____‰承担违约金；甲方逾期交付土地，每日按当年股份红利的____‰承担违约金。

（三）甲方干预乙方正常的生产经营活动，给乙方造成的损失由甲方负责赔偿。

（四）乙方不按本合同约定，改变土地用途、破坏水利等基础设施的，负责修复；不能修复或不能如期修复的，负责赔偿。

（五）乙方在股份合作的土地上从事违反相关规定的生产经营活动受到国家有关机关的处罚，全部责任由乙方承担；由此给甲方造成的损害由乙方负责赔偿。

九、争议条款

（一）甲乙双方因本合同的订立、效力、履行、变更及终止等发生争议的，应友好协商解决；协商不成的，应先向村民委员会、乡（镇）人民政府或农业主管部门申请调解；调解不成的，应向农村土地承包仲裁机构申请仲裁。

（二）上述方式解决不成的或无法解决的，提交________仲裁。

十、其他约定

（一）本合同自甲乙双方签章之日起生效。

（二）本合同未尽事宜可经双方协商一致签订补充协议。补充协议与本合同具有同等效力。

甲方（含共有权人签章）：__________　　　　乙方（签章）：__________

______年____月____日　　　　______年____月____日

＊附表

股份合作土地基本情况表

___________县（市、区）___________乡（镇）或街道___________村或社区___________村民小组（居民小组）

序号	地块编号	面积	土地承包经营权证编号
1			
2			
3			
4			
5			

续表

序号	地块编号	面积	土地承包经营权证编号
6			
7			
8			
9			
10			
合计	面积：______亩（大写：__________亩）		

注：上述土地基本信息以农村土地承包经营权证记载的为准。登记簿台账与土地承包经营权证书记载不一致的，除有证据证明登记簿台账有错误外，以登记簿台账为准。

转出方签字：________________ 受让方签字：________________

4. 农村土地承包经营权委托流转协议

委托方（以下简称甲方）：__________________

受托方（以下简称乙方）：__________________

甲、乙双方按照《______农村土地承包经营权流转管理实施办法》及有关法律法规规定，本着平等、自愿、诚实信用的原则，甲方自愿将以下土地承包经营权委托乙方进行流转，经双方协商一致，特订立本协议。

一、委托事项

（一）委托流转农村土地承包经营权基本情况。

甲方自愿将位于____乡（镇、街道）____村（社区）____村民小组（居民小组）的____块地块______亩土地的承包经营权委托流转。（详见附表）

（二）委托流转方式。

甲方委托乙方将以上土地共计________亩的承包经营权以______（转包、出租、股份合作）方式流转他人。

（三）委托流转期限。

土地承包经营权委托流转期限为____年，自____年____月____日起至____年____月____止。

（四）委托流转价款与支付方式。

1. 甲方委托乙方按每亩每年________（现金、实物或实物折价）进行流转，全年合计____________________。

2. 考虑物价等因素的约定：____。

3. 支付结算方式：____。

（五）其他委托事项

甲方对委托流转土地上的树木、竹林、地上附着物等的处理约定：______________________________；协议到期后，土地受让方因生产经营需要而投入新建的相关设施及地上附着物、土地复耕等事项的处理约定：____。

二、委托权限

甲方授权乙方按照下列第______种方式行使相关权利：

（一）授权乙方与土地受让方协商流转事宜并代为签订土地流转合同，监督土地受让方履行流转合同约定。

（二）授权乙方与土地受让方协商流转事宜，由甲方直接与土地受让方签订转包、出租、股份合作等合同。

三、相关约定

（一）乙方按本协议授权范围行使相关权利。乙方不得截留、挤占、挪用按本合同约定的委托流转价款。

（二）乙方超越权限流转土地对甲方或土地受让方造成损失的，由乙方承担法律责任并支付赔偿金。

（三）本协议自甲乙双方签字之日起生效。经协商，决定申请____（是或否）鉴证。本协议未尽事宜，甲乙双方协商一致后订立补充协议作为本协议附件，具有同等法律效力。

（四）其他需要说明的事项：____。

四、违约责任

（一）因变更或解除本协议而使相关当事人遭受损失的，除依法可免除责任外，应由责任方负责赔偿。

（二）如一方当事人违反本协议约定，应向守约方支付违约金______元。如果违约金尚不足以弥补守约方经济损失的，违约方应在违约金之外增加赔偿金。

（三）乙方逾期支付代收流转收益，每日按当年应支付金额的______‰承担违约金；甲方逾期交付土地，每日按当年流转收益的______‰承担违约金。

五、争议条款

（一）甲乙双方因本协议的订立、效力、履行、变更及终止等发生争议的，应友好协商解决；协商不成的，应先向村民委员会、乡（镇）人民政府或农业主管部门申请调解；调解不成的，应向农村土地承包仲裁机构申请仲裁。

（二）上述方式解决不成的或无法解决的，提交__________仲裁。

六、其他约定

（一）本协议自甲乙双方签章之日起生效。

（二）本协议未尽事宜可经双方协商一致签订补充协议。补充协议与本协议具有同等效力。

甲方（含共有权人签字）：_______

_____年____月____日

乙方（法定代表人或负责人签字、盖章）：_______

_____年____月____

＊附表

委托流转土地基本情况表

__________县（市、区）__________乡（镇）或街道__________村或社区__________村民小组（居民小组）

序号	地块编号	面积	土地承包经营权证编号
1			
2			
3			
4			
5			
6			
7			
8			
9			
10			
合计	面积：______亩（大写：___________亩）		

注：上述土地基本信息以农村土地承包经营权证记载的为准。登记簿台账与土地承包经营权证书记载不一致的，除有证据证明登记簿台账有错误外，以登记簿台账为准。

转出方签字：________________　　　　受让方签字：________________

5. 农村集体经营性建设用地使用权出让合同

出让人：__________________________

法定代表人：______________________

身份证号：________________________

受让人：__________________________

法定代表人：______________________

身份证号：________________________

第一章　总　则

第一条　双方本着平等、自愿、有偿、诚实信用的原则，订立本合同。

第二条　出让人依据本合同出让土地的使用权，地下资源、埋藏物和市政公用设施属国家所有不在土地使用权出让范围。

第三条　受让人在受让使用权的土地范围内进行土地开发、利用、经营活动，应遵守中华人民共和国相关法律、法规及________农村集体经营性建设用地入市的有关规定，并不得损害社会公共利益。

第二章 出让土地的交付与出让价款的缴纳

第四条 本合同项下出让宗地总面积大写________平方米（小写________平方米），其中出让宗地净用地面积为大写________平方米（小写________平方米）。

本合同项下的出让宗地坐落于________________。出让宗地的平面界址图见附件____。

第五条 本合同项下出让宗地的用途为______________。

第六条 出让人同意在____年____月____日将出让宗地交付给受让人，并达到以下交付条件：____。

第七条 本合同项下的农村集体经营性建设用地使用权出让年期为______年，按本合同第六条约定的交付土地之日起算。

第八条 本合同项下宗地的农村集体经营性建设用地使用权出让价款为人民币大写____________元（小写________元），每平方米人民币大写____________元（小写______元）。

第九条 经双方商定，受让人采用以下第____种方式支付本合同项下的土地使用权出让价款给出让人，出让价款全部进入县国土局的集体经营性建设用地的使用权入市过渡账户：

（一）一次性支付，______年____月____日前支付；

（二）采用分期付款方式，具体如下：

第一期：本合同经双方签字盖章后____日内，受让人须支付土地使用权出让价款总额的____%，共计人民币大写__________元（小写______元）；

第二期：本合同经双方签字盖章后____日内，受让人须支付土地使用权出让价款总额的____%，共计人民币大写__________元（小写______元）；

第三期：本合同经双方签字盖章后____日内，受让人须支付土地使用权出让价款总额的____%，共计人民币大写__________元（小写______元）；

本合同项下的土地使用权出让价款含土地增值收益调节金，本宗地应收取土地增值收益调节金为宗地使用权出让总价款的____%，金额为__________元

（小写______元）。县国土局计提土地增值收益调节金后，将余下土地价款划归给出让人。

第十条 受让人应在按本合同约定付清本宗地全部出让价款后，持本合同和出让价款支付凭证等相关证明材料，申请办理农村集体经营性建设用地使用权登记，出让人应在____日内协助受让人办理《集体土地使用证》。

第三章 土地开发建设与利用

第十一条 受让人同意本合同项下宗地建设投资总额不低于人民币大写__________元（小写______元）。

第十二条 受让人在本合同项下宗地范围内新建建筑物、构筑物及其附属设施的，应符合县政府规划管理部门确定的出让宗地规划条件（见附件____）。

其中：

用地使用性质______________________________；

计入容积率建筑总面积__________________平方米；

建筑容积率不高于____________不低于__________；

建筑限高不高于____________ 不低于____________；

建筑密度不高于____________不低于____________；

绿地率不高于____________ 不低于______________；

其他土地利用要求____________________________。

第十三条 受让人同意本合同项下宗地建设项目在____年____月____日之前开工，在____年____月____日之前竣工。

受让人不能按期开工，在征得出让人同意后，双方应提前30日共同向县土地管理部门提出延建申请，经县土地管理部门同意延建的，其项目竣工时间相应顺延，但延建期限不得超过一年。

第十四条 受让人在本合同项下宗地内进行建设时，有关用水、用气、污水及其他设施与宗地外主管线、用电变电站接口和引入工程，应按有关规定办理。

受让人同意政府为公用事业需要而敷设的各种管道与管线进出、通过、穿越受让宗地，但由此影响受让宗地使用功能的，政府或公用事业营建主体应当给予合理补偿。

第十五条 受让人应当按照本合同约定的土地用途、容积率利用土地，不得擅自改变。

第十六条 本合同项下宗地在使用期限内，政府保留对本合同项下宗地的规划调整权，原规划如有修改，该宗地已有的建筑物不受影响，但在使用期限内该宗地建筑物、构筑物及其附属设施改建、翻建、重建，或者期限届满申请续期时，必须按届时有效的规划执行。

第四章 集体经营性建设用地使用权转让、出租、抵押

第十七条 受让人领取《集体土地使用证》后，在受让的土地使用权使用年限内，有权按有关规定将本合同项下的全部或部分土地使用权转让、出租、抵押或用于其他经济活动。该宗地所在的集体经济组织成员享有优先购买权。首次转让的应当符合本条规定的条件：

（一）经本宗地所有权人同意；

（二）按照合同约定已经支付全部土地使用权出让价款，并取得土地使用证书；

（三）按照合同约定进行建设，除土地价款外的建设投资达到合同约定总投资的25%以上。

第十八条 转让的受让方、租赁的承租方不得改变原出让合同约定土地用途及相关规划条件使用土地。

第十九条 地上建筑物及其附着物转让的，集体经营性建设用地使用权随之转让。

集体经营性建设用地使用权转让的，其初次入市合同约定的权利和义务随之转移。集体经营性建设用地使用权转让年限不得超过出让合同约定年限的剩余年限。

第二十条 本合同项下的全部或部分集体经营性建设用地使用权出租后，本合同和土地登记文件中载明的权利、义务由受让人和承租人承担连带责任，且受让人应在集体经营性建设用地租赁合同中约定该事项。

第二十一条 集体经营性建设用地使用权转让、抵押的，转让、抵押双方应持本合同和相应的转让、抵押合同及《集体土地使用证》，到县土地管理部门申请办理集体土地使用权变更、抵押登记。

第五章　期限届满

第二十二条　本合同约定的土地使用权出让年限届满，受让人应最迟在期满前一年向出让人提交续期申请书，在同等条件下，受让人有优先续期权。

出让人同意续期的，应与受让人重新签订出让合同，受让人以评估价为基准支付土地出让价款。原地上建（构）筑物、附着物为受让人所有。

出让人不同意续期的，该宗地的使用权由出让人无偿收回。原地上建（构）筑物、附着物按现值进行评估后，由出让人按评估价格给予受让人补偿，补偿后其所有权归出让人所有。

第二十三条　土地出让期限届满，受让人没有申请续期的，应当交回《集体土地使用证》，该宗地使用权由出让人无偿收回。原地上建（构）筑物、附着物按第____方式进行结算。

（一）由出让人按评估的残值价格给予受让人补偿，补偿后其所有权归出让人所有。

（二）由出让人无偿收回。

第二十四条　本合同约定的土地使用权出让年限届满，受让人应于期满后三十日内依照规定到县土地管理部门办理集体土地使用权注销或变更登记手续。

第六章　不可抗力

第二十五条　合同双方当事人任何一方由于不可抗力原因造成的本合同部分或全部不能履行，可以免除责任，但应在条件允许下采取一切必要的补救措施以减少因不可抗力造成的损失。当事人迟延履行期间发生的不可抗力，不具有免责效力。

第二十六条　遇有不可抗力的一方，应在 7 日内将不可抗力情况以信函、电报、传真等书面形式通知另一方，并在不可抗力发生后 15 日内，向另一方提交本合同部分或全部不能履行或需要延期履行的报告及证明。

第七章　违约责任

第二十七条　受让人应当按照本合同约定，按时支付集体经营性建设用地使用权出让价款。受让人不能按时支付集体经营性建设用地使用权出让价款的，自应付未付之日起，按每日应付未付款项的______‰向出让人支付违约金；延期付款超过60日，出让人有权解除合同并要求受让人赔偿由此遭受的实际经济损失，对受让人已支付的土地使用权出让价款，在扣除违约损失后，予以退还。

第二十八条 受让人按本合同约定支付集体经营性建设用地使用权出让价款的，出让人必须按照本合同约定按时交付出让土地。由于出让人未按时交付出让土地而致使受让人本合同项下宗地占有延期的，每延期一日，出让人应当按受让人已经支付的集体经营性建设用地使用权出让价款的______‰向受让人给付违约金，土地使用年期自实际交付土地之日起算。出让人延期交付土地超过60日，经受让人催交后仍不能交付土地的，受让人有权解除合同，出让人应当退还已经支付的集体经营性建设用地使用权出让价款，受让人有权要求出让人赔偿损失。

第二十九条 出让人未能按期交付土地或交付的土地未能达到本合同约定的土地使用条件或单方面改变土地使用条件的，受让人有权要求出让人按照规定的条件履行义务，并且赔偿因此给受让人造成的直接损失。土地使用年期自达到约定的土地使用条件之日起算。

第三十条 受让人造成土地闲置，闲置满一年不满两年的，应依法缴纳土地闲置费；土地闲置满两年且未开工建设的，按照《闲置土地处置办法》规定处理。

第八章 适用法律及争议解决

第三十一条 本合同订立、效力、解释、履行及争议的解决，适用中华人民共和国法律和集体经营性建设用地入市改革试点相关规定。

第三十二条 因履行本合同发生争议，由争议双方协商解决，协商不成的，按本条第____项约定的方式解决：

（一）提交________________仲裁委员会仲裁；

（二）依法向人民法院起诉。

第九章 附 则

第三十三条 国家对集体经营性建设用地使用权入市如有新的规定，按新的规定执行。

本合同未约定，国家、地方法律法规、政策有规定的，按规定办理。

第三十四条　本合同和附件共____页整，以中文书写为准。

第三十五条　本合同的价款、金额、面积等项应当同时以大、小写表示，大小写数额应当一致，不一致的，以大写为准。

第三十六条　本合同未尽事宜，可由双方约定后作为合同附件，与本合同具有同等法律效力。

第三十七条　本合同一式九份，经甲乙双方签订之日起生效。甲乙双方各执两份，所在村民委员会、镇（街道办）人民政府、县土地管理部门、县公共资源交易服务中心、县农业和林业局各备案一份。具有同等法律效力。

出让人（章）：________________	受让人（章）：________________
法定代表人/授权代表：________	法定代表人/授权代表：________
联系电话：____________________	联系电话：____________________
______年____月____日	______年____月____日

第四篇　“项目推进”——建设篇

一、项目建设基本概述

项目主体依法取得农村土地使用权后，就进入了项目建设阶段。不同于城市国有土地上的商品房或综合体项目开发，项目主体应认真研读国家出台的关于特色小镇、田园综合体、农村产业融合发展示范园建设的相关政策和文件，深刻领会其中精髓和实质。我们认为，无论是特色小镇、田园综合体还是农村产业融合发展示范园、乡村民宿，建设中都要充分体现“产业”二字。特色小镇评定标准中就明确指出特色小镇要有特色鲜明的产业形态、彰显特色的传统文化；田园综合体本身就是作为乡村新型产业发展的亮点措施被提出的，是集现代农业、休闲旅游、田园社区为一体的乡村综合发展模式。田园综合体的六大支撑体系之一就明确写明是产业体系。这些产业体系包括农业产业集群，创意农业，农业与旅游、教育、文化、康养等产业深度融合，农村电商，物流服务业等；农村产业融合发展园区建设的目标之一就在于探索符合各地区特点、形式多样的产业融合模式，构建现代农业产业体系和可复制、可推广的经验；乡村民宿从诞生之初就是乡村旅游产业的主要表现形式之一。因此，项目主体在进行上述项目开发建设时，一定要打破传统观念、创新思维，但同时项目主体也一定要严格把握住政策红线。虽然国家在推行和深化农村土地制度改革，并且也确定了一些行政区域可突破现行相关法律规定进行试点，但在集体土地上修建私人别墅和会所是绝对被禁止的。

在集体土地上进行项目开发，应该办理哪些审批手续，我国并没有一整套完善的政策法律规定。我们只能从《土地管理法》《城乡规划法》《建筑法》《乡村建设规划许可实施意见》等相关法律法规中找到零散的相关规定，并在实务中借鉴国有土地项目开发的流程。全国人大常委会授权国务院在一定行政区域内开展集体经营性建设用地入市试点工作，试点的区市县根据各自实际情况，相继出台了一系列开展集体经营性建设用地入市的配套文件，这些配套文件对项目主体如何在集体土地上进行项目开发具有指导意义。

二、相关概念

（一）乡村公共基础设施

依据《乡村建设规划许可实施意见》第二条的相关规定，乡村公共基础设施一般指农村垃圾收集处理、供水、排水、供电、供气、防洪、消防、道路、通信、广播电视、公厕等基础设施。

（二）乡村公益事业

依据《乡村建设规划许可实施意见》第二条相关规定，乡村公益事业一般是指农村学校（教育）、卫生院（医疗）、文化站、幼儿园、福利院等公共服务设施。

（三）乡村生产经营性用房

依据《城市房地产管理法》第二条和第五十五条的规定，房屋是指土地上的房屋等建筑物及构筑物。房屋可以分为住宅用房和从事生产、经营活动的经营性用房两大类。因此，乡村生产经营性用房是指乡村用于商业、工业、旅游、办公等从事经营性活动的房屋。

（四）集体租赁住房

依据2017年8月21日原自然资源部、住房城乡建设部联合印发的《利用集体建设用地建设租赁住房试点方案》的通知，集体租赁住房是指在符合土地相关规划的前提下，村镇集体经济组织通过自行开发运营或通过联营、入股等方式开发运营，利用农村集体建设用地建设的供租赁的房屋。《利用集体建设用地建设租赁住房试点方案》确定了北京、上海、沈阳、南京、杭州、合肥、厦门、郑州、武汉、广州、佛山、肇庆、成都13个城市作为第一批试点，可以突破原来法律政策规定，利用集体建设用地开展租赁住房建设。

（五）特色小镇

特色小镇最早发源于浙江，2014 年在杭州云栖小镇首次被提及，后 2016 年住房城乡建设部、国家发展改革委、财政部联合印发《关于开展特色小镇培育工作的通知》，计划到 2020 年，培育 1000 个左右各具特色、富有活力的休闲旅游、商贸物流、现代制造、教育科技、传统文化、美丽宜居等特色小镇，引领带动全国小城镇建设。

2016 年 10 月 14 日，住建部公布了第一批中国特色小镇名单，涉及 31 个省（自治区），共 127 个。

2017 年 5 月 26 日，住房城乡建设部办公厅印发《关于做好第二批全国特色小镇推荐工作的通知》，全国特色小镇推荐分配名额分布在 31 个省（自治区），共 300 个名额。

（六）田园综合体

“田园综合体”作为乡村新型产业发展的亮点措施被写进了 2016 年 12 月 31 日中共中央、国务院发布的《关于深入推进农业供给侧结构性改革加快培育农业农村发展新动能的若干意见》。《意见》明确规定：支持有条件的乡村建设以农民合作社为主要载体、让农民充分参与和受益，集循环农业、创意农业、农事体验于一体的田园综合体，通过农业综合开发、农村综合改革转移支付等渠道开展试点示范。因此，田园综合体是指集现代农业、休闲旅游、田园社区为一体的乡村综合发展模式，目的是通过旅游助力农业发展、促进三产融合的一种可持续性模式。

（七）农村产业融合发展园区

农村产业融合发展是推进农业供给侧结构性改革的重要抓手，是新形势下改善农业供给、拓展农业功能、拓宽农民增收渠道的重要举措。党中央、国务院高度重视农村产业融合发展，中央经济工作会议、中央农村工作会议均作出了部署。2017 年 8 月 18 日，国家发展改革委、工业和信息化部、财政部、自然资源部、农业部、商务部和国家旅游局六部门联合发布了《关于印发国家农村产业融合发展示范园创建工作方案的通知》。这份通知要求各地按照当年创建、次年认定、分年度推进的思路，力争到 2020 年建成 300 个农村产业融合发展示范园，实现多模式融合、多类型示范，并通过复制推广先进经验，加快延伸农业产业链、提升农业价值链、拓展农业多种功能、培育农村新产业新业态。

（八）农家乐

依据《旅游法》以及各地区政府颁布的星级农家乐评定办法的相关规定，农家乐是指利用农业（农、林、牧、渔）和乡村旅游等各类乡村资源，以观光农业、农事体验、乡野休闲为特色，提供餐饮、住宿、观光、购物、娱乐或农业劳作体验等服务的经营实体。四川省成都市郫都区的友爱镇农科村是中国农家乐的发源地。

（九）乡村民宿

2014 年 12 月 31 日，中共中央办公厅、国务院办公厅印发《关于农村土地征收、集体经营性建设用地入市、宅基地制度改革试点工作的意见》，决定在全国选出 30 个左右县（市）行政区域进行试点。2015 年 11 月 19 日，国务院办公厅印发《关于加快发展生活性服务业促进消费结构升级的指导意见》，该意见首次明确：积极发展客栈民宿、短租公寓、长租公寓等细分业态，将民宿定性为生活性服务业。2016 年 1 月 27 日，中共中央、国务院《关于落实发展新理念加快农业现代化实现全面小康目标的若干意见》明确提出：有规划地开发休闲农业、乡村酒店、特色民宿、自驾露营、户外运动等乡村休闲度假产品。

（十）家庭农场

2012 年 12 月 31 日，中共中央、国务院《关于加快发展现代农业进一步增强农村发展活力的若干意见》（2013 中央一号文件）提出：鼓励和支持承包土地向专业大户、家庭农场、农民合作社流转。其中，“家庭农场”的概念是首次在中央一号文件中出现。2014 年 2 月 24 日，农业部印发《关于促进家庭农场发展的指导意见》，家庭农场作为新型农业经营主体，以农民家庭成员为主要劳动力，以农业经营收入为主要收入来源，利用家庭承包土地或流转土地，从事规模化、集约化、商品化农业生产，保留了农户家庭经营的内核，坚持了家庭经营的基础性地位，适应我国基本国情，符合农业生产特点，契合经济社会发展阶段，是农户家庭承包经营的升级版，已成为引领适度规模经营、发展现代农业的有生力量。

（十一）共享农庄

2017 年 8 月 21 日，自然资源部、住房城乡建设部印发《利用集体建设用地建设租赁住房试点方案》。该试点方案允许包括北京在内的 13 城市试点集体土地建设租赁住房，共享农庄也是遵循此政策应运而生的。共享农庄是指把农村闲置住房进行个性化改造，形成一房一院一地，并根据不同需求改造为市民田园生活、度假养生等多种模式，再通过互联网对外出租。

（十二）休闲农庄

依据农业部发布的《关于休闲农庄的建设指导意见》，休闲农庄是指以山林、田园、湖泊、溪流、水库等自然景观资源为依托，以农、林、牧、渔等特色农业生产、加工、经营为基础，以乡土文化、农作物生产、农村生活为引线，集生产、加工、经营、观光、娱乐、运动、住宿、餐饮、购物等生产、服务功能于一体的农业企业形态。农业部会同发展改革委、财政部等 14 部门联合印发了《关于大力发展休闲农业的指导意见》，旨在进一步改善休闲农业基础设施建设，提升整体服务质量，优化相关政策措施，以推动产业可持续健康发展。

◆ 重点、热点、疑难问题及解答

【重点、热点问题】

1. 关于特色小镇、田园综合体有哪些重要的政策规范？

答：（1）特色小镇

2016 年，住房城乡建设部、国家发展改革委、财政部联合下发《关于开展特色小镇培育工作的通知》，要求到 2020 年，培育 1000 个左右各具特色、富有活力的休闲旅游、商贸物流、现代制造、教育科技、传统文化、美丽宜居等特色小镇，约占全国建制镇的 5%。此次开展特色小镇培育工作是在借鉴浙江特色小镇经验和做法基础上的提升，更加注重发展特色产业、传承传统文化、保护生态环境、建设宜居环境、完善市政基础设施和公共服务设施。通过特色小镇培育工作，让更多的小镇真正成为就近城镇化的载体，能让更多的人留在小镇居住，能吸纳更多农村剩余劳动力在小镇就业，能让小镇居民享受到更好的公共服务和良好的居住环境。

2016 年 10 月，国家发展和改革委员会下发《关于加快美丽特色小（城）镇建设的指导意见》。该文件要求，特色小（城）镇建设应按照控制数量、提高质量、节约用地、体现特色的要求，推动小（城）镇发展与疏解大城市中心城区功能相结合、与特色产业发展相结合、与服务“三农”相结合。大城市周边的重点镇，要加强与城市发展的统筹规划与功能配套，逐步发展成为卫星城。具有特色资源、区位优势的小城镇，要通过规划引导、市场运作，培育成为休闲旅游、商贸物流、智能制造、科技教育、民俗文化传承的专业特色镇。远离中心城市的小城镇，要完善基础设施和公共服务，发展成为服务农村、带动周边的综合性小城镇。统筹地域、功能、特色三大重点，以镇区常住人口 5 万以上的特大镇、镇区常住人口 3 万以上的专业特色镇为重点，兼顾多类型多形态的特色小镇，因地制宜建设美丽特色小（城）镇。

有条件的小城镇特别是中心城市和都市圈周边的小城镇，要积极吸引高端要素集聚，发展先进制造业和现代服务业。鼓励外出农民工回乡创业定居。镇区人口 10 万以上的特大镇要按同等城市标准配置教育和医疗资源，其他城镇要不断缩小与城市基本公共服务差距。搭建农村一二三产业融合发展服务平台，推进农业与旅游、教育、文化、健康养老等产业深度融合，大力发展农业新型业态。依托优势资源，积极探索承接产业转移新模式，引导城镇资金、信息、人才、管理等要素向农村流动，推动城乡产业链双向延伸对接。促进城乡劳动力、土地、资本和创新要素高效配置。

（2）田园综合体

2016 年 12 月 31 日，“田园综合体”作为乡村新型产业发展的亮点措施被写进《中共中央、国务院关于深入推进农业供给侧结构性改革　加快培育农业农村发展新动能的若干意见》，“支持有条件的乡村建设以农民合作社为主要载体、让农民充分参与和受益，集循环农业、创意农业、农事体验于一体的田园综合体，通过农业综合开发、农村综合改革转移支付等渠道开展试点示范”。田园综合体是集现代农业、休闲旅游、田园社区为一体的特色小镇和乡村综合发展模式，是在城乡一体格局下，顺应农村供给侧结构改革、新型产业发展，结合农村产权制度改革，实现中国乡村现代化、新型城镇化、社会经济全面发展的一种可持续性模式。2017 年，财政部下发《关于开展田园综合体建设试点工作的通知》，选定了河北、江西等18个省份开展田园综合体建设试点。中央财政从农村综合改革转移支付资金、现代农业生产发展资金、农业综合开发补助资金中统筹安排，支持试点工作。每个试点省份安排试点项目1—2个。围绕田园综合体的建设目标和功能定位，重点抓好生产体系、产业体系、经营体系、生态体系、服务体系、运行体系六大支撑体系建设。

2. 关于家庭农场、乡村民宿、农家乐等休闲农业，有哪些重要的规范要求？

答：（1）家庭农场

当前，我国农业农村发展进入新阶段，要应对农业兼业化、农村空心化、农民老龄化，解决谁来种地、怎样种好地的问题，亟须加快构建新型农业经营体系。2014年2月24日，农业部印发《关于促进家庭农场发展的指导意见》(后文简称《家庭农场意见》)。《家庭农场意见》中要求发展家庭农场要紧紧围绕提高农业综合生产能力、促进粮食生产、农业增效和农民增收来开展，要重点鼓励和扶持家庭农场发展粮食规模化生产。要充分认识到，不断发展起来的家庭经营、集体经营、合作经营、企业经营等多种经营方式，各具特色、各有优势，家庭农场与专业大户、农民合作社、农业产业化经营组织、农业企业、社会化服务组织等多种经营主体，都有各自的适应性和发展空间，发展家庭农场不排斥其他农业经营形式和经营主体，不只追求一种模式、一个标准。要充分认识到，家庭农场发展是一个渐进过程，要靠农民自主选择，防止脱离当地实际、违背农民意愿、片面追求超大规模经营的倾向，人为归大堆、垒大户。

《家庭农场意见》中的家庭农场认定标准包含对经营者资格、劳动力结构、收入构成、经营规模、管理水平等方面的限定。依照自愿原则，家庭农场可自主决定办理工商注册登记，以取得相应市场主体资格。家庭农场经营者通过实物计租货币结算、租金动态调整、土地经营权入股保底分红等利益分配方式，稳定土地流转关系，形成适度的土地经营规模。鼓励有条件的地方将土地确权登记、互换并地与农田基础设施建设相结合，整合高标准农田建设等项目资金，建设连片成方、旱涝保收的农田，引导流向家庭农场等新型经营主体。

各级农业部门对家庭农场的政策扶持范围包含支持家庭农场稳定经营规模、

改善生产条件、提高技术水平、改进经营管理等，推动落实涉农建设项目、财政补贴、税收优惠、信贷支持、抵押担保、农业保险、设施用地等内容。

政策鼓励中高等学校特别是农业职业院校毕业生、新型农民和农村实用人才、务工经商返乡人员等兴办家庭农场。将家庭农场经营者纳入新型职业农民、农村实用人才、“阳光工程”等培育计划，完善农业职业教育制度，鼓励家庭农场经营者通过多种形式参加中高等职业教育提高学历层次，取得职业资格证书或农民技术职称。政策还引导从事同类农产品生产的家庭农场通过组建协会等方式，加强相互交流与联合；鼓励家庭农场牵头或参与组建合作社，带动其他农户共同发展；鼓励工商企业通过订单农业、示范基地等方式，与家庭农场建立稳定的利益联结机制，提高农业组织化程度。

（2）乡村民宿

2017 年 8 月 15 日，国家旅游局通过并发布《旅游民宿基本要求与评价》（后文简称《民宿要求》），这是关于民宿的首个国家级行业标准，从范围、术语定义、评价原则、基本要求、卫生服务、等级划分等方面给出了明确的指导性意见。同时，在美学、空间、文化、建筑、服务和体验等方面，对民宿提出了更高和更具体的品质要求。行业标准的出台，对民宿行业的健康持续发展有着重要意义。该标准的出台对整个民宿行业和乡村旅游来说具有里程碑意义，其及时性、必要性和重要性不言而喻。

《民宿要求》的基本原则是“传递生活美学、追求产品创新、弘扬地方文化、实现共生共赢”，强调民宿主人要参与接待、热爱生活、乐于分享。这实际上是强调旅游民宿要为游客提供舒适、放松和能感受当地生活方式的体验。

《民宿要求》对安全、卫生、环境和服务等方面都给出了引导性的规范建议。比如在基本要求方面，提出旅游民宿经营场地应符合本辖区内的土地利用总体规划、城乡建设规划、所在地旅游民宿发展有关规划，无地质灾害和其他影响公共安全的隐患；在安全方面，提出应建立健全各类相关安全管理制度，落实安全责任，对从业人员进行定期培训；在环境和设施方面，提出单幢建筑客房数量应不超过 14 间（套）；在卫生和服务方面，明确客房床单、被套、枕套、毛巾等应做到每客必换，并能应宾客要求提供相应服务，公用物品应一客一消毒。客房卫生间应有防潮通风措施，每天全面清理一次，无异味、无积水、无污渍等。这些内容都对经营者提出了明确的要求，起到必要的引导作用，同时提供了规范的参考，有助于促进民宿行业的规范和健康发展。

关于旅游民宿的品质划分方面，《民宿要求》将民宿划分为“金宿级”“银宿级”两个等级。金宿级为高等级，银宿级为普通等级，等级越高表示接待设施与服务品质越高。一方面是对旅游民宿的档次和级别进行合理划分，另一方面也是鼓励市场开发更高品级的民宿产品。

（3）休闲农庄

休闲农业作为农村一二三产业发展的融合体，近年来发展迅猛，已成为一种新型产业形态和消费业态，在促进农业提质增效、带动农民就业增收、传承中华农耕文明、建设美丽乡村、推动城乡一体化发展方面发挥了重要作用。但因发展时间较短，也存在服务设施不足、经营主体融资不畅、基础设施建设滞后、人员素质亟待提升等问题，严重影响了产业的持续健康发展。2016 年 7 月 8 日，农业部出台《关于大力发展休闲农业的指导意见》（后文简称《休闲农业意见》），提出以农耕文化为魂，以美丽田园为韵，以生态农业为基，以创新创造为径，以古朴村落为形，到 2020 年，实现产业规模进一步扩大，接待人次和营业收入不断提升；布局优化、类型丰富、功能完善、特色明显的格局基本形成；社会效益明显提高，从事休闲农业的农民收入较快增长；发展质量明显提高，服务水平较大提升，可持续发展能力进一步增强，为城乡居民提供看得见山、望得见水、记得住乡愁的高品质休闲旅游体验。

《休闲农业意见》中指出，发展休闲农业的主要任务包括重点在大中城市周边、名胜景区周边、特色景观旅游名镇名村周边、依山傍水逐草自然生态区、少数民族地区和传统特色农区发展休闲农业，充分发挥各地区森林旅游、文化旅游、红色旅游等优势，促进休闲农业的多样化、个性化发展；支持农民发展农（林、牧、渔）家乐，鼓励发展以休闲农业为核心的一二三产业聚集村；鼓励在适宜区域发展以拓展农业功能、传承农耕文化为核心，兼顾度假体验的休闲农庄；鼓励建设具有科普、教育、示范以及传统农耕文化展示功能的休闲农园；支持各地建设美丽田园，提高农业综合效益。支持社会资本积极参与休闲农业发展，引导建立农民参与和利益共享机制，鼓励农民以承包土地入股等形式与企业进行合作，不断提高农民的资产性收益；探索农民自组织、自激励、自就业的创业模式，使休闲农业成为大众创业和农村剩余劳动力就地就业的重要渠道。围绕提档升级，着力在人员素质和设施改善上实现重大提升；加强传统民居保护修缮，鼓励发展特色民宿，鼓励因地制宜兴建特色餐饮、住宿、购物、娱乐等配套服务设施，满足消费者多样化的需求等。

《休闲农业意见》中还指出，要促进发展休闲农业，还需要完善落实相关政策措施。

比如明确用地政策，在实行最严格的耕地保护制度的前提下，对农民就业增收带动作用大、发展前景好的休闲农业项目用地，各地要将其列入土地利用总体规划和年度计划优先安排。支持农民发展农家乐，闲置宅基地整理结余的建设用地可用于休闲农业。鼓励利用村内的集体建设用地发展休闲农业，支持有条件的农村开展城乡建设用地增减挂钩试点，发展休闲农业。鼓励利用四荒地（荒山、荒沟、荒丘、荒滩）发展休闲农业，对中西部少数民族地区和集中连片特困地区利用四荒地发展休闲农业，给予建设用地指标倾斜。加快制定乡村居民利用自有住宅或者其他条件依法从事旅游经营的管理办法。

还比如要拓宽融资渠道，鼓励担保机构加大对休闲农业的服务力度，搭建银企对接平台，帮助经营主体解决融资难题。银行业金融机构要积极采取多种信贷模式和服务方式，拓宽抵押担保物范围，在符合条件的地区稳妥开展承包土地的经营权、集体林权等农村产权抵押贷款业务，加大对休闲农业的信贷支持。探索休闲农业多元化投融资机制，鼓励符合条件的休闲农业企业上市。探索新型融资模式，鼓励利用 PPP 模式、众筹模式、互联网 + 模式、发行私募债券等方式，加大对休闲农业的金融支持。通过协调利用扶贫小额贴息贷款、加强有针对性的培训等，引导建档立卡贫困户积极参与项目开发；探索以旅游资源、扶贫资金等入股方式，使贫困群众在项目发展中获得资产性收益。

3. 创建农村产业融合发展园，应满足哪些要求，如何申报？

答：创建农村产业融合发展园，应当结合本地区实际，充分挖掘地域特色，围绕农业内部融合、产业链延伸、功能拓展、新技术渗透、产城融合、多业态复合六种类型，有针对性地创建农村产业融合发展示范园。为统筹整合资源，强化示范效应，已认定或正在创建的农业科技园等园区，符合条件的，也可申请创建农村产业融合发展示范园。为提高示范园创建的多样性，确保多出经验，避免类型过于单一或雷同，各省（区、市）要尽可能选择不同类型进行试点示范，每种类型最多选择 1 个。

国家农村产业融合发展示范园原则上由县级政府申报创建，对隶属地市级政府的项目应由地市级政府申报创建，每个县（市、区、旗、农场）或地市政府只能申报创建 1 个国家农村产业融合发展示范园。申报创建国家农村产业融合发展示范园应符合以下基本条件：申报县（市、区、旗、农场）或地市高度重视农村产业融合发展工作，已成立由主要领导挂帅的领导小组，新产业新业态发展具备一定基础，且建设示范园的意愿积极；示范园发展思路清晰、功能定位明确，规划布局合理、建设水平领先，产业特色鲜明、融合模式新颖，配套设施完善、组织管理高效，利益联结紧密、示范作用显著。具体创建条件由各省（区、市）根据上述要求，结合本地实际细化确定。同等条件下，优先支持农村产业融合发展试点示范县创建农村产业融合发展示范园。

4. 申请田园综合体试点立项，应满足哪些条件？

答：（1）功能定位准确。围绕有基础、有优势、有特色、有规模、有潜力的乡村和产业，按照农田田园化、产业融合化、城乡一体化的发展路径，以自然村落、特色片区为开发单元，全域统筹开发，全面完善基础设施。突出农业为基础的产业融合、辐射带动等主体功能，具备循环农业、创意农业、农事体验一体化发展的基础和前景。明确农村集体组织在建设田园综合体中的功能定位，充分发挥其在开发集体资源、发展集体经济、服务集体成员等方面的作用。

（2）基础条件较优。区域范围内农业基础设施较为完备，农村特色优势产业基础较好，区位条件优越，核心区集中连片，发展潜力较大；已自筹资金投入较大且有持续投入能力，建设规划能积极引入先进生产要素和社会资本，发展思路清晰；农民合作组织比较健全，规模经营显著，龙头企业带动力强，与村集体组织、农民及农民合作社建立了比较密切的利益联结机制。

（3）生态环境友好。能落实绿色发展理念，保留青山绿水，积极推进山水田林湖整体保护、综合治理，践行看得见山、望得到水、记得住乡愁的生产生活方式。农村清洁生产基础较好，农村环境突出问题得到有效治理。

（4）政策措施有力。地方政府积极性高，在用地保障、财政扶持、金融服务、科技创新应用、人才支撑等方面有明确举措，水、电、路、网络等基础设施完备。建设主体清晰，管理方式创新，搭建了政府引导、市场主导的建设格局。积极在田园综合体建设用地保障机制等方面作出探索，为产业发展和田园综合体建设提供条件。

（5）投融资机制明确。积极创新财政投入使用方式，探索推广政府和社会资本合作，综合考虑运用先建后补、贴息、以奖代补、担保补贴、风险补偿金等，撬动金融和社会资本投向田园综合体建设。鼓励各类金融机构加大金融支持田园综合体建设力度，积极统筹各渠道支农资金支持田园综合体建设。严控政府债务风险和村级组织债务风险，不新增债务负担。

（6）带动作用显著。以农村集体组织、农民合作社为主要载体，组织引导农民参与建设管理，保障原住农民的参与权和受益权，实现田园综合体的共建共享。通过构建股份合作、财政资金股权量化等模式，创新农民利益共享机制，让农民分享产业增值收益。

（7）运行管理顺畅。根据当地主导产业规划和新型经营主体发展培育水平，因地制宜探索田园综合体的建设模式和运营管理模式。可采取村集体组织、合作组织、龙头企业等共同参与建设田园综合体，盘活存量资源、调动各方积极性，通过创新机制激发田园综合体建设和运行内生动力。

需注意的是，有以下情况的项目，将纳入不予受理范围：未突出以农为本，项目布局和业态发展上与农业未能有机融合，以非农业产业为主导产业；不符合产业发展政策；资源环境承载能力较差；违反国家土地管理使用相关法律法规，违规进行房地产开发和私人庄园会所建设；乡、村举债搞建设；存在大拆大建、盲目铺摊子等情况。

5. 特色小镇、田园综合体、农村产业融合发展示范园可以规划建设哪些业态？

答：依据国家发展改革委印发《关于加快美丽特色小（城）镇建设的指导意见》，国家发展改革委、工业和信息化部、财政部、自然资源部、农业部、商务部、国家旅游局《关于印发〈国家农村产业融合发展示范园创建工作方案〉的通知》，以及财政部《关于开展田园综合体建设试点工作的通知》等文件内容，特色小镇、田园综合体、农村产业融合发展示范园等项目规划建设的内容主要有：

(1) 特色产业定位。小城镇建设在产业定位上要求“特色鲜明，战略新兴产业、传统产业、现代农业等发展良好、前景可观。充分利用‘互联网+’等新兴手段，推动产业链向研发、营销延伸”。田园综合体项目侧重强调“打造涉农产业体系发展平台。稳步发展创意农业，利用‘旅游+’‘生态+’等模式，开发农业多功能性，推进农业产业与旅游、教育、文化、康养等产业深度融合”。农村产业融合发展示范园同样侧重“探索多种产业融合模式，构建现代农业产业体系。通过推进农业内部融合、延伸农业产业链、拓展农业多种功能、发展农业新型业态等多种形式，结合当地资源禀赋、风土人情等实际，探索并总结一批适合不同地区的农村产业融合商业模式，努力构建农业与二三产业交叉融合的现代农业产业体系”。

(2) 基础设施建设。小城镇建设项目需“基础设施完善，自来水符合卫生标准，生活污水全面收集并达标排放，垃圾无害化处理，道路交通停车设施完善便捷，绿化覆盖率较高，防洪、排涝、消防等各类防灾设施符合标准”。田园综合体项目需“加强田园综合体区域内‘田园+农村’基础设施建设，整合资金完善供电、通信、污水垃圾处理、游客集散、公共服务等配套设施条件”。农村产业融合发展示范园需“完善示范园供水、供电、道路、通信、仓储物流、垃圾污水处理等设施条件”。

(3) 公共服务设施建设。小城镇建设要做到“服务质量较高，教育、医疗、文化、商业等服务覆盖农村地区”。田园总体项目建设需“完善区域内的生产性服务体系，通过发展适应市场需求的产业和公共服务平台，聚集市场、资本、信息、人才等现代生产要素，推动城乡产业链双向延伸对接，推动农村新产业、新业态蓬勃发展。完善综合体社区公共服务设施和功能，为社区居民提供便捷高效服务”。农村产业融合发展示范园建设需“搭建农村综合性信息化服务平台，提供电子商务、休闲农业与乡村旅游、农业物联网、价格信息、公共营销等服务”。

6. 特色小镇、田园综合体、农村产业融合发展示范园等项目建设中需要占用园地、草地、林地进行建设的，应如何办理审批程序？

答：依据《土地管理法》和《土地利用现状分类》的相关规定，园地、林地、草地等都属于农用地范围。另依据《城乡规划法》第四十一条第三款的规定，在乡、村庄规划区内进行乡镇企业、乡村公共设施和公益事业建设以及农村村民住宅建设，不得占用农用地；确需占用农用地的，应当依照《土地管理法》的相关规定办理农用地转用审批手续。因此，项目需要占用园地、草地、林地等进行非农建设的，需要办理农用地转用审批手续。《土地管理法》第四十四条对不同情形建设占用土地涉及农用地转用的批准机构进行了明确规定：

（1）省、自治区、直辖市人民政府批准的道路、管线工程和大型基础设施建设项目、国务院批准的建设项目占用土地，涉及农用地转为建设用地的，由国务院批准。

（2）在土地利用总体规划确定的城市和村庄、集镇建设用地规模范围内，为实施该规划而将农用地转为建设用地的，按土地利用年度计划分批次由原批准土地利用总体规划的机关批准。在已批准的农用地转用范围内，具体建设项目用地可以由市、县人民政府批准。

（3）上述（1）（2）规定以外的建设项目占用土地，涉及农用地转为建设用地的，由省、自治区、直辖市人民政府批准。

实务中，项目主体有可能在实施农村土地整理时需要修建超过农村道路认定上限标准宽度的道路，超宽道路会占用农用地，这时候按规定依然需要办理农用地转用手续。项目实施后新增耕地满足项目规划设计的新增耕地要求，并落实道路占用耕地的占补平衡。

7. 田园综合体、乡村民宿等项目建设中，涉及休闲农庄、度假酒店等建设，是否需要办理乡村建设规划许可证？

答：依据《城乡规划法》第四十一条第一款、第二款的规定，在乡、村庄规划区内进行乡镇企业、乡村公共设施和公益事业建设的，建设单位或者个人应当向乡、镇人民政府提出申请，由乡、镇人民政府报城市、县人民政府城乡规划主管部门核发乡村建设规划许可证。在乡、村庄规划区内使用原有宅基地进行农村村民住宅建设的规划管理办法，由省、自治区、直辖市制定。因此，项目规划如果涉及休闲农庄、度假酒店等建设的，应该依法办理乡村建设规划许可证。如果农庄、度假酒店建设用地确实需要占用农用地的，还应先依照《土地管理法》有关规定办理农用地转用审批手续后，再向相关主管部门核发乡村建设规划许可证。项目主体在取得乡村建设规划许可证后，方可办理用地审批手续。

8. 田园综合体项目、乡村民宿建设中，涉及在原址上对农户宅基地进行重建或改建的，应如何办理审批程序？

答：《城乡规划法》第四十一条第二款规定，在乡、村庄规划区内使用原有宅基地进行农村村民住宅建设的规划管理办法，由省、自治区、直辖市制定。依据《村庄和集镇规划建设管理条例》第十八条的规定，如果在农户宅基地原址上进行重建或改建的，不需要申请乡村建设规划许可证，但需要办理相关的审批手续。首先项目主体让享有宅基地使用权的农户向村集体经济组织或者村民委员会提出建房（重建或改建）申请，并依法取得村民会议或村民代表大会讨论通过同意进行建房（重建或改建）的书面文件。随后向乡级人民政府提出建房申请，乡级人民政府根据村庄、集镇规划和土地利用规划批准。

9. 特色小镇、田园综合体、农村产业融合发展示范园、乡村民宿等项目建设中，是否需要办理乡村建设工程施工许可证？

答：依据《建筑工程施工许可管理办法》第二条的规定，在中华人民共和国境内从事各类房屋建筑及其附属设施的建造、装修装饰和与其配套的线路、管道、设备的安装，以及城镇市政基础设施工程的施工，建设单位在开工前应当依照本办法的规定，向工程所在地的县级以上人民政府住房城乡建设主管部门申请领取施工许可证。工程投资额在30万元以下或者建筑面积在300平方米以下的建筑工程，可以不申请办理施工许可证。以郫都区为例，郫都区作为授权开展集体经营性建设用地入市试点的区（市县）之一，出台了《郫都区农村集体经营性建设用地项目建设管理办法》（该办法根据《建筑法》和《建筑工程施工许可管理办法》等相关法律法规的规定制订）在第二条也明确规定：“凡在我区农村集体经营性建设用地上从事各类房屋建筑及其附属设施的建造、装修装饰和与其配套的线路、管道、设备的安装，以及市政基础设施工程的施工，建设单位在开工前应当向区规建局申请办理施工许可证。工程投资额在30万元以下或建筑面积在300平方米以下的建筑工程，可以不申请办理施工许可证。”因此，田园综合体、乡村民宿等项目建设中，涉及休闲农庄、度假酒店以及配套的农村基础设施和公益设施等建设的，应该申请办理乡村建筑工程施工许可证。项目主体如果未取得建设工程施工许可证的，一律不得开工。在此要强调的是，鉴于法律规定了一定金额和一定面积以下的工程不用办理建设工程施工许可证，实务中一些项目主体采取将应该申请领取施工许可证的工程项目分解为若干限额以下的工程项目，规避申请领取施工许可证，该做法是被法律严格禁止的。

10. 特色小镇、田园综合体、农村产业融合发展示范园等项目是否需要选聘有资质单位实施项目建设?

答: 依据《建筑法》第十三条的规定:“从事建筑活动的建筑施工企业、勘察单位、设计单位和工程监理单位，按照其拥有的注册资本、专业技术人员、技术装备和已完成的建筑工程业绩等资质条件，划分为不同的资质等级，经资质审查合格，取得相应等级的资质证书后，方可在其资质等级许可的范围内从事建筑活动。”由此可见，小城镇、田园综合体、农村产业融合发展示范园等项目建设不仅要找有资质的建筑企业、勘察单位、设计单位和工程监理单位实施项目的建设、勘察、设计和监理等工作，还要根据项目实际情况选聘有相应资格等级的建设、勘察、设计和监理单位实施相关工作。

11. 特色小镇、田园综合体、农村产业融合发展示范园等项目主体与施工企业签订建设工程施工合同应注意哪些方面的法律问题?

答: 实务中，项目主体与施工企业签订建设工程施工合同应注意以下几方面的问题:

(1) 建设工程施工合同的效力问题。依据最高人民法院《关于审理建设工程施工合同纠纷案件适用法律问题的解释》第一条、第四条和第七条，《关于审理建设工程施工合同纠纷案件适用法律问题的解释（二）》第一条、第二条，建设工程施工合同被认定为无效的情形有:

①承包人未取得建筑施工企业资质或者超越资质等级的。承包人“未取得

施工资质”是指承包人没有资格承包项目建设；“超越资质等级”是指承包人的资质等级没有达到承包该项工程的资质等级标准。不过最高人民法院《关于审理建设工程施工合同纠纷案件适用法律问题的解释》第五条规定，承包人超越资质等级许可的业务范围签订建设工程施工合同，但在建设工程竣工前取得相应资质等级的，建设工程施工合同就是有效。因此，应高度重视未取得资质和超越资质对建筑工程施工合同效力产生的实质性影响。

②没有资质的实际施工人借用有资质的建筑施工企业名义的。“没有资质的实际施工人”是指实际进行工程项目施工的违法承包人。实际施工人可以为施工企业，也可以是施工队、包工头、农民工等。“借用资质”是指实际施工人借用施工企业的资质和主体资格与发包人签订建设工程施工合同，工程实际由实际施工人来施工，出借资质的施工企业本身并不参与工程实际施工。依据《建筑法》第六十六条和《建筑业企业资质管理规定》的相关规定。发包人可以要求出借资质企业和实际施工人对工程质量、工程安全等承担连带责任。同时，出借资质的企业还会受到没收违法所得、罚款、停业整顿、降低资质甚至吊销资质的行政处罚。

③建设工程必须进行招标而未招标或者中标无效的。依据《招标投标法》第三条的规定，建设工程必须进行招标主要是指全部或部分使用国有资金的项目，使用了外国和国际组织贷款的项目，国家投资建设重点大型建设项目等，必须进行招标。《招标投标法》及《招标投标法实施条例》共规定了七种中标无效的情形，现归纳如下：

a. 因招标人原因导致中标无效的三种情形：

·依法必须进行招标的项目的招标人向他人透露招投标相关情况，影响中标结果的，中标无效。

·招标人在评标委员会依法推荐的中标候选人以外确定中标人的，依法必须进行招标的项目在所有投标被评标委员会否决后自行确定中标人的，中标无效。

·依法必须进行招标的项目，招标人违反本法规定，与投标人就投标价格、投标方案等实质性内容进行谈判，影响中标结果的，中标无效。

b. 因投标人原因导致中标无效的两种情形：

·投标人相互串通投标或者与招标人串通投标的，投标人以向招标人或者评标委员会成员行贿的手段谋取中标的，中标无效。

·投标人以他人名义投标或者以其他方式弄虚作假，骗取中标的，中标无效。

c. 因招标代理原因导致中标无效的情形：招标代理机构违反规定泄露信息或者与招投标人串通损害国家、社会利益影响中标结果的，中标无效。

d. 因招投标活动存在问题导致中标无效的情形：依法必须进行招标的项目的招标投标活动违反《招标投标法》和本条例的规定，对中标结果造成实质性影响，且不能采取补救措施予以纠正的，招标、投标、中标无效。

④没有劳务作业法定资质的承包人与总承包人、分包人签订劳务分包合同的。建设工程领域的分包合同主要涉及劳务分包合同和专业分包合同两大类。劳务分包承包人一定要具有相应的劳务作业法定资质，这是法律的强制性规定，因此如果违反，合同无效。

⑤承包人违法分包的。这里的分包主要指专业分包，是施工总承包企业将其所承包工程的专业工程发包给具有相应专业分包资质的其他建筑企业的行为。依据《建筑法》第二十九条的规定，承包人违法分包的情形主要有：1）除总承包合同中约定的分包外，总承包人未经建设单位认可而擅自分包的；2）总承包单位将工程分包给不具备相应资质条件的分包单位的；3）发包人直接将分包专业工程指定给不具备相应资质条件的分包人的；4）分包单位将其分包的工程再分包的；5）总承包单位将建筑工程主体结构分包给其他单位的，无论分包单位是否具备相应资质条件。

⑥承包人非法转包的。"承包人非法转包"是指承包单位承包建设工程后，不履行合同约定的责任和义务，将其承包的全部建设工程转给他人或者将其承包的全部工程肢解以后以分包名义分别转给他人的行为。依据《建筑法》第二十八条的规定，工程转包行为是法律明确禁止的行为，因此工程转包合同无效。转包合同无效的，转包合同双方对违法转包造成的质量或其他问题对发包人承担连带责任。

⑦合同背离中标合同实质性内容。主要是指招标人和中标人在中标合同之外就明显高于市场价格购买承建房产、无偿建设住房配套设施、让利、向建设单位捐赠财物等另行签订合同，变相降低工程价款，一方当事人以该合同背离中标合同实质性内容为由请求确认无效的，人民法院应予支持。

⑧未取得建设工程规划许可证等规划审批手续。当事人以发包人未取得建设工程规划许可证等规划审批手续为由，请求确认建设工程施工合同无效的，人民法院应予以支持，但发包人在起诉前取得建设工程规划许可证等规划审批手续的除外。

实务中需要强调的是，依据最高人民法院《关于审理建设工程施工合同纠纷案件适用法律问题的解释》第二条的规定，建设工程施工合同无效，但建设工程经竣工验收合格，承包人可以请求参照合同约定支付工程价款。作为项目主体的发包人需要明白的是建设工程施工合同因承包人的原因无效的，并不必然意味着发包人就可以不向承包人支付任何工程价款了。

（2）建设工程施工合同的性质及纠纷管辖问题。依据《合同法》第二百八十七条的规定，建设工程施工合同为承揽合同，不适用法律关于不动产专属管辖的规定。建议项目主体在签订建设工程施工合同时约定清楚纠纷发生后的管辖法院，如果合同没有约定或约定不明的，原告起诉就可以在被告所在地或合同履行地起诉，而合同履行地即为施工行为地，而施工行为地不仅包括工程所在地，如果原告垫资施工的，而垫资行为又发生在原告处，那么原告处也可被视为合同履行地。

（3）垫资的效力问题。垫资是指建设工程施工合同签订后，发包人不支付工程款或者支付部分工程款，工程全部或部分利用承包人自有资金先进场进行施工，待工程施工到一定阶段或者工程全部完成后，由发包方再支付垫付的工程款的行为。关于垫资行为合法性问题，最高人民法院《关于审理建设工程施工合同纠纷案件适用法律问题的解释》第六条作了明确规定，垫资行为合法。发包人和承包人应在合同中明确约定垫资利息（利息不能高于中国人民银行发布的同期同类贷款利率，超过部分无效），如果合同中对垫资利息没有约定，发包人可不支付垫资利息。关于承包人垫资的比例以及期限等问题，我国尚未有相关司法解释予以明确。

（4）建设工期的问题。

①建设工期的计算。工程期限一般是指从工程开工之日起到工程通过竣工验收之日止之间的时间段。建设工期的确定关系工期违约、工程结算、工程款支付等重大问题。因此，项目主体应高度重视，建设工程施工合同中予以明确

约定。工程开工日期可采取两种约定方式：一是约定以建设方的开工报告为准；二是约定以取得建设工程施工许可证的时间为准。工程竣工日期一般以约定为准，如果有争议的，分情形进行处理：建设工程竣工验收合格的，竣工验收合格之日为竣工日期；已提交竣工验收报告，发包人拖延验收的，以承包人提交验收报告之日为竣工日期；建设工程未竣工验收，发包人擅自使用的，以转移占有建设工程之日为竣工日期。

②建设工期的顺延。依据《合同法》第一百一十七条的规定，因不可抗力而导致不能履行合同的，根据不可抗力的影响，部分或全部免除其不能履行合同的责任。因此，当发生不可抗力时，对可顺延工期的天数，应根据不可抗力因素确实对施工单位或施工现场造成的影响而定，即不可抗力因素与工程延误之间必须具有因果关系。

12. 特色小镇、田园综合体、农村产业融合发展示范园等项目主体应如何进行农村集体经营性建设用地的开发利用?

答: 北京市大兴区、四川省郫都区等三十三个试点县（市、区）行政区域被授权开展集体经营性建设用地入市的改革试点。以四川省郫都区为例，为规范集体经营性建设用地入市，郫都区政府制定并施行了一系列集体经营型建设用地入市改革试点的文件。根据相关文件的内容并结合实务中郫都区已通过集体经营性建设用地入市路径进行项目开发的实际案例，农村集体经营性建设用地开发的基本流程一般可分为以下几个阶段：

（1）项目立项阶段。与国有土地项目开发相同，项目主体应依法办理立项手续。首先，项目主体应确定项目选址，并编制项目建设选址方案，然后项目主体分别向自然资源和住房城乡建设部门提交项目规划选址的函，自然资源和住房城乡建设部门收到函件后，分别就项目是否符合相关的土地利用总体规划、城乡规划、发展规划等进行审查，审查通过后出具项目规划选址的复函。之后，项目主体根据项目投资规模并按照相关要求向相应的发展和改革局（委）申请办理项目立项手续。项目立项审核通过后，发展和改革局（委）出具项目立项（备案）通知，对项目名称、项目业主、建设内容和规模、项目投资及资金来源、建设地址等内容予以确定。

（2）项目开工建设前阶段。项目主体取得项目立项手续后，根据项目建设实际情况，分别向规划、建设、国土、环保、安全生产等部门申请办理乡村建设规划许可、农村土地使用、环评环保备案、安全生产、农村建筑工程施工许可、招投标备案等相关手续。以郫都区办理用地手续为例，项目实施主体通过郫都区集体经营性建设用地入市交易平台取得集体经营性建设用地使用权，并依法向郫都区不动产登记中心申请办理集体经营性建设用地使用权转移登记。如果办理转移登记的集体经营性建设用地上有房屋的，房屋应当一并办理转移登记。

（3）项目建设验收阶段。项目竣工后，项目主体应依法向相关部门申请办理房屋竣工验收备案，房屋竣工验收合格后，项目主体应依法向相关部门申请办理房屋所有权初始登记。

（4）项目办证及运营阶段。为确保项目交易的合法性，项目主体应为项目所修建筑物和构筑物的购买者依法办理房屋所有权转移登记。在此需要提醒项目主体的是，集体经营性建设用地上禁止修建私人别墅和住宅商品房，共享农庄、休闲农庄、度假酒店、乡村民宿等建筑物形态是允许在集体经营性建设用地上进行修建的。所以，项目主体在规划设计时应密切关注政策规定，以避免所修建筑物无法办理权属证书的尴尬局面。

13. 集体建设用地可否用于建设住房，在集体建设用地利用中应该如何认识和区分？

答：根据《土地管理法》第四十三条的规定，集体建设用地的用途主要有三类，即兴办乡镇企业、村民建设住宅和乡（镇）村公共设施和公益事业建设。集体建设用地上是禁止修建经营性商品住宅对外进行出售的，也严禁下乡利用宅基地建别墅大院、私人会馆。依据我国现行政策的相关规定，针对集体建设用地上建设住房有两个特殊规定：

（1）宅基地。我国宅基地制度实行“一户一宅”的规定，即农村村民一户只能拥有一处宅基地，一户不能同时对两处或者多处宅基地进行确权。针对目前我国宅基地闲置严重的情况，政策允许宅基地“三权分置”，落实宅基地集体所有权，保障宅基地农户资格权，适度放活宅基地使用权，一定程度赋予农村宅基地使用权出让、租赁的权能和交易的功能，从而让农村宅基地尤其是闲置宅基地得到优化配置与最大限度的应用，同时还能给农民带来新的增收渠道，这项改革举措突破了原有对宅基地的诸多限制。

（2）利用集体建设用地建设租赁住房。依据《利用集体建设用地建设租赁住房试点方案》的规定，利用集体建设用地建设租赁住房要注意以下几点：

①具体范围限于由城乡规划、土地利用总体规划及村土地利用规划确定为集体建设用地的存量建设用地，不包括耕地、农用地。

②村镇集体经济组织是利用集体建设用地建设租赁住房的主体，村镇集体经济组织可以自行开发运营，也可通过联营、入股等方式开发运营。项目的开发运营一定要确保集体经济组织自愿实施、自主运作。

③各试点城市应当梳理严格项目报批（包括预审、立项、规划、占地、施工）、项目竣工验收、项目运营管理等规范性程序，并同步建立起快速审批通道。

④集体租赁住房出租，应遵守相关法律法规和租赁合同约定，不得以租代售。承租的集体租赁住房，不得转租。各试点还要探索建立租金形成、监测、指导、监督机制，防止租金异常波动，以维护市场平稳运行。

⑤承租人可按照国家有关规定凭登记备案的住房租赁合同依法申领居住证，享受规定的基本公共服务。有条件的城市，还要进一步建立健全对非本地户籍承租人的社会保障机制。

【疑难问题】

全国统筹城乡综合配套改革试验区——成都市在城乡统筹试点改革中曾经出现了哪些项目建设模式可供参考借鉴？目前在国家集体土地改革的政策背景下又出现了什么新的建设或投资模式？

答：以成都各地区项目为例，项目建设模式主要有以下几种：

1. 集体土地上的民营工业园区项目建设模式——蛟龙模式

（1）基本情况介绍

成都蛟龙港是全国知名民营工业园区，通过10余年的探索，在成都已成功建成两个开发区——成都蛟龙港青羊园区、成都蛟龙港双流园区，开创了集体土地及民营经济办园区的先河。在此我们提及的蛟龙模式，是成都蛟龙港于2000年6月开始在农村集体土地上建设的总面积达5平方公里的工业园区，即现在的成都蛟龙工业园区。

（2）运作模式

当时成都蛟龙工业园区的运作模式是，民间资本注册成立项目公司（利用香港融资平台成立蛟龙投资有限责任公司），项目公司以流转（租赁或入股）方式取得园区建设所需集体土地，然后通过各种融资手段取得项目建设资金，进行园区建设。园区建成后，以招租（少部分出售）方式引中小企业入驻。

（3）园区土地问题

园区建设当初，大部分占用的是耕地，并且基本都未履行占补平衡义务。但园区建成后，引入500多家中小企业，提供了10万就业机会，年税收超过1亿元，取得了较好的社会效益和经济效益。正是蛟龙工业港在GDP和税收、就业率方面的贡献，政府看在眼里，采取合理措施推向合法、纳入制度体系。为使园区占用的土地合法化，政府使用土地利用的计划内指标，通过调整规划，将工业港土地列入“2005—2020年土地利用总体规划”，最终该工业园区实现合法使用集体土地。

（4）蛟龙模式图表①

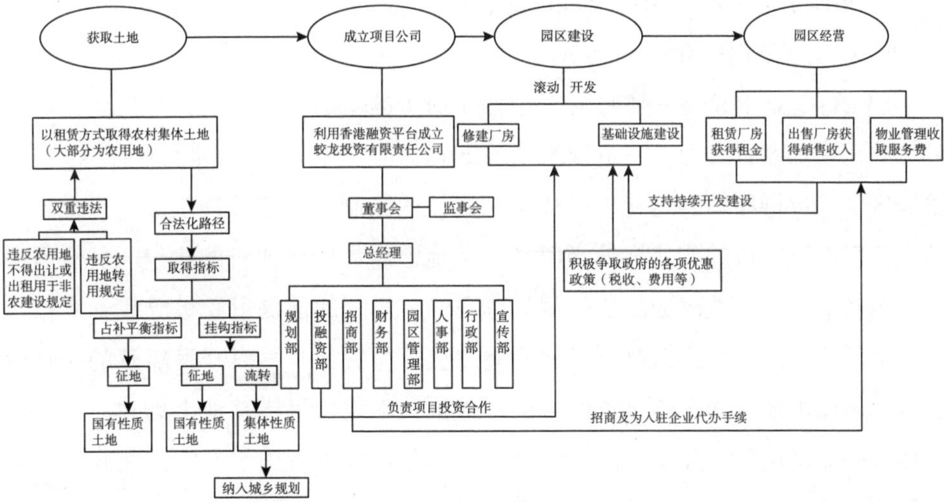

① 参见北京大学国家发展研究院综合课题组：《还权赋能：奠定长期发展的可靠基础——成都市统筹城乡综合改革实践的调查研究》——专题报告二《集体土地上发展起来的民营工业园——蛟龙工业港》，北京大学出版社2010年版，第95页。

（5）对蛟龙工业港的评价

蛟龙工业园特色之一在于在集体建设用地上直接发展工业，打破了原有征地制度的局限性，通过租地或者土地入股等方式取得集体建设用地，农民以出租土地或入股的方式将集体土地使用权进行流转，既能保障稳定的收入，同时也能保障合作的长期持续性。蛟龙工业园另一大特色是先由一个资金充足实力强劲的投资商整体取得大片土地，然后进行统一规划开发建设后，再出租或小部分销售给其他中小企业，解决了中小企业资金短缺、规模小、拿地困难等难题。虽然蛟龙工业园项目在建设过程中因违反土地用途管制等多项政策法规，多次受到各个部门的严重警告，但蛟龙模式所创造的年 GDP，以及数十万就业岗位有目共睹，各部门在履行法定职责的同时，在后期也逐渐开始想办法调规，最终也使得蛟龙模式得以合法化。成都蛟龙港经过多年发展，现在累计引进企业 1200 多家，年产值及销售收入约 300 亿元，年上缴税收约 6 亿元，常住人口突破 10 万人。在乡村振兴战略“产业兴旺”的总要求下，蛟龙工业港的模式仍然有许多可以借鉴的地方，同时集体土地和国有土地“同地同权”的改革方向和路径也为更多的城市工业落地乡村集体土地提供了法律保障。

2. 集体土地上商住用房项目建设模式——三道堰模式

（1）三道堰模式介绍

郫都区三道堰镇是一座具有一千多年历史的川西古老小镇，是历史上有名的水陆码头和商贸之地。三道堰水乡于 2014 年 4 月 29 日被批准为国家 4A 级旅游景区。三道堰在发展之初，受成都水源镇的限制，不能发展工业。因此，当地政府以旧城改造的方式推动当时集体土地上商住用房项目的建设。具体做法是，镇政府进行旧城改造的统一规划，在统一规划的前提下积极寻找开发商垫资，进行楼盘的开发，镇政府对建设质量进行监管。开发商开发经营的楼盘通过本地居民出地、开发商出资的方式，直接在本地居民宅基地上修建三、四层小楼，并分享楼层。开发商修好后就剩余部分对外进行销售。为方便开发商对外销售，镇政府为购房者颁发“城镇房屋所有权证”。

（2）三道堰模式土地问题

三道堰模式使用的土地是集体土地中的宅基地，其中还有占用耕地的情况。按照现行法律规定，宅基地上修建的房屋是不能向城市居民进行销售的。城市居民购买的房屋，其实就是我们现在俗称的小产权房。针对修房占用耕地的情况，三道堰政府通过灾后经土地整理节约出来的挂钩指标来覆盖和解决。①

（3）三道堰模式图表：

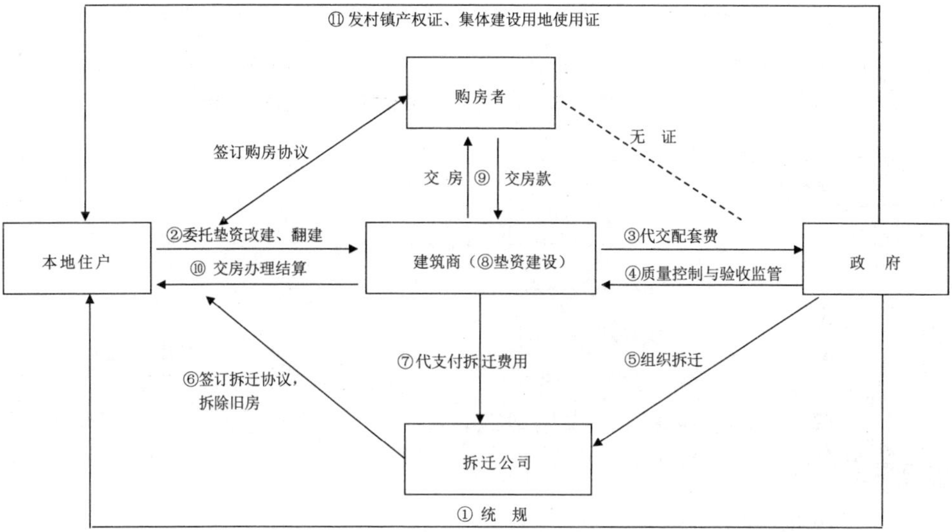

（4）三道堰模式评价

三道堰模式是地方政府为发展当地经济采取的一种项目建设模式。该模式虽然在一定程度是突破了我国现行关于宅基地使用和管理的相关规定，但在客观上确实也盘活了三道堰的闲置宅基地，改善了当地农民的生活，发展了当地的旅游业。发展至今，三道堰已是成都家喻户晓的旅游景区之一。在乡村振兴宅基地“三权分置”改革的背景下，国家政策鼓励农民利用宅基地发展民宿、休闲农庄等经营，三道堰模式仍然具有极强的借鉴意义。在用地模式上，可以按现有集体经营性建设用地就地入市改革政策或宅基地三权分置改革政策进行探索使用。针对三道堰部分项目本身，结合现有政策和法律我们提出如下合法化的路径（见后页图）。

① 参见北京大学国家发展研究院综合课题组：《还权赋能：奠定长期发展的可靠基础——成都市统筹城乡综合改革实践的调查研究》——专题报告七《集体建设用地入市流转，实现与国有土地同地同权》，北京大学出版社2010年版，第168页。

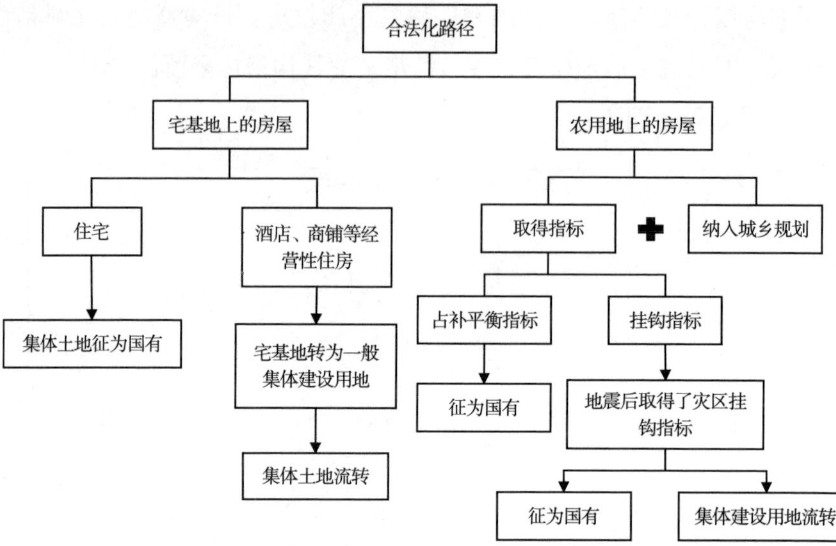

3. 国有、集体建设用地及农用地综合项目开发建设模式——198 区域青羊绿舟模式①

（1）198 区域青羊绿舟模式介绍

198 区域青羊绿舟项目是成都中心城区郊区“198”区域的大型复合型项目，2008 年被列为成都市重大产业项目，总占地 15300 余亩，整体想打造一个以城乡绿地公园为载体，承载税源总部、高尚住宅社区和文教艺术、休闲娱乐、旅游观光等多重功能的大型复合性项目。

项目主体是一家政企合作成立的有限责任公司。政府方主要提供融资贷款担保、税收等方面的优惠、相关政策法律的指导等，企业方主要负责项目的运营管理招商等具体工作。

（2）198 区域青羊绿舟模式土地问题

该项目与当时成都正在开展的成都农村产权制度改革紧密结合，该项目土地的取得主要采用城乡建设用地增减挂钩的方式，通过拆旧建新、土地综合整理，全面推进项目区农民集中居住及农村集体土地与房屋的产权流转。

① “198”区域是指环绕成都中心城区的 198 平方公里的非建设用地，主要位于三环路之外、外环路以内（包括外环路外侧的 500 米生态保护带），包括锦江、成华、金牛、青羊、武侯、高新外环路以内非城市建设用地区域以及新都、郫县、温江、双流、龙泉驿（不含十陵片区）伸入外环路以内地区。“198”区域兼具城市通风口、城市绿肺、水源涵养地、现代服务业发展区等多项功能，是成都的生态绿洲。

（3）198 区域青羊绿舟模式图表

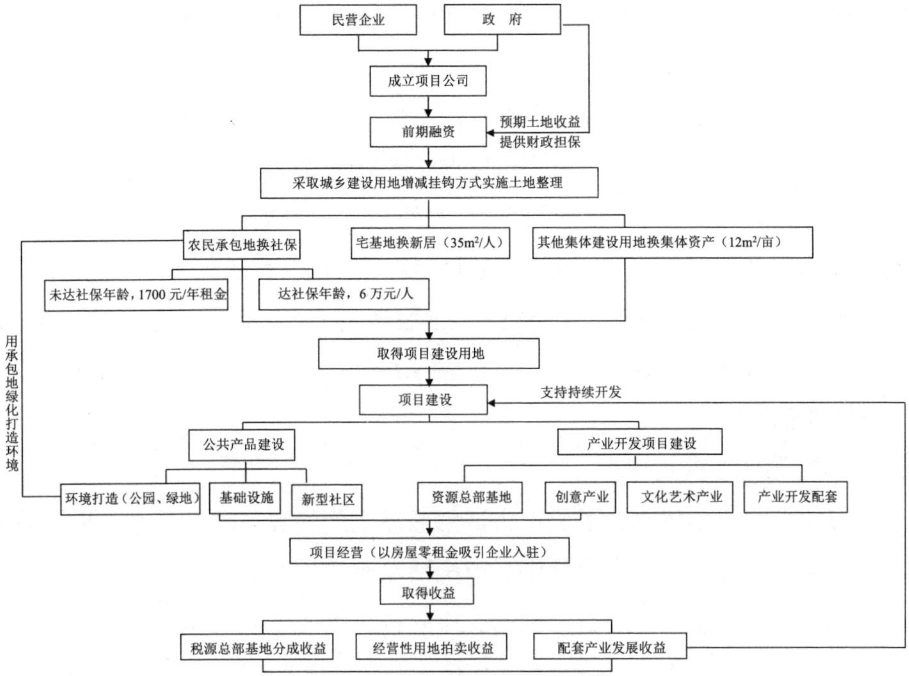

（4）198 区域青羊绿舟模式评价

该项目始于 2008 年，成都作为全国统筹城乡综合配套改革试验区，正在进行农村产权制度改革。该模式能紧密与成都农村产权制度改革相结合，可称之为在当时背景下积极探索城乡建设用地增减挂钩具体做法的先行者，特别是该项目综合利用国有、集体建设用地及农用地综合建设运营的模式，对乡村振兴“特色小镇”项目的建设具有较强的借鉴意义。但该项目运营中地方政府提供财政担保和税源分成的方式在目前中央控制地方性政府债务风险的政策背景下值得斟酌和探讨。

4. 现代农业产业化项目整体建设模式——五朵金花模式①

（1）五朵金花模式介绍

“五朵金花”位于四川省成都市锦江区在城乡接合部的红砂、幸福、万福、

① 五朵金花，指成都市锦江区三圣街道（原三圣乡）的一个区域，是著名的统筹城乡示范项目。在规划该方案时，将该区域规划为红砂村的“花乡农居”，幸福村的“幸福梅林”，驸马村的“东篱菊园”，万福村的“荷塘月色”，江家堰村的“江家菜地”五个区域。2004 年，由当时的策划者蒋晓东建议将“五朵金花”作为该区域代名词。

驸马、江家堰、大安桥 6 个行政村，占地 12 平方公里。五朵金花现在是国家 4A 级旅游景区，主要包括花乡农居——红砂村、幸福梅林——幸福村、江家菜地——江家堰村、东篱菊园——驸马村、荷塘月色——万福村这五个村。2003 年，锦江区对三圣乡因地制宜，围绕“城市反哺农村、工业反哺农业”的思路，以提升农业产业和带动农民增收为出发点，创造性地打造了“五朵金花”。经过多年的努力，三圣乡变为一座充满田园风光的开放式公园，集观光、旅游、休闲、度假、购物、美食、消费为一体，呈现出一派“产业兴、经济旺、环境美、农民富”的特有魅力。时至今日，每逢周末或节假日，三圣乡都人流如织，人声鼎沸。

（2）五朵金花模式图表

（具体请见下页图示）

（3）五朵金花模式评价

五朵金花模式不仅整合了成都市城郊区域之间的农村旅游资源，而且将农村旅游与农业观光休闲、古镇旅游、节庆活动有机地结合起来，形成了以农家乐、乡村酒店、国家农业旅游示范区、旅游古镇等为主体的现代农业产业化新业态。据统计，近年来，五朵金花年均接待游客 900 万人次左右，年产值达 1.8 亿元，村集体收入达到 3000 多万元。通过景区建设，在区内从事多种开发经营的 3000 多户农民（11500 多人），全部就地转为市民，解决了 9790 个农民的就业安置，加快了城乡一体化的步伐。在乡村振兴产业发展中，“五朵金花”模式在聚集产业、整合农地、集体资产改革等各方面都积累了丰富的经验，同时经过十多年的运营发展，五朵金花逐渐暴露出道路规划狭窄、基础设施较为落后等弊端，急需提档升级改造，但其所产生的社会效益、经济效益以及示范效应是无可取代的，而且对刚刚参与乡村振兴战略的其他区域仍然具有极强的借鉴意义。

5. 集体建设用地直接招、拍、挂入市建设模式——锦江模式①

（1）锦江模式基本介绍

锦江模式项目区位于成都市锦江区非城市建设用地的“198”区域内。该区涉及 3 个街道、11 个农村集体经济组织。该区域具有两大基本功能：一是规

---

① 参见北京大学国家发展研究院综合课题组：《还权赋能：奠定长期发展的可靠基础——成都市统筹城乡综合改革实践的调查研究》——专题报告六《锦江区农村产权制度改革调研》，北京大学出版社 2010 年版，第 169 页。

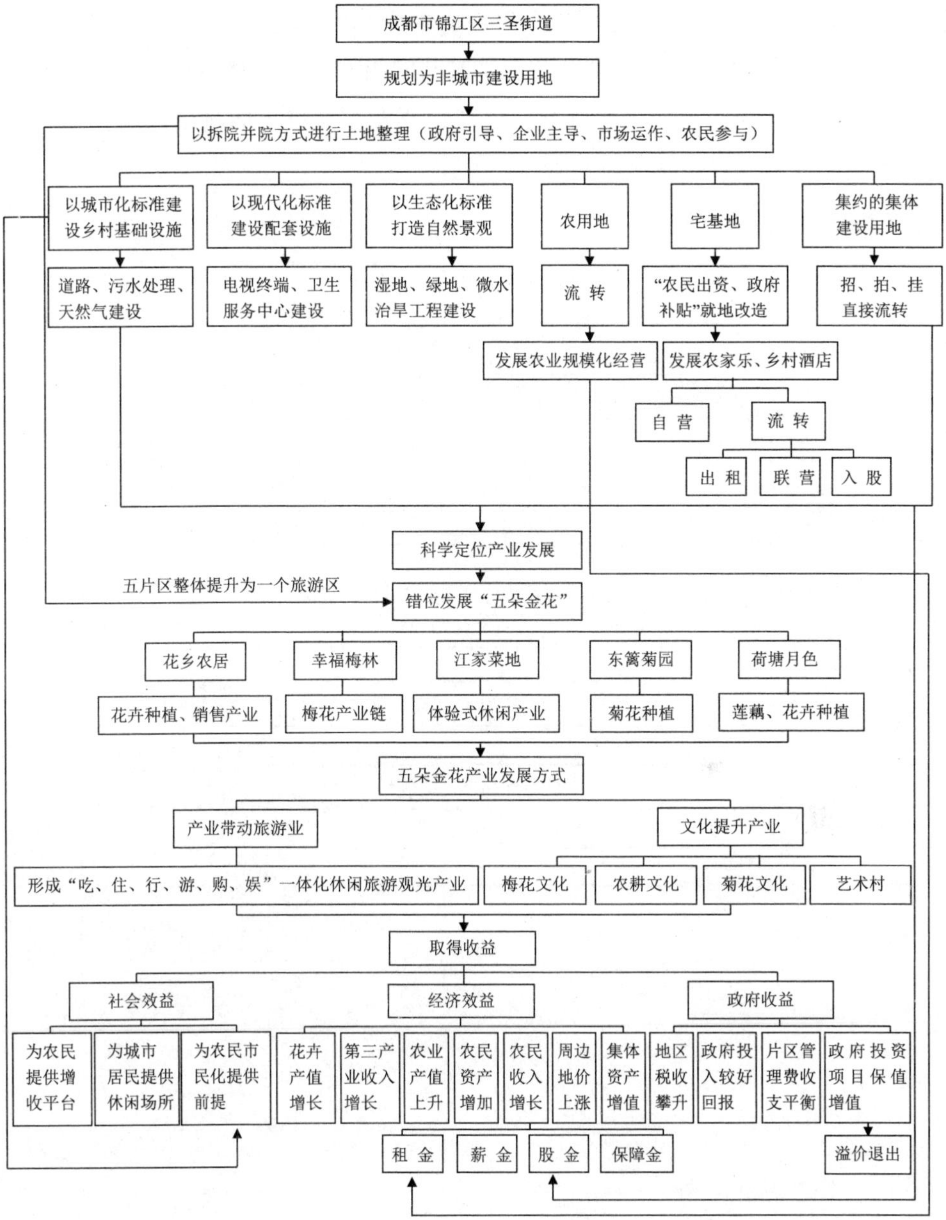

划140多平方公里的生态用地，用于建设森林、草地、花卉、水体和生态农业等项目；二是规划40多平方公里的建设用地，用于社会保障、文化、体育、娱乐、旅游、商务、住宅等项目。锦江模式首先对涉及的11个村组土地开展确权工作。就集体建设用地确权，依据2004年台账数据，将集体建设用地的所有权和使用权分别确权给了11个村组；就农用地确权，农村土地承包经营权确权到

户，其余农用地确权到 11 个村组。集体土地确权完成后，11 个村组分别成立 11 个村级公司。11 个村级公司联合起来又共同组建成立了集体资产经营管理有限公司，由该公司对土地进行融资、整理和开发，并将集体建设用地使用权通过公开交易平台流转给各个项目业主。

（2）锦江模式图表

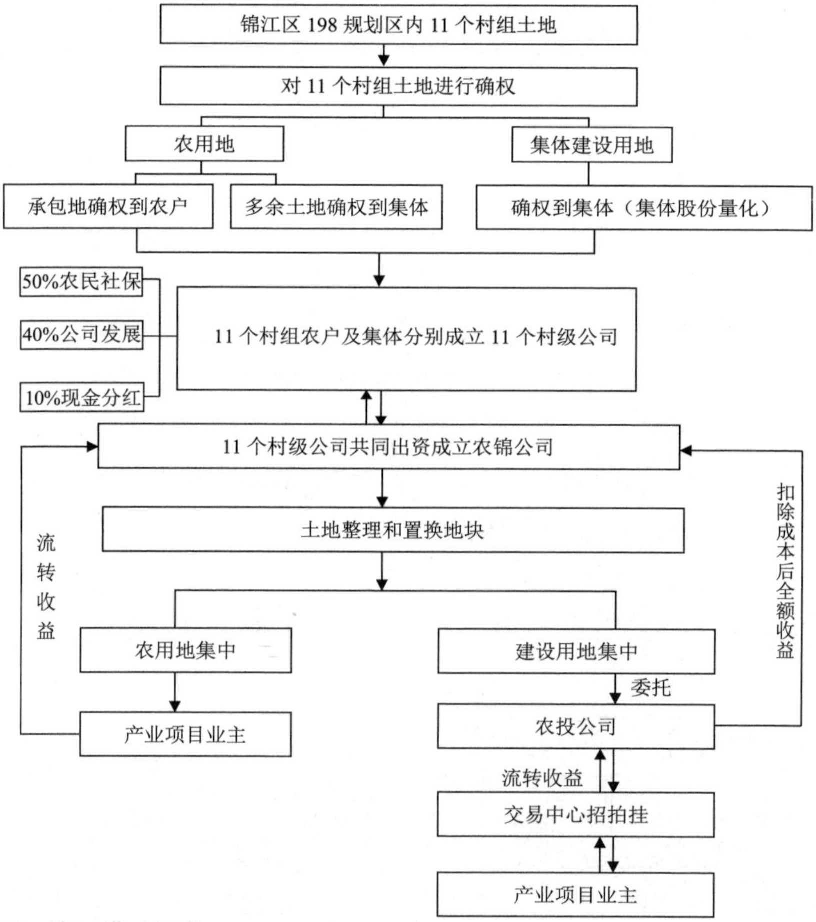

（3）锦江模式评价

锦江模式的一大特色在于完成了从土地确权到土地整理再到土地流转的全过程，实现了集体建设用地在现有体制下的合法入市，一定程度上达到了“同地同权”的效果。同时锦江模式用公司的组织形式将农户及各村分散的产权进行统一和集中，是集体经济股份制改革的探索，有利于该片区项目的集中统一规划和利用，使集体资产价值和效益最大化。在乡村振兴项目发展中，探索集体经济的股份制改革和抱团发展，锦江模式值得借鉴。

6. 灾区联建（开发重建）项目建设模式——都江堰模式①

（1）都江堰模式基本介绍

都江堰模式是 2008 年 5 月 12 日汶川大地震后农户或集体经济组织引入社会资本参与重建的一种方式。分为农户联建和开发联建两种形式。农户联建是农户直接寻找社会联建方，联建方出资为农户在宅基地上修建房屋，农户将自建所需以外的宅基地节约出来交回集体经济组织，集体经济组织将这部分集体建设用地流转给联建方作为出资联建的回报。开发联建是集体与投资方达成联建协议后，集体根据农村集体建设用地整理集中使用的有关办法申请立项审批，获批后由投资方进行土地整理，整理节约出的集体建设用地直接流转给投资方。

（2）都江堰模式图表

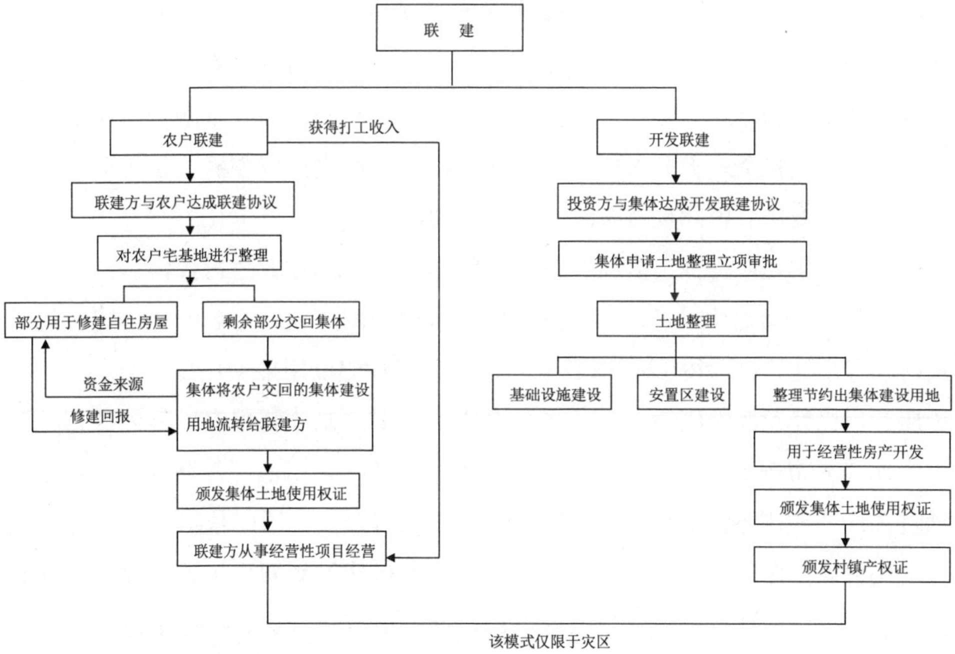

① 参见北京大学国家发展研究院综合课题组：《还权赋能：奠定长期发展的可靠基础——成都市统筹城乡综合改革实践的调查研究》——专题报告五《成都市灾后重建土地资源政策研究》，北京大学出版社 2010 年版，第 140 页。

（3）都江堰模式评价

联建是指联合村庄之外的社会资金进行房屋建设，只要农村经济组织三分之二以上村民同意就可以进行，该种方式在5·12大地震前期也存在。虽然联建在规模上不及统规统建等模式，但因其达到了一定程度上的市场化土地流转，所以在都江堰整体的灾后重建项目中有其独特的意义。该种模式可以简便直接地分清农户、集体、投资者三者的产权关系，对灾后吸引社会资本参与灾后重建发挥了重要作用。联建模式与当前国家乡村振兴战略背景下进行的宅基地“三权分置”改革和集体经营性建设用地入市改革的总体方向是一致的，对乡村民宿、休闲农庄等项目的建设仍然具有借鉴意义。

7. 集体土地“三块地”改革背景下集体经营性建设用地入市——多利农庄模式

（1）多利农庄项目介绍

四川省郫县（后经国家批准改名为“郫都区”，本书以下称“郫都区”）是全国人大常委会授权试点的33个集体土地改革试点区域之一。多利农庄项目是郫都区农村集体经营性建设用地入市改革试点项目。为解决农业产业化项目投资大、回报慢的难题，多利农庄先后吸引了中国平安、国开金融、重庆协兴公司等外部资金投资。多利农庄项目目标定位于打造农业双创孵化示范园、中国经营性市民农庄、国际乡村旅游度假目的地。

在建设用地取得上，多利农庄与村集体资产管理有限公司合作展开土地综合整治和农村新型社区建设等具体工作，通过利用整理后节余的集体建设用地进行挂牌出让，已取得128.38亩农村集体经营性建设用地使用权，启动了度假酒店和市民经营性农庄建设。在多利农庄建设上，充分利用农村集体经营性建设用地“入市改革”试点探索出农村集体经营性建设用地开发路径，通过发改项目立项、环评环保备案、招投标备案保证项目合法；通过依法办理集体土地不动产权证，保证用地合法；通过依法办理乡村建设规划许可证，保证规划合法；通过依法办理乡村建设施工许可证，使建设程序合法；通过依法办理房屋竣工验收备案、房屋所有权初始登记和房屋所有权转移登记，使产权合法。

在农地取得上，园区一期已在红光镇白云村流转1950亩土地建立有机农业生产基地，已建成600多亩有机生态农业示范区、6300多平方米智能温室大棚、2400平方米冷链分拣包装中心、220亩生产种植大棚、630亩农业双创示范空间、3500 平方米创客多功能区。围绕有机蔬菜标准的制定者、农村创新创业的参与者、有机农产品的供应者、有机生活方式的供应者、农业休闲体验的服务者打造农业创新创业孵化园区和有机生态示范园区。

（2）多利农庄运营模式图表

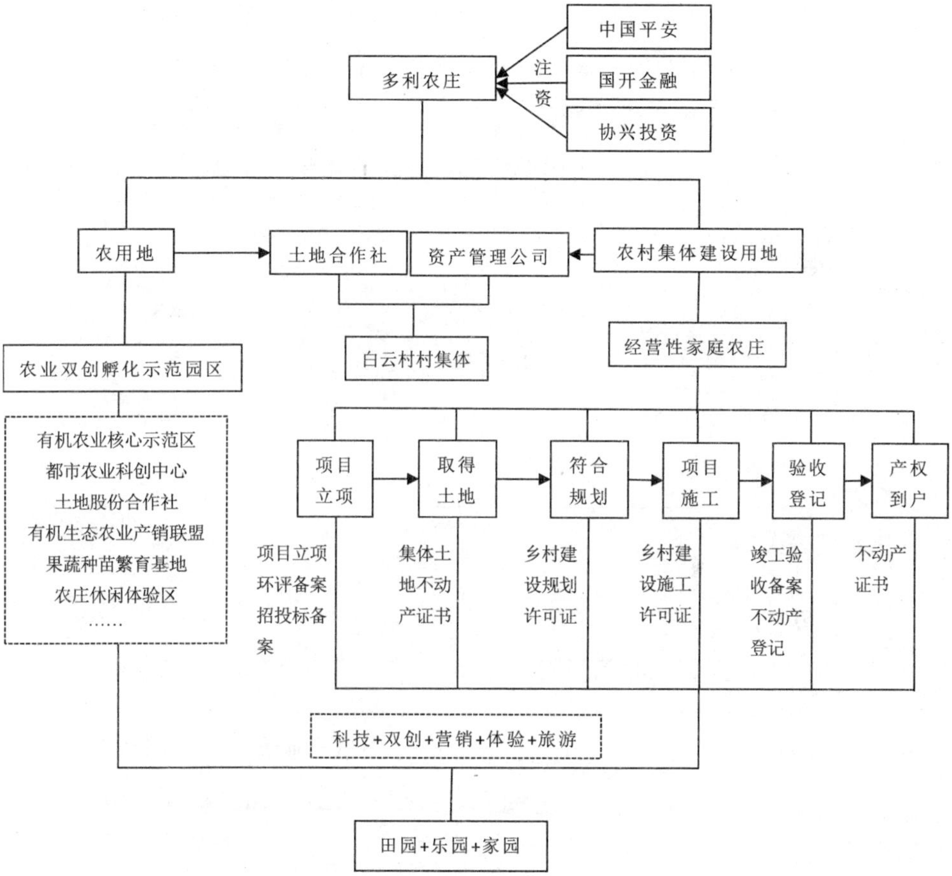

（3）多利农庄模式评价：多利农庄模式是在 2015 年全国人大常委会授权试点的 33 个集体土地改革试点区域内成都郫都区探索的集体经营性建设用地入市改革的集体土地利用项目。该项目引来了来自全国各地政府、投资者、学界的围观和讨论，虽然在产业是否突出、是否偏房地产化等方面大家认识和褒贬不一，但是本书认为由于该项目是试验区的改革项目，乡村振兴战略提出后，项目产业和运营模式可以进一步根据国家乡村振兴战略产业政策优化完善，项目本身具有极强的改革创新精神。同时该项目在乡村振兴未来各类项目建设中，

最大的借鉴意义在于：首先通过产业项目的立项，依据国家改革政策从村集体经济组织按照规范程序取得了集体建设用地，并由国土管理部门颁发了集体建设用地使用权证；取得集体经营性建设用地后，参照目前国有建设用地项目建设的程序，向规划主管部门申请办理了乡村建设规划许可证，规划合法；向建设主管部门申请办理了乡村建设施工许可证，建设程序合法；向城乡房屋主管部门申请办理房屋竣工验收备案、办理了房屋所有权初始登记和部分房屋所有权分割转移登记，取得了不动产统一登记证书，部分建成的经营性农庄参照国有土地程序和模式合法走通了集体土地一二级联动开发运营程序。

◆ 文书范本

乡村建设项目合作协议

甲方：________________________[1]

乙方：________________________[2]

法定代表人：____________________

住所：________________________

鉴于甲方____（特色优势）。乙方系拥有____（特色优势）。为协助甲方推动__________镇______项目产业升级，拟将该片区打造成______________的相关事宜，经双方协商一致签订本战略合作协议，以兹共同遵守。

一、合作原则

（一）诚实信用原则。甲、乙双方应秉承诚实信用的基本原则，在合作过程中相互协作、有效沟通。

（二）资源共享原则。甲、乙双方在合作过程中应最大限度调动和发挥各方优势和资源，实现优势互补、资源共享。

---

① 甲方一般为县、乡、镇等政府或部门。

② 乙方一般为项目建设实施方。

（三）共同发展原则。甲乙双方在合作过程中应互惠互利，共同致力于项目的建设和打造，实现共同发展。

二、项目基本情况

（一）项目名称：______________（暂定名）（以下简称“本项目”）

（二）项目位置：项目位于________________。（边界图见附件______）

（三）项目用地：总面积约______亩，包括集体建设用地、农用地在内的农村土地。（本项目涉及集体建设用地、农用地、林盘的农户具体范围详见附件______）

（四）项目总投资：约____亿元人民币，由乙方负责筹措。本项目的总体规划设计服务费，以及所涉及的基础设施的建设和改造费用，包括但不限于基础管网、道路、绿化、景观等由甲方负责筹措和承担。

（五）项目建设：本项目按照“总体规划、分期打造”的原则进行建设。本项目分____期进行建设。第一期为______项目（______村______组），占地约____亩，拟打造为__________示范项目。项目拟采取________方式取得项目建设用地。

（六）项目目标：____________________________。

（七）项目建设主体：由乙方作为本项目的建设开发和运营主体。

三、合作方式

（一）甲、乙双方应就本项目成立项目促进工作组，主要负责本项目相关事宜的协调，推进项目进展。甲、乙双方分别指派一名人员担任该项目促进工作组的组长和副组长。

（二）甲方协调本项目范围内的各村组同意将本项目所涉及的集体建设用地、农用地、林盘等全部农村土地委托给乙方作为本项目规划用地，由乙方全权负责本项目的统一规划设计、建设开发、招商引资、品牌策划、市场营销和运营管理工作。

（三）甲方主要负责根据自身职能，协调和推进与本项目相关的事宜。

四、合作内容

（一）甲方委托乙方就本项目制定总体策划、规划设计方案。乙方应根据双方确定的项目打造目标，提出切实可行的、优化的项目策划运营方案和总体规划设计方案。涉及项目的具体规划设计，甲乙双方另行签订补充协议予以约定。

（二）甲乙双方应共同努力、相互配合确保本项目的总体规划符合或通过调规后符合国家、地方相关规划要求，并通过本项目的规划审批。

（三）甲方支持乙方根据本项目发展需要，在不违背相关总体规划发展思路的前提下扩大本项目的规划范围，并协调相关的单位和村组。

（四）甲方充分发挥__________政策优势，乙方充分发挥其在集体土地运营上的专业优势，结合本项目实际情况，在本项目建设开发过程中，积极探索和总结出农村经营性集体建设用地就地入市、农民宅基地和承包地自愿有偿退出、农用地三权分置等农村土地开发利用模式。

（五）甲方协调本项目所涉及村组及农户的相关文件的签署。

（六）甲方协调本项目所涉及村组及农户的拆迁安置工作。

（七）为确保本项目的建设进度，甲方在本项目用地的供应上应给予必要的协助。

（八）甲、乙双方应充分发挥其各自优势，共同促进本项目的建设。甲方在本项目相关的农房改建、扩建等相关手续的审批，相关生产设施、附属设施以及配套设施的建设上应给予协调和政策上的支持。

（九）乙方应充分发挥其金融平台的优势，积极探索社会资本进入本项目的投融资模式，甲方给予投融资方面的政策优惠和支持。

（十）乙方应充分发挥其资源整合的优势，负责本项目的招商引资、品牌策划、市场营销等工作，在本项目建成后整体运营和管理本项目。甲方给予项目运营管理方面的政策优惠和支持。

（十一）甲方应尽最大努力为本项目内的产业发展争取各类型的政府优惠政策和补贴。

五、甲、乙双方的权利义务

（一）甲方的权利义务

1. 甲方本着双方确定的合作原则，在其职责范围内与乙方相互配合，共同实现本项目的打造目标。

2. 甲方负责筹措和承担本项目范围内所涉及的基础设施的建设和改造费

用，包括但不限于基础管网、道路、绿化、景观等。

3. 甲方负责向乙方支付委托乙方进行本项目总体策划规划的服务费。具体内容双方另行签订补充协议予以约定。

4. 甲方应确保其向乙方提供的资料和文件的真实性和合法性。

（二）乙方的权利义务

乙方应发挥其在城乡统筹、农村集体土地建设方面的丰富经验，为本项目提供顶层设计、项目落地策划、规划、产业匹配、土地金融、开发建设、销售招商、市场营销等农业产业化全产业链服务。

六、违约责任

（一）甲、乙双方就本项目的合作具有唯一性和排他性。甲方不得在未征得乙方书面同意的情况下，在本合同约定的合作范围内引入第三方机构。甲方有上述行为的，视为甲方严重违约。乙方有权要求继续履行本合同，甲方应赔偿由此给乙方造成的全部损失。

（二）乙方亦不得在未经甲方许可的情况，单方面终止本合同，否则视为乙方严重违约。乙方应赔偿由此给甲方造成的全部损失。

七、合同的变更和解除

（一）甲、乙双方应本着契约精神严格按照本合同的约定履行各自义务，任何一方不得未经对方书面同意而变更本合同条款。

（二）甲、乙双方经协商一致，可解除本合同。

八、纠纷解决

因履行本合同发生的争议，甲、乙双方当事人应及时协商解决。协商不成的，向________申请仲裁。

九、合同效力

（一）本合同经甲、乙双方签字盖章并在甲方向乙方支付了总体策划规划设计服务费的定金后生效。

（二）本合同的附件作为本合同的有效组成部分，与本合同具有同等的法律效力。

（三）本合同一式四份，甲、乙双方各执两份。具有同等法律效力。

（四）本合同是甲、乙双方签订的战略合作协议。本合同生效后，甲乙双方因本项目需要签订的具体相关合同应在本协议确定的原则和内容的框架下进行签订，内容不得与本协议相冲突。

附件：

1. 用地边界

2. 本项目涉及农用地、集体建设用地、林盘的农户具体范围

甲方：______（盖章）__________　　乙方：______（盖章）__________

授权代表人（签字）：__________　　授权代表人（签字）：__________

______年____月____日　　______年____月____日

第五篇 “资金运营”——投融资篇

一、农村投融资制度基本概述

农村投融资体制改革，一直以来是农村改革的堵点、痛点及难点。目前农业投资的主体是财政，按照市场在资源配置中起决定性作用的要求，未来的改革方向必然会以财政作为杠杆撬动更多社会资本、金融资本投资农业。近年来，政府为强调要改革农村投融资体制，实际上已连续出台多个相关政策文件。2017 年 2 月，国务院办公厅印发《关于创新农村基础设施投融资体制机制的指导意见》，部署创新农村基础设施投融资体制机制。2017 年 5 月，财政部、农业部发布了《关于深入推进农业领域政府和社会资本合作的实施意见》，提出重点引导和鼓励社会资本参与农业绿色发展、高标准农田建设、现代农业产业园、田园综合体、农产品物流与交易平台、“互联网 +”现代农业六个重点领域。2017 年 12 月，中央全面深化改革领导小组第三十八次会议审议通过了《关于探索建立涉农资金统筹整合长效机制的意见》。会议指出，探索建立涉农资金统筹整合长效机制，是推进农业供给侧结构性改革的重要途径。要加强财政支农政策顶层设计，优化财政支农投入供给，推进行业内涉农资金整合与行业间涉农资金统筹相互衔接配合，理顺涉农资金管理体系，创新涉农资金使用管理机制，改革和完善农村投融资体制，切实提升国家支农政策效果和支农资金使用效益。

上述推进农村投融资体制改革的文件，共同强调了要构建多元化农业投融资的新格局，就是要在原有政府投资的基础上，引导更多社会资本进入第一产业和农村，切实解决农业农村经营成本高、风险高、信息不对称、供给不足等核心问题。为了增加“三农”投资对社会资本的吸引力，政府的红利措施包括健全定价机制，加大金融支持力度，土地政策倾斜等。

目前，在推动农业投融资体制改革的过程中，有两项重点内容：一是要保证原有的财政投入部分，完善财政投入稳定增长机制及实现各项涉农补贴的精准投放；二是要继续进行创新性探索，通过农村土地经营权、农民住房财产权、集体经营性建设用地使用权、集体资产股权等多种抵押方式拓宽农业融资渠道，支持符合条件的涉农企业发行企业债券募集资金，用于现代农业项目建设，真正做到政府投入与社会资本有机结合，创新农业投融资模式，提高投融资效率。

二、相关概念

（一）农村基础设施投融资

2017 年 2 月 6 日，国务院办公厅发布《关于创新农村基础设施投融资体制机制的指导意见》，针对如何构建多元化投融资新格局，完善建设管护机制，健全定价机制等问题给予权威指导。农村基础设施建设投融资，是指用于中央和省级财政主导投资建设的农村基础设施建设项目，财政承诺全额偿还本息或者政府提供特许经营权的一种投融资模式。

（二）农业 PPP

农业 PPP 是指政府与社会资本之间，为了提供具有公共服务属性、政府无法独立承担、期限较长又具有微利的项目，以特许权协议为基础，彼此之间形成一种伙伴式的合作关系，并通过签署合同来明确双方的权利和义务，以确保合作的顺利完成，最终使合作各方达到比预期单独行动更为有利的结果。2017 年 5 月 31 日，财政部联合农业部发布《关于深入推进农业领域政府和社会资本合作的实施意见》，就加大农业领域 PPP 模式推广应用主线，优化农业资金投入方式，加快农业产业结构调整，改善农业公共服务供给，切实推动农业供给侧结构性改革等问题提出意见和建议。

（三）农村土地经营权抵押融资

根据中国人民银行、中国银监会、中国保监会、财政部、农业部于 2016 年 3 月 15 日联合发布的《农村承包土地的经营权抵押贷款试点暂行办法》，农村土地经营权抵押融资是指以承包土地的经营权作抵押，并由银行业金融机构向符合条件的承包方农户或农业经营主体发放的、在约定期限内还本付息的贷款行为。在深化农村土地产权改革背景下，农村资金需求呈现出金额大、期限长、用途广的特点，农村土地承包经营权抵押贷款具有客观可行性。

（四）集体经营性建设用地抵押融资

农村集体经营性建设用地使用权抵押贷款，是指以农村集体经营性建设用地使用权作为抵押财产，由银行业金融机构向符合条件的借款人发放的在约定期限内还本付息的贷款。农村集体经营性建设用地是指存量农村集体建设用地中，土地利用总体规划和城乡规划确定为工矿仓储、商服等经营性用途的土地。2016 年 5 月 13 日，中国银监会、自然资源部联合发布了《农村集体经营性建设用地使用权抵押贷款管理暂行办法》，助力贯彻落实党中央、国务院推进农村集体经营性建设用地入市改革试点工作，以及农村土地制度改革和金融领域改革试点工作。

（五）农民住房财产权抵押融资

农民住房财产权抵押贷款，是指在不改变宅基地所有权性质的前提下，以农民住房所有权及所占宅基地使用权作为抵押、由银行业金融机构向符合条件的农民住房所有人发放的、在约定期限内还本付息的贷款行为。2016 年 3 月 15 日，中国人民银行、中国银监会、中国保监会、财政部、自然资源部、住房和城乡建设部联合发布《农民住房财产权抵押贷款试点暂行办法》，以稳妥规范推进农民住房财产权抵押贷款试点工作。

（六）农地流转履约保证保险

按照中共中央办公厅、国务院办公厅联合发布的《关于引导农村土地经营权有序流转发展农业适度规模经营的意见》和农业部、中农办、自然资源部、国家工商总局联合发布的《关于加强对工商资本租赁农地监管和风险防范的意见》，农村土地流转履约保证保险主要是指农户将土地经营权流转给规模经营业主，为加强对土地流转双方当事人的行为约束，参加商业保险，一旦发生土地流转失约行为，由保险机构按照保险合同约定进行赔付。

（七）农业产业链贷款融资

农业产业链贷款是指与农业产业链核心企业合作，向与核心企业保持长期合作关系并签订合同的借款人发放的生产经营性人民币贷款。即依托农业产业链的发展特点，利用大数据技术，通过对农业产业链上的核心企业与其上下游农户、中小农业企业，以及农产品产（销）地平台上积累的上下游客户之间的历史交易记录、信用情况、资金情况等进行综合分析，用在线化操作方式为农业产业链上各环节提供融资的金融服务。

（八）涉农扶持资金

涉农扶持资金是指中央、省、市、县安排用于农村经济社会发展的专项资金，主要包括农村公路修建、基本农田建设、农业综合开发、农村饮水安全、沼气建设等农村基础设施建设资金，粮食直补、农资综合直补、良种补贴、农机具购置补贴等涉农补贴资金，种植业、养殖业项目资金，扶贫、救济、农村五保供养、农村低保、危房改造资金，退耕还林等生态建设资金，“雨露计划”“阳光工程”等农村劳动力培训资金及用于农村教育、卫生、文化、科技事业发展的资金等。2017 年 12 月 8 日，国务院还发布了《关于探索建立涉农资金统筹整合长效机制的意见》，针对涉农资金统筹整合面临的一些问题和困难，以及涉农资金管理体制机制性问题解决提出权威意见。

◆ 重点、热点、疑难问题及解答

【重点、热点问题】

1. 当前重点引导和鼓励工商资本参与的农业公共产品和服务供给领域具体有哪些？

答：为深化农业供给侧结构性改革，引导社会资本积极参与农业领域政府和社会资本合作（PPP）项目投资、建设、运营，改善农业农村公共服务供给，财政部、农业部发布《关于深入推进农业领域政府和社会资本合作的实施意见》，该意见规定：重点引导和鼓励社会资本参与以下领域农业公共产品和服务供给：

（1）农业绿色发展。支持畜禽粪污资源化利用、农作物秸秆综合利用、废旧农膜回收、病死畜禽无害化处理，支持规模化大型沼气工程。

（2）高标准农田建设。支持集中连片、旱涝保收、稳产高产、生态友好的高标准农田建设，支持开展土地平整、土壤改良与培肥、灌溉与排水、田间道路、农田防护与生态环境保持、农田输配电等工程建设，支持耕地治理修复。

（3）现代农业产业园。支持以规模化种养基地为基础，通过“生产＋加工＋科技”，聚集现代生产要素、创新体制机制的现代农业产业园。

（4）田园综合体。支持有条件的乡村建设以农民合作社为主要载体、让农民充分参与和受益，集循环农业、创意农业、农事体验于一体的田园综合体。

（5）农产品物流与交易平台。支持农产品交易中心（市场）、生产资料交易平台、仓储基地建设，支持区域农产品公用品牌创建。

（6）“互联网＋”现代农业。支持信息进村入户工程、智慧农业工程、农村电子商务平台、智能物流设施等建设运营。

2. 规范工商资本参与农业领域项目实施的具体措施有哪些？

答：为进一步规范社会资本参与农业领域项目，《关于深入推进农业领域政府和社会资本合作的实施意见》提出了以下七点具体措施：

（1）严格筛选项目。财政部门、农业部门要加强合作，依托全国PPP综合信息平台推进农业PPP项目库建设，明确入库标准，优先选择有经营性现金流、适宜市场化运作的农业公共设施及公共服务项目，做好项目储备，明确年度及中长期项目开发计划，确保农业PPP有序推进。

（2）合理分担风险。农业部门、财政部门要指导项目实施机构按照风险分担、利益共享的原则，充分识别、合理分配PPP项目风险。为保障政府知情权，政府可以参股项目公司，但应保障项目公司的经营独立性和风险隔离功能，不得干预企业日常经营决策，不得兜底项目建设运营风险。

（3）保障合理回报。农业部门、财政部门要指导项目实施机构根据项目特点构建合理的项目回报机制，依据项目合同约定将财政支出责任纳入年度预算和中期财政规划，按项目绩效考核结果向社会资本支付对价，保障社会资本获得稳定合理收益。鼓励农民专业合作社等新型农业经营主体参与PPP项目，并通过订单带动、利润返还、股份合作等模式进一步完善与农户的利益联结机制，建立长期稳定的合作关系，让更多农民分享农业 PPP 发展红利。

（4）确保公平竞争。农业部门、财政部门要指导项目实施机构依法通过公开、公平、竞争性方式，择优选择具备项目所需经营能力和履约能力的社会资本开展合作，保障各类市场主体平等参与农业 PPP 项目合作，消除本地保护主义和各类隐形门槛。鼓励金融机构早期介入项目前期准备，提高项目融资可获得性。

（5）严格债务管理。财政部门、农业部门要认真组织开展项目物有所值评价和财政承受能力论证，加强本辖区内 PPP 项目财政支出责任统计和超限预警，严格政府债务管理，严禁通过政府回购安排、承诺固定回报等方式进行变相举债，严禁项目公司债务向政府转移。

（6）强化信息公开。财政部门、农业部门要做好 PPP 项目全生命周期信息公开工作，及时、完整、准确地录入农业 PPP 项目信息，及时披露识别论证、政府采购及预算安排等关键信息，增强社会资本和金融机构信心，保障公众知情权，接受社会监督。

（7）严格绩效监管。各地财政部门、农业部门要构建农业 PPP 项目的绩效考核监管体系和监督问责机制，跟踪掌握项目实施和资金使用情况，推动形成项目监管与资金安排相衔接的激励制约机制。

3. 工商资本投资农村公共服务领域项目，有哪些需要加强的政策保障值得关注？

答： 2015 年 5 月 19 日出台的《国务院办公厅转发财政部发展改革委人民银行关于在公共服务领域推广政府和社会资本合作模式指导意见的通知》明确，各地区、各部门应加强多项政策保障，具体如下：

（1）简化项目审核流程。进一步减少审批环节，建立项目实施方案联评联审机制，提高审查工作效率。项目合同签署后，可并行办理必要的审批手续，有关部门要简化办理手续，优化办理程序，主动加强服务，对实施方案中已经明确的内容不再作实质性审查。

（2）争取多种方式保障项目用地。实行多样化土地供应，保障项目建设用地。对符合划拨用地目录的项目，可按划拨方式供地，划拨土地不得改变土地用途。建成的项目经依法批准可以抵押，土地使用权性质不变，待合同经营期满后，连同公共设施一并移交政府；实现抵押权后改变项目性质应该以有偿方式取得土地使用权的，应依法办理土地有偿使用手续。不符合划拨用地目录的项目，以租赁方式取得土地使用权的，租金收入参照土地出让收入纳入政府性基金预算管理。以作价出资或者入股方式取得土地使用权的，应当以市、县人民政府作为出资人，制定作价出资或者入股方案，经市、县人民政府批准后实施。

（3）争取财税支持。通过以奖代补等措施，引导和鼓励地方融资平台存量项目转型为政府和社会资本合作项目。落实和完善国家支持公共服务事业的税收优惠政策，公共服务项目采取政府和社会资本合作模式的，可按规定享受相关税收优惠政策。鼓励地方政府在承担有限损失的前提下，与具有投资管理经验的金融机构共同发起设立基金，并通过引入结构化设计，吸引更多社会资本参与。

（4）争取金融支持。金融机构通过优化信贷评审方式，积极为政府和社会资本合作项目提供融资支持。鼓励开发性金融机构发挥中长期贷款优势，参与改造政府和社会资本合作项目，引导商业性金融机构拓宽项目融资渠道。鼓励符合条件的项目运营主体在资本市场通过发行公司债券、企业债券、中期票据、定向票据等市场化方式进行融资。

4. 当前引导工商资本到农村发展适合企业化经营的现代种养业主要有哪些类型？

答：依据《关于加强对工商资本租赁农地监管和风险防范的意见》，当前引导工商资本到农村发展适合企业化经营的现代种养业主要包括：

（1）粮油产业。其中粮食产业主要包括水稻种植业、玉米种植业、小麦种植业。油料产业主要包括油菜花种植、花生种植、芝麻种植、向日葵种植等。

（2）果蔬产业。发展果蔬产业所涉及的种植种类多、范围广，具体产业建设要结合当地实际情况进行，特别注意的是利用新技术、新设备和新品种，发展集中连片甚至是反季节的果蔬产业。

（3）畜牧产业。具体包括生猪养殖业、肉牛养殖业、家禽养殖业、肉羊养殖业等。

（4）水产产业。具体包括池塘养殖、稻田养殖、休闲观光养殖等形式的有机、特色水产品养殖。

（5）花卉园林产业建设。具体包括因地制宜发展露地和设施花卉苗木，适度发展水生、亲水花卉苗木，建设高标准花卉苗木基地。

（6）纤维作物产业。具体包括棉花、桑叶等产业。

5. 针对工商资本租赁农地，目前政府有哪些监管措施，哪些方面还需加强规范?

答：农业部等部门发布的《关于加强对工商资本租赁农地监管和风险防范的意见》中针对工商资本租赁农地的监管措施规定，各级政府要坚持最严格的耕地保护制度，切实保护基本农田，切实保障农地农用。租地企业（组织或个人）要严格按照合同约定在租赁农地上直接从事农业生产经营，未经承包农户同意，不得转租。政府指导租地企业（组织或个人）合理使用化肥、农药等投入品，防止出现掠夺性经营，确保耕地质量等级不下降。

针对租赁农地用途管制，采取坚决措施严禁耕地“非农化”。对租赁农地经营、项目实施、风险防范等情况要定期开展监督检查，探索利用网络、遥感等现代科技手段实施动态监测，及时纠正查处违法违规行为。对撂荒耕地的，可以停发粮食直接补贴、良种补贴、农资综合补贴。对在粮食主产区、粮食生产功能区、高产创建项目实施区、全国新增1000亿斤粮食生产能力规范实施区违反产业规划的，停止享受相关农业生产扶持政策。对失信租赁农地企业要通过企业信用信息公示系统向社会公示，并启动联合惩戒机制。特别对擅自改变农业用途、严重破坏或污染租赁农地等违法违规行为，一经发现，责令限期整改，并依法追究相关责任。鼓励和支持农村集体经济组织和承包农户对租赁农地利用情况进行监督。对违反合同约定的，流出农户和农村集体经济组织可依法解除农地租赁合同，并要求赔偿。

意见中还指明对工商资本以企业、组织或个人等形式租赁农地的行为要加强规范管理。具体有以下几个方面：

（1）对租赁期限，应视项目实施情况合理确定，可以采取分期租赁的办法，但一律不得超过二轮承包剩余时间（根据党的十九大提出的第二轮承包期到期后再延长30年的规定，项目实务中可以约定在二轮承包期到期后协议自动续期的内容与政策接轨）。

（2）对租赁面积，由各地综合考虑人均耕地状况、城镇化进程和农村劳动力转移规模、农业科技进步和生产手段改进程度、农业社会化服务水平等因素确定。既可以确定本行政区域内工商资本租赁农地面积占承包耕地总面积比例上限，也可以确定单个企业（组织或个人）租赁农地面积上限。首次租赁面积一律不得超过本级规定的规模上限；确有良好经营业绩的，经批准可进一步扩大租赁规模。

（3）要按照工商资本租地面积的多少，以乡镇、县（市）为主建立农村土地经营权流转分级备案制度。备案事项应包括农地租赁合同、农地使用情况等内容。对租赁农地超过当地上限控制标准或者涉及整村整组流转的，要作为备案重点，提出明确要求。对租地超过县级备案标准的，应在市（地）一级备案，超大规模的应在省一级备案。要通过备案审查准确掌握工商资本租地情况，以利更好实施监督。

（4）鼓励各地依法探索建立工商资本租赁农地资格审查、项目审核制度。可通过建立职能部门、农村集体经济组织代表、农民代表、农业专家等多方参与的农地流转审查监督机制，采取书面报告和现场查看等方式，对租赁农地企业（组织或个人）的主体资质、农业经营能力、经营项目、土地用途、风险防范，以及是否符合当地产业布局和现代农业发展规划等事项进行审查审核，并在规定时限内提出审查审核意见。符合审查审核条件的，可以享受相关产业扶持政策和优惠措施；不符合相应条件的，不得享受相关产业扶持政策和优惠措施；与国家法律政策相抵触的，要进行限制或禁止。为稳定发展粮食生产，对企业（组织或个人）租赁农地发展粮食规模化生产的可适当放宽条件；对在粮食主产区、粮食生产功能区、高产创建项目实施区、全国新增1000亿斤粮食生产能力规范实施区租赁农地的，要采取有效措施防止“非粮化”。

6. 目前各地工商资本租赁农地风险防范机制建设有哪些重点要求？

答：2015年4月14日，中央农办、自然资源部、农业部和国家工商总局联合印发了《关于工商资本租赁农地监管和风险防范的意见》，该意见要求，对于各地工商资本租赁农地风险防范机制建设，要坚持以保障承包农户合法权益为核心，加强风险防范。

工商资本租赁农地应通过公开市场规范进行。鼓励各地加快发展多种形式的土地经营权流转市场，建立健全市场运行规范，明确交易原则、交易内容、交易方式、交易程序、监督管理及相关责任等事项。严禁工商资本借政府或基层组织通过下指标、定任务等方式强迫农户流转农地，凡是整村整组流转的，必须经全体农户书面委托，不能以少数服从多数的名义，将农户承包地集中对外招商经营，防止强迫命令，搞一刀切，防止少数基层干部私相授受，谋取私利。

对工商资本租赁农地，要指导其与农户签订规范的流转合同。流转合同中应明确土地流转用途、风险保障、土地复垦、能否抵押担保和再流转，以及违约责任等事项。加强流转合同的履约监督，建立健全纠纷调解仲裁体系，引导流转双方依法依规解决流转矛盾。

工商资本租赁农地应先付租金、后用地。各地可按照流入方缴纳为主、政府适当补助的原则，建立健全租赁农地风险保障金制度，用于防范承包农户权益受损。租地企业（组织或个人）可以按一定时限或按一定比例缴纳风险保障金。租赁合同期满租赁者无违约行为的，应当及时予以退还。

7. 鼓励和引导民间资本参与土地整治有哪些具体规定？

答：依据《关于进一步鼓励和引导民间资本投资国土资源领域的意见》，民间资本投资主体可根据地方自然资源管理部门公告的土地整治规划、土地整治项目库，向当地自然资源管理部门申报土地整治项目，经批准后，利用自筹资金或者结合生产建设活动，开展土地整治。土地整治项目经自然资源管理部门验收合格后，属于集体所有土地的，如集体经济组织和农民同意，经乡（镇）人民政府批准，可以承包或租赁等方式确定给整治单位或个人使用；属于开发未确定使用权的国有荒山、荒地、荒滩从事种植业、林业、畜牧业、渔业生产的，经县级以上人民政府批准，可优先确定给开发单位或个人使用。有条件的地方，可通过补贴或奖励的方式，实行“先建后补（奖）、以补（奖）

促建”，对民间资本投资主体进行补贴或奖励。鼓励民间资本参与土地复垦和矿山地质环境恢复治理。难以确定复垦治理义务人的历史遗留的工矿废弃地和废弃矿山的，民间资本投资主体可通过招标挂牌等方式参与土地复垦和矿山地质环境恢复治理工作。土地复垦项目和矿山地质环境恢复治理项目经自然资源管理部门验收合格后，从事种植业、林业、畜牧业、渔业生产的，经县级以上人民政府批准，可以优先确定给复垦治理单位或个人使用。

8. 通过家庭承包方式取得土地承包经营权的农户以其获得的土地经营权作抵押申请贷款的，应同时符合哪些条件？

答：依据《农村承包土地的经营权抵押贷款试点暂行办法》的规定，通过家庭承包方式取得土地承包经营权的农户以其获得的土地经营权作抵押申请贷款的，应同时符合以下条件：具有完全民事行为能力，无不良信用记录；用于抵押的承包土地没有权属争议；依法拥有县级以上人民政府或政府相关主管部门颁发的土地承包经营权证；承包方已明确告知发包方承包土地的抵押事宜。

9. 通过合法流转方式获得承包土地经营权的农业经营主体申请贷款的，应同时符合哪些条件？

答：通过合法流转方式获得承包土地的经营权的农业经营主体申请贷款的，应同时符合以下条件：具备农业生产经营管理能力，无不良信用记录；用于抵押的承包土地没有权属争议；已经与承包方或者经承包方书面委托的组织或个人签订了合法有效的经营权流转合同，或依流转合同取得了土地经营权权属确认证明，并已按合同约定方式支付了土地租金；承包方同意承包土地的经营权可用于抵押及合法再流转；承包方已明确告知发包方承包土地的抵押事宜。

10. 因借款人不履行到期债务，贷款人可依法采取哪些方式处置抵押的农村承包土地经营权？

答：因借款人不履行到期债务，或者按借贷双方约定的情形需要依法行使抵押权的，贷款人可依法采取贷款重组、按序清偿、协议转让、交易平台挂牌再流转等多种方式处置抵押物，抵押物处置收益应由贷款人优先受偿。

11. 借款人以农民住房所有权及所占宅基地使用权作抵押申请贷款的，应同时符合哪些条件？

答：《农民住房财产权抵押贷款试点暂行方法》规定，借款人以农民住房所有权及所占宅基地使用权作抵押申请贷款的，应同时符合以下条件：具有完全民事行为能力，无不良信用记录；用于抵押的房屋所有权及宅基地使用权没有权属争议，依法拥有政府相关主管部门颁发的权属证明，未列入征地拆迁范围；除用于抵押的农民住房外，借款人应有其他长期稳定居住场所，并能够提供相关证明材料；所在的集体经济组织书面同意宅基地使用权随农民住房一并抵押及处置。以共有农民住房抵押的，还应当取得其他共有人的书面同意。

12. 因借款人不履行到期债务，贷款人可依法采取哪些方式处置抵押的农民住房财产权？

答：在保障农民基本居住权的前提下，通过贷款重组、按序清偿、房产变卖或拍卖等多种方式处置抵押物，抵押物处置收益应由贷款人优先受偿。变卖或拍卖抵押的农民住房，受让人原则上应限制在相关法律法规和国务院规定的范围内。

13. "特色小镇"项目中主要涉及哪些政策支持资金及融资渠道？

答：政策性资金的支持对于特色小镇的建设具有很重要的引导作用，三部委的文件和各省、自治区、直辖市出台的特色小镇指导意见都有关于资金支持政策的内容。住房城乡建设部、国家发展改革委、财政部《关于开展特色小镇培育工作的通知》在组织领导和支持政策中提出两条支持渠道：一是国家发展改革委等有关部门支持符合条件的特色小镇建设项目申请专项建设基金；二是中央财政对工作开展较好的特色小镇给予适当奖励。应当说这是中央财政资金第一次比较系统地对小城镇建设给予支持，具有十分强烈的导向意义，说明相关部门确实把特色小镇放到了新型城镇化工作的重要地位上。

农业发展银行对于特色小镇响应最早，2015 年底就推出了特色小城镇建设专项信贷产品。2016 年 10 月 10 日，住房城乡建设部、中国农业发展银行《关于推进政策性金融支持小城镇建设的通知》，明确中国农业发展银行将进一步争取国家优惠政策，提供中长期、低成本的信贷资金。中长期政策性贷款主要包括集聚城镇资源的基础设施建设和特色产业发展配套设施建设两个方面。支持范围包括：以转移农业人口、提升小城镇公共服务水平和提高承载能力为目的的基础设施和公共服务设施建设。土地住房、基础设施、环境设施、文教卫设施、商业设施及其他设施。为促进小城镇特色产业发展提供平台支撑的配套设施建设（生产、展示、服务）。优先支持贫困地区，以贫困地区小城镇建设作为优先支持对象，统筹调配信贷规模，保障融资需求。同时，建立贷款项目库。申请政策性金融支持的小城镇需要编制小城镇近期建设规划和建设项目实施方案，经县级人民政府批准后，向中国农业发展银行相应分支机构提出建设项目和资金需求。

14. “田园综合体”项目中主要涉及哪些可以申领的扶持资金？

答：按田园综合体相关政策规定，国家级田园综合体，每年扶持资金 6000 万元～8000 万元，连续三年；省级田园综合体，每年扶持资金 3000 万元～6000 万元，根据各省具体情况确定。中央财政从农村综合改革转移支付资金、现代农业生产发展资金、农业综合开发补助资金中统筹安排，每个试点省份安排试点项目 1～2 个，各省可根据实际情况确定具体试点项目个数。在不违反农村综合改革和国家农业综合开发现行政策规定的前提下，试点项目资金和项目管理具体政策由地方自行研究确定。同时，各试点省份、县级财政部门统筹使用现有各项涉农财政支持政策，创新财政资金使用方式，采取资金整合、先建后补、以奖代补、政府与社会资本合作、政府引导基金等方式支持开展试点项目建设。经财政部年度考核评价合格后，试点项目可继续安排中央财政资金。对试点效果不理想的项目将不再安排资金支持。

15. “农村产业融合发展示范园”项目有哪些投融资支持政策？

答：一是鼓励县或地市政府以国家农村产业融合发展示范园为重点，在不改变资金用途和管理要求的基础上，统筹利用各项涉农资金支持示范园符合条件的项目建设，完善示范园供水、供电、道路、通信、仓储物流、垃圾污水处理等设施条件。鼓励地方各级政府安排资金，支持农村产业融合发展示范园基础设施建设。

二是优先支持发行企业债券。支持国家农村产业融合发展园的入园农业产业化龙头企业发行农村产业融合发展专项企业债券，为园区基础设施建设、新型农业经营主体发展开拓长期、稳定、规模化的融资渠道。支持农村产业融合发展示范园以小微企业增信集合债券形式发行农村产业融合发展专项企业债券，募集资金用于农村产业融合小微企业发展。

三是鼓励设立产业投资基金。鼓励有条件的地方，根据发展需要与财力可能，按照市场化方式，依法发起设立产业投资基金，按照市场运作、专业管理、科学决策、防范风险的原则，吸引和带动社会资本、金融机构、国有企业参与投资，加大对国家农村产业融合发展示范园的投入力度，充分发挥政府资金的引导作用和放大效应。

四是鼓励地方加大融资支持。鼓励各地引导银行业金融机构加大对国家农村产业融合发展示范园入园企业的贷款投放。鼓励各地建立健全“政银担”合作机制，引导担保机构为国家农村产业融合发展示范园入园企业贷款、发行企业债券等进行担保增信，建立多层次风险缓释措施和风险分担机制。

【疑难问题】

工商资本、社会资本以及城市返乡创业者、投资者参与乡村振兴项目的主要投资方向有哪些，可能会面临哪些机会、风险与挑战？

答：实施乡村振兴战略，推进农业农村现代化，是继脱贫攻坚之后解决“三农”问题的又一项重大战略部署，开启了中国农村改革与发展的新时代，为今后农业农村发展指明了道路和方向。近年来，各地以农业供给侧结构性改革为根本，以农业产业项目为核心，强化要素配置，打造投资洼地，吸引社会资本、人才、技术向农业农村集聚，尤其是在社会资本助推乡村振兴工作方面做出了有益的尝试，使乡村振兴获得更为充沛的新动能。归纳起来，当前社会资本参与乡村振兴应从如下几个方面入手：

1. 工商资本与涉农主体以利益联结为核心，开展多种形式的合作，培育农村新型经营主体。国家政策大力鼓励培育农村新型经营主体，主要包括农业大户、家庭农场、农民专业合作社、农业产业化龙头企业等。工商资本可以以创新利益联结机制为核心，以培育农业产业化龙头企业为树干，农民专业合作社为树枝，农业大户为树叶的产业树模式，与上述农村新型经营主体开展订单销售、入股等多种形式的合作，助力乡村振兴，增强农村发展能力，促进农民增产增收。

2. 工商资本以项目建设为支撑，投资国家政策明确鼓励和引导工商资本投资的农业领域，促进城乡融合发展。工商资本促进乡村振兴，项目是载体。国家现行政策鼓励工商资本可参与的农村项目主要包括农村基础设施建设，比如对农村供水、污水垃圾处理等基础设施以政府和社会资本合作（PPP）模式参与投资；农业产业项目投资，包括乡村民宿、田园综合体、家庭农场等；作为第三方服务机构参与农村建设相关项目，提供社会化服务等。

3. 以延长产业链为抓手，工商资本推动创优发展和品牌创建，发展现代农业生产。传统产业向现代农业转变的重要途径是拓展产业链、技术链和价值链，解决农业产业链短、农产品附加值低的问题，实现农业生产由粗放型向质量效益型转变，切实推进农业产业化进程。在布局农业产业过程中，高度重视农业产业之间的内部耦合，以“种、养、加、产、销”一体化格局为目标，鼓励社会资本加大技术投入，优化产业布局，加强品牌建设，创新销售模式，推动现代农业发展。

虽然国家政策鼓励工商资本，尤其是返乡创业投资者参与乡村振兴，但目前中国农村还普遍存在一些亟待解决的问题，比如农业发展最终离不开人尤其是高技术人才，但我国农村现在严重缺乏各类人才，同时也严重缺乏吸引人才下乡的农村人才培养规划和人才扶持政策；农村金融工具种类少并且渠道也不是很畅通，工商资本有时力不从心，农业投融资扶持政策有待进一步落实和推广；农村基础设施和配套设施建设薄弱，难以满足农业规模化生产和区域化发展的基本要求；农村项目市场化程度不高，还不能很好地调动社会资本积极参与农村项目；农村项目涉及的相关主体复杂，工商资本必须要学会如何与农村多类主体打交道。

◆ 文书范本

1. 土地整理项目投资协议

甲方：____________________

法定代表人：_______________

乙方：____________________

法定代表人：_______________

为加大城镇建设力度，优化土地资源配置，乙方参与甲方土地整理招商竞争，取得参与整理合作的权利。根据《中华人民共和国土地管理法》《中华人民共和国合同法》的有关规定，甲、乙双方本着平等、自愿、互利、互惠的原则，就__________ 土地整理项目达成如下协议：

一、合作范围及内容

甲、乙双方决定合作对________规划范围内用地，约____ 亩（出让用地约______亩）土地进行整理（附宗地图），实际规划面积与甲方提供的规划示意图面积误差不得大于____%以上。

二、合作方式及收益分配

（一）合作方式

1. 乙方负责一次性投入土地整理流动资金（ ____万元/亩）总计____万元。人民币大写：______元。

2. 甲方负责组织、实施、承包该项目。

（1）负责对整理区域内的建（构）筑物、实施承包拆迁安置和地上附属物的补偿以及周转过渡期的补偿。

（2）负责对地块红线外的水、电、气、通信、道路等基础设施建设的完成，并通至红线控制点。

（3）负责对土地整理过程中的费用包干支付和安全事故的风险承担。

（4）负责将被整理土地按程序公示拍卖。公示时限，即从收到乙方投入资金进入专户之日起顺延十二个月。

（二）收益分配

1. 双方约定，合作整理的土地起拍价____ 万元/亩（以出让净地为准）。

2. 竞拍土地使用权收入超过____ 万元/亩的部分，作为甲、乙双方合作项目的收益。甲方分得收益部分的____%；乙方分得收益部分的____%。

3. 土地起拍价____万元/亩，系土地整理后的基准销价。既含原土地价值，整理费用，也包含整理环节的利润。由甲方承包实施，盈亏自负。

三、结算及资金管理

（一）结算

1. 投入该项目流动资金清偿和收益结算的资金来源，由甲方从拍卖土地收入中一次性向乙方结清。时间最长不得超过本协议第二条第一款中约定公示期后的一个月。

2. 乙方若竞得该宗土地使用开发权，将应由乙方收回的投入资金和分配收益与竞得土地价结算后，向甲方进行一次性结清。

（二）资金管理

1. 该项目投入的流动资金，由甲、乙双方共同在该市开设专户存储，双方实行预留印鉴监管支取。

2. 存入双方共管账户的资金，支取须经乙方派驻财务总监审签。凡发现挪用资金或结算工程量与实际量不符以及补偿浮报行为，乙方财务总监有权拒签。

四、合作相关特别约定

（一）合作目的

1. 乙方参与甲方合作土地整理项目，最终以竞买方式取得该宗地块房地产开发使用权，从开发环节中获得投入资金的补偿和回报。

2. 为了双赢，甲方根据城市房屋建设总体规划，该宗土地区域内房屋建筑容积率在______以上（含______在内）。

（二）土地流拍

1. 土地流拍界限：（1）未达到法定竞标人数；（2）他人竞得后，不履行竞买义务；（3）双方任何一方违约。

2. 流拍处理：（1）除乙方责任导致流拍外，无论何种理由造成该宗土地流拍，该宗土地的约定起拍价为乙方竞买价；（2）双方约定流拍时间限制在拍卖日起顺延一个月内（含公休日）。

（三）防止甲方提供规划区域土地面积不实，待乙方投入资金到位前，双方现场测量，以测量确认面积投入资金。

（四）乙方竞得该宗土地使用权后，甲方不得延误乙方进场实施房地产开发。如因土地整理的特殊配套工程因素导致延误，双方协调施工方案，尽量满足同时施工建设。

（五）乙方参与该宗土地竞买，若之后法人名称变更，甲方不得以此为由，拒绝履行本协议约定条款。

五、双方权利及义务

（一）甲方权利及义务

1. 必须按照合作承包的范围、合作方式中所列内容进行土地整理。严格按照双方事先约定资金存入和支取的操作程序实行监管，确保资金安全运作。

2. 土地整理环节中，甲方必须按本协议第三条第一款中约定的时间清偿乙方投入资金和收益。

3. 有义务及时组织、公开拍卖合作整理土地，并给竞得者办理相关使用手续。

4. 按照本协议第二条第二款中约定分配比例获得土地整理后竞拍价与起拍价的差价收益。

5. 乙方投入资金不到位，甲方有权终止合作协议。

6. 甲方承诺本市投资软环境优惠条件，以补充协议另行签订。

7. 甲方有义务协调政府的相关职能部门，配合乙方在该地区从事土地整理合作和房地产开发项目实施。

（二）乙方权利及义务

1. 乙方必须按时、足额将资金投入到位，存入监控专户，并对甲方实施的土地整理中的拆迁安置、补偿、“五通”设施建设和资金支取进行有效监督。

2. 按照本协议第二条第一款约定分配比例获得土地整理后竞拍价与起拍价的差价收益。

3. 乙方有权在协议约定期限内收回资金和收益分配。

4. 在同等条件下，乙方有权优先承包土地整理中的安置房修建和配套工程承建。

5. 甲方不按协议约定条款履行义务，乙方有权终止协议和收回投资，并按约定向甲方追偿经济损失。

六、违约处理

除发生重大变化和不可抗力的自然灾害（仅指战争、地震）外，甲、乙双方必须坚持诚信原则，认真履行合同义务。甲方违约：除足额、及时返还乙方已投入资金外，并从资金进入共管账户之日起，按月____%付息，直到付清全部款项为止。乙方违约：则按投入资金总额的____%向甲方支付违约金。

七、其他条款

（一）本协议履行地：________________________________

（二）本协议未尽事宜，由双方另行签订补充协议，补充协议与本协议具有同等法律效力。

（三）本协议一式四份，由双方盖章、法定代表人或委托代理人签字，乙方投入资金进账之日起生效，甲、乙双方各执二份。

甲方：____________________　　乙方：____________________

法定代表人：______________　　法定代表人：______________

委托代理人：______________　　委托代理人：______________

签订日期：________________　　签订日期：________________

2. 农村土地经营权抵押融资协议

抵押人（以下简称甲方）：____________________

法定代表人：______________________________

抵押权人（以下简称乙方）：__________________

法定代表人：______________________________

为确保______年____月____日签订的________（以下称主合同）的履行，甲方愿意以其有权处分的农村土地经营权作抵押。乙方经实地勘验，在充分了解其权属状况及使用与管理现状的基础上，同意接受甲方的农村土地经营权抵押。甲方将农村土地经营权抵押给乙方时，该土地上的附着物一并抵押给乙方。

双方本着平等、自愿的原则，同意就下列抵押事项订立本合同，共同遵守。

第一条　甲方用作抵押的农村土地经营权位于________县______镇______村______组，其占地面积______m^2。

第二条　根据主合同，甲乙双方确认：债务人为________________；抵押期限自______年____月____日至______年____月____日。

第三条　经评估机构评估，上述农村土地经营权价值为人民币__________（大写），________（小写）。根据主合同，双方确认：乙方债权标的额（本金）：________（大写），______（小写），抵押率为______%。

第四条　甲方保证上述农村土地经营权权属清楚。若发生产权纠纷或债权债务，一概由甲方负责清理，并承担民事诉讼责任，由此给乙方造成的经济损失，甲方负责赔偿。

第五条　乙方保证按主合同履行其承担的义务，如因乙方延误造成经济损失的，乙方承担赔偿责任。

第六条　抵押农村土地经营权现由________________使用。在抵押期间因使用不当造成毁损，乙方有权要求恢复土地原状，在无法满足上述条件的基础上，乙方有权要求债务人提前偿还本息。

第七条　抵押期间，甲方不得擅自转让、买卖、租赁，抵押的农村土地经营权不得重复设定抵押，未经乙方书面同意，发生上述行为均属无效。

第八条　抵押期间，甲方如发生分立、合并，由变更后承受抵押农村土地经营权方承担或分别承担本合同规定的义务。甲方被宣布解散或破产，乙方有权要求提前处分其抵押的农村土地经营权。

第九条　在本合同有效期内，未经甲方同意，乙方变更主合同条款或延长主合同履行期限的，甲方可自行解除本合同。

第十条　本合同生效后，甲、乙任何一方不得擅自变更或解除合同，需要变更或解除本合同时，应经双方协商一致，达成书面协议，协议未达成前，本合同各条款仍然有效。

第十一条　本合同在执行中若发生争议，甲乙双方应采取协商办法解决或共同向仲裁机构申请调解或仲裁，不能协商或达不成仲裁意向时可向人民法院起诉。

第十二条 在抵押期间，抵押农村土地经营权被征收时，甲方必须及时告知乙方，且根据具体情况，变更抵押合同或以拆迁受偿价款偿还乙方的本息，并共同到登记机关办理有关登记手续。

第十三条 抵押期满，如债务人不能偿还债务本息，又未与乙方达成延期协议的，按法定程序处理抵押农村土地经营权，清偿债务本息。处理抵押农村土地经营权所得价款不足以偿还债务本息和承担处理费用的，乙方有权另行追索；价款偿还债务本息后有剩余的，乙方应退还给甲方。

第十四条 本合同未尽事宜，按照农村土地经营权相关规定办理。

第十五条 本合同在双方签字盖章后，并经农业行政主管部门登记，方为有效。

第十六条 本合同一式三份，甲乙双方各执一份，农业行政主管部门存档一份。

第十七条 双方商定的其他事项：________________________________

甲方（签章）：______________ 乙方（签章）：______________

法定代表人：________________ 法定代表人：________________

联系电话：__________________ 联系电话：__________________

合同签订地点：______________

合同签订时间：_____年____月____日

3. 农民住房财产权抵押融资协议

债权人（以下简称甲方）：________________________

债务人（以下简称乙方）：________________________

乙方因需向甲方借款。双方经协商一致同意，在乙方以其农民住房财产权及宅基地使用权证（以下简称乙方抵押物）作为借款抵押物抵押给甲方的条件下，由甲方提供双方商定的借款额给乙方。为此，特订立本合同：

一、借款内容

（一）借款总金额：__________（大写），______ 小写

（二）借款用途：本借款用于投资的需要，不作为其他非法使用。

（三）借款期限：自____年____月____日起至____年____月____日止。期限届满之日清偿。

（四）借款利息：月息为______。乙方保证在合同规定的借款期限内按期主动还本付息。

二、抵押物事项

（一）抵押物名称：不动产权证（证号：______________）

（二）抵押物价值：乙方不动产权证经双方议定估价为________元（大写），______（小写）。

（三）抵押期限：自本借款合同生效之日起至乙方还清甲方与本合同有关的全部借款本息为止。

三、甲乙双方义务

（一）甲方义务

1. 对乙方交来抵押物契据证件要妥善保管，不得遗失、损毁。

2. 在乙方到期还清借款后，将抵押物的全部契据、证件完整交还乙方。

（二）乙方义务

1. 应严格按照合同规定时间主动还本付息。

2. 保证在抵押期间抵押物不受乙方破产、资产分割、转让的影响。如甲方发现乙方抵押物有违反本条款的情节，甲方通知乙方当即改正或可终止本合同借款，并追偿已借出的全部借款本息。

3. 乙方未经甲方同意不得将抵押物出租、出售、转让、再抵押或以其他方式处分。

四、违约责任

（一）乙方如因本身责任不按合同规定支付借款，给甲方造成经济上的损失，乙方应承担违约责任。

（二）乙方如不按期付息还本，甲方亦可向有管辖权的人民法院申请拍卖抵押物，用于抵偿借款本息，若有不足抵偿部分，甲方仍有权向乙方追偿。直至乙方还清甲方全部借款本息为止。

五、其他规定

（一）发生下列情况之一时，甲方有权停止合同并收回相应借款及利息：

1. 乙方向甲方提供情况和各项资料不真实。

2. 乙方与第三者发生诉讼，无力向甲方偿付借款本息。

3. 乙方的资产总额不足抵偿其负债总额。

（二）甲方或乙方任何一方要求变更合同或本合同的某一项条款，须在事前以书面形式通知对方，在双方达成协议前，本合同中的各项条款仍然有效。

（三）甲乙双方提供的借款凭证及与合同有关的其他书面材料，均作为本合同的组成部分，与本合同具有同等法律效力。

六、争议的解决

本合同遵守中华人民共和国的法律法规规定，若发生争议，双方同意按以下方式解决：

（一）发生争议双方协商解决；

（二）协商不成，请有关部门调解；

（三）调解不成，向当地人民法院起诉。

本合同即日生效。

本合同一式二份，双方各执一份，合同文本具有同等法律效力。

甲方（签章）：______________　　乙方（签章）：________________

法定代表人：________________　　法定代表人：__________________

联系电话：__________________　　联系电话：____________________

合同签订地点：______________

合同签订时间：______年____月____日

第六篇　“项目招商”——产业篇

一、乡村振兴产业发展基本概述

乡村振兴，产业兴旺是重点。产业兴旺是发展农村生产力的根本要求，是决胜全面建成小康社会、全面建设社会主义现代化强国的一项重大战略任务，是全面建成小康社会的经济和物质基础，是实现农民富裕的可靠保证。如何实现产业兴旺，党的十九大报告提出了明确要求：要构建现代农业产业体系、生产体系、经营体系，完善农业支持保护制度，发展多种形式适度规模经营，培育新型农业经营主体，健全农业社会化服务体系，实现小农户和现代农业发展有机衔接，促进农村一二三产业融合发展，支持和鼓励农民就业创业，拓宽增收渠道。

2017 年 6 月农业部办公厅和国家农业综合开发办公室发布了《关于推进农业全产业链开发创新示范工作的通知》，该通知明确指出，要紧紧围绕推进农业供给侧结构性改革主线，以国家现代农业示范区与农业综合开发现代农业园区重合区为优先支持区域，以特色优势主导产业为支持重点，发挥财政奖补资金导向和撬动作用，引导集聚金融资本、社会资本和各类新型经营主体，建设规模化种养基地，发展加工和流通，开展品牌创建与营销，打造一批现代农业产业集群，激发产业链、价值链的重构和功能升级，实现生产、加工、销售各个环节共享均衡利润，探索农业全产业链再造新模式。

同年 10 月，农业部、国家发展改革委、财政部、自然资源部、人民银行和税务总局联合发布了《关于促进农业产业化联合体发展的指导意见》，该意见指出要以帮助农民、提高农民、富裕农民为目标，以发展现代农业为方向，以创新农业经营体制机制为动力，建立分工协作机制、健全资源要素共享机制、完善利益共享机制、完善支持政策等，积极培育发展一批带农作用突出、综合竞争力强、稳定可持续发展的农业产业化联合体，成为引领我国农村一二三产业融合和现代农业建设的重要力量，为农业农村发展注入新动能。

因地制宜，发展农村特色产业，并与城市产业连接，是实现农村产业兴旺的重要途径。特别是要大力建设现代农业产业园，与城市消费产业相连接保障可持续发展。农村产业与城市产业相连接，就是现代农村产业发展要立足于城乡市场。产业的资源优势和主导产业产品要与城市居民的消费需求相连接，与城市龙头企业的引进、科技人才指导、科技项目结合无缝对接起来，特别是与城市居民的旅游业、餐饮业、食品业、建筑业、加工业、养老业、健康业等产业紧密结合起来，将城市居民无限的消费需求与农村产业牵线搭桥，开花结果，这样现代农业产业园才能可持续发展。

发展农村产业，要大量吸收社会资本，让社会资本发挥其资本、技术、管理优势。产业兴旺的关键是生产城乡消费急需的优质农产品。农村产业兴旺的根本是面向城市市场，产业园的规划和兴建以及长期发展要与城市居民消费需求相连接，与城市三产相配套，不能彼此脱节。要依托和引进城市的社会资本和龙头企业带动，运用先进的经营理念，以规模化种养基地为基础，聚集现代生产要素，建设“生产 + 加工 + 科技”的产业园，要发挥技术集成、产业融合、创业平台、核心辐射等功能作用。科学制定产业园规划，统筹布局生产、加工、物流、研发、示范、服务等功能板块。要吸引城市科研机构和人员进入新型产业运营发展，建设设施农业、精准农业、精深加工、现代营销，带动新型农业经营主体和农户专业化、标准化、集约化生产，推动农业全环节升级、全链条增值，带动农村全面富裕。

二、相关概念

（一）农业供给侧结构性改革

农业供给侧结构性改革是指通过自身的努力调整，让农民生产出的产品，包括质量和数量，均可满足消费者的需求，实现产地与消费地的无缝对接。2015 年 12 月 24 日至 25 日在北京召开的中国中央农村工作会议首次提出这个概念。会议还强调，要着力加强农业供给侧结构性改革，还要提高农业供给体系质量和效率，使农产品供给数量充足、品种和质量契合消费者需要，真正形成结构合理、保障有力的农产品有效供给。2017 年《中共中央、国务院关于深入推进农业供给侧结构性改革　加快培育农业发展新动能的若干意见》公布，并集中提出，要深入推进农业供给侧结构性改革。2018 年《中共中央、国务院关于实施乡村振兴战略的意见》提出要实施乡村振兴战略，乡村振兴战略是一项宏大的任务，而深入推进农业供给侧结构性改革则是实施乡村振兴战略必须要着力推进的一项重要任务。

（二）农业全产业链

2017 年 6 月 15 日，农业部办公厅和国家农业综合开发办公室发布《关于推进农业全产业链开发创新示范工作的通知》，以助力加快推进农村一二三产业融合发展，探索农业农村经济发展新模式。农业全产业链作为一种农业经济发展模式，是指以消费者为导向，同一农业产业内或不同产业间的多个经营主体，依据特定的逻辑关系、利益关系和时空布局形成的，以产品或服务为对象，以资本和技术为纽带，以价值增值为目标，从农业产业链的源头做起，涵盖了种养殖与投入品采购使用、农产品加工分销及物流、品牌推广等从田间到餐桌多个环节的产业链系统。

（三）农村一二三产业融合发展

农村一二三产业融合发展的内涵包括：

1. 农业产业链的延伸。主要是指以农业为中心，向产前和产后延伸链条，进而把种子、农药、肥料供应以及农产品初深加工、物流、销售、农业生产性服务等环节与农业生产连接起来。

2. 技术的支撑。新技术的推广应用，在提高生产效率、转变生产模式、缩短供求双方之间距离的同时，也使农业与二三产业间的边界变得模糊。

3. 产业间的关联与渗透。拓展农业在生态休闲、旅游观光、文化传承、科技教育等方面的功能，进而与文化、旅游、教育等产业交叉融合。

4. 产业发展效益的提升。农村一二三产业融合的目标是形成产业链条完整、功能多样、业态丰富、利益联结紧密、产业融合更加协调的新格局。在这种新格局下，农业竞争力明显提高，农民收入持续增加，农村活力显著增强。

（四）农业新型业态

国务院办公厅 2015 年 12 月 30 日发布《关于推进农村一二三产业融合发展的指导意见》。该指导意见明确指出要“大力发展农业新型业态”。农业新型业态是指区别于传统农业产业的农业新的产业形态，是一种阶段性的农业发展方式，是一种发展现代农业的途径。农业新型业态运用新的物质技术条件和社会化服务体系，培育新型业态农业生产和经营主体，促进农业内部及农业与各种产业之间的融合，创新农业经营形态和组织方式。

（五）创意农业

创意农业是指有效地将科技、人文、生态、服务等要素融入农业生产，转变传统农业的“低产”属性，进一步拓展农业功能，增加农业生产的附加值，整合资源，把传统农业发展成为融生产、生活、生态为一体的现代农业。

（六）新型农业经营体系

新型农业经营体系是指大力培育发展新型农业经营主体，逐步形成以家庭承包经营为基础，专业大户、家庭农场、农民合作社、农业产业化龙头企业为骨干，其他组织形式为补充的以集约化、专业化、组织化和社会化为特征的新型农业经营体系。2017 年 5 月，中共中央办公厅、国务院办公厅联合印发了《关于加快构建政策体系培育新型农业经营主体的意见》，该意见中规范了新型农业经营主体的培育，以引领农业适度规模经营发展、带动农民就业增收、增强农业农村发展新动能。

（七）农业联合体

根据农业部、国家发展改革委、财政部、自然资源部、人民银行、税务总局联合印发的《关于促进农业产业化联合体发展的指导意见》，农业联合体是龙业企业、农民合作社和家庭农场等新型农业经营主体以分工协作为前提，以规模经营为依托，以利益联结为纽带的一体化农业经营组织联盟。该组织与传统农场的最大区别在于各方主体在产权方面没有直接的联系，利益分配机制主要依靠签署的合同予以约定，因此，它是建立在所有参与主体共同利益基础上的经济共同体。参与农业联合体的成员，可以是农场、农户，也可以是非农的企业、事业单位或个人。

（八）农业产业化龙头企业

根据国务院2012年3月6日印发的《关于支持农业产业化龙头企业发展的意见》，农业产业化龙头企业主要是指以农产品加工或流通为主，通过各种利益联结机制与农户相联结，带动农户进入市场，使农产品生产、加工、销售有机结合、相互促进，在规模和经营指标上达到规定标准并经政府有关部门认定的企业。农业产业化龙头企业一般分为国家级龙头企业、省级龙头企业、市级龙头企业、规模龙头企业。

（九）农民专业合作社

依据《农民专业合作社法》第二条的规定，农民专业合作社是指在农村家庭承包经营基础上，农产品的生产经营者或者农业生产经营服务的提供者、利用者，自愿联合、民主管理的互助性经济组织。

（十）专业大户

专业大户是指从事某种农产品的专业化、集约化生产，种养规模明显地大于传统农户或一般农户，需要雇佣家庭成员外的劳动力从事农业生产活动的一类主体。一般当地行业主管部门会出台相关办法，对专业大户的认定进行规范。通常认定标准包括三方面的内容：1. 签订书面土地流转合同进行规模化经营；2. 经过相应的农业技能培训；3. 经营规模根据农业类别的不同分别达到一定的规模要求。

（十一）新型职业农民

新型职业农民是以农业为职业，具有相应的专业技能，收入主要来自农业生产经营并达到相当水平的现代农业从业者。新型职业农民可分为生产经营型、专业技能型和社会服务型三种类型。四川省人民政府办公厅就出台了《关于加快新型职业农民培育工作的意见》，按照“科教兴农、人才强农、新型职业农民固农”的要求，坚持立足产业、政府主导、多方参与、注重实效原则，紧紧围绕确保粮食安全和主要农产品有效供给目标任务，以转变农业发展方式为立足点，以提高综合素质和专业技能为核心，加快建立健全教育培训、规范管理和政策扶持“三位一体”的新型职业农民培育体系，培育一批综合素质高、生产经营能力强、主体作用明显的新型职业农民。

（十二）村股份经济合作社

村股份经济合作社是由乡镇（街道）原村经济合作社根据社员大会（社员代表大会）讨论决定，将集体经营性净资产折股量化改制而成，是以资产为纽带、股东为成员的综合性（社区性）农村集体经济组织。村股份经济合作社坚持社会主义集体所有制，实行自主经营、独立核算、自负盈亏、民主管理、风险共担、按股分红。依法属于村股份经济合作社集体所有的各项资产（经营性资产、资源性资产和公益性资产等），均属于村股份经济合作社全体股东共同所有。村股份经济合作社受上级党委、政府和农村集体资产主管部门的指导和监督，并在法律法规和政策范围内开展经营活动。

◆ 重点、热点、疑难问题及解答

【重点、热点问题】

1. 特色小镇、田园综合体项目运营中，主要涉及哪些新型农业经营主体？

答：根据中共中央办公厅、国务院办公厅《关于加快构建政策体系培育新型农业经营主体的意见》的相关规定，新型农业经营主体主要包括种养大户、家庭农场、农业产业化龙头企业、农民专业合作社。其中农民合作社和家庭农场发挥着重要的基础作用。国家鼓励农民合作社发展农产品加工、销售，拓展合作领域和服务内容；鼓励家庭农场开展农产品直销。国家支持龙头企业发挥引领示范作用，培育壮大农业产业化龙头企业，引导其重点发展农产品加工流通、电子商务和农业社会化服务；鼓励龙头企业建设现代物流体系，健全农产品营销网络；充分发挥农垦企业资金、技术、品牌和管理优势，培育具有国际竞争力的大型现代农业企业集团。

2. 国家在培育新型农业经营主体上有哪些产业方面的支持政策？

答：根据中共中央办公厅、国务院办公厅《关于加快构建政策体系培育新型农业经营主体的意见》的相关规定，国家对新型农业经营主体在产业方面的政策支持主要有：

（1）国家支持新型农业经营主体从事国家鼓励的相关产业，并通过综合采用直接补贴、政府购买服务、定向委托、以奖代补等方式，针对新型农业经营主体中的不同主体进行补贴。相关产业比如，国家支持新型农业经营主体发展加工流通、直供直销、休闲农业；支持符合条件的经营性服务组织开展公益性服务；鼓励有条件的地方通过政府购买服务，支持社会化服务组织开展农林牧渔和水利等生产性服务；支持新型农业经营主体打造服务平台；鼓励龙头企业加大研发投入，支持符合条件的龙头企业创建农业高新技术企业等。

（2）国家支持农业经营主体进行农村基础设施方面的建设。支持新型农业经营主体投资土地整治和高标准农田建设；鼓励新型农业经营主体合建或与农村集体经济组织共建仓储烘干、晾晒场、保鲜库、农机库棚等农业设施；支持龙头企业建立与加工能力相配套的原料基地；重点支持农民合作社示范社建设电商平台基础设施。

（3）国家对新型农业经营主体从事相关产业有用地政策上的支持。新型农业经营主体所用生产设施、附属设施和配套设施用地，符合国家有关规定的，按农用地管理，各县（市、区、旗）根据实际情况，在年度建设用地指标中优先安排新型农业经营主体建设配套辅助设施，并按规定减免相关税费；对新型农业经营主体发展较快、用地集约且需求大的地区，适度增加年度新增建设用地指标；通过城乡建设用地增减挂钩节余的用地指标，优先支持新型农业经营主体开展生产经营；允许新型农业经营主体依法依规盘活现有农村集体建设用地发展新产业。

（4）国家对新型农业经营主体从事相关产业有金融信贷服务上的支持。建立健全全国农业信贷担保体系，确保对从事粮食生产和农业适度规模经营的新型农业经营主体的农业信贷担保余额不得低于总担保规模的70%；探索开展粮食生产规模经营主体营销贷款和大型农机具融资租赁试点，积极推动厂房、生产大棚、渔船、大型农机具、农田水利设施产权抵押贷款和生产订单、农业保单融资。

（5）国家支持新型农业经营主体拓宽营销渠道。支持新型农业经营主体参与产销对接活动和在城市社区设立直销店（点）；支持批发市场建设；鼓励有条件的地方对新型农业经营主体申请并获得专利、“三品一标”认证、品牌创建等给予适当奖励；加快实施“互联网＋”现代农业行动，支持新型农业经营主体带动农户应用农业物联网和电子商务；采取降低入场费用和促销费用等措施，支持新型农业经营主体入驻电子商务平台。

（6）国家支持新型农业经营主体进行人才培养引进。鼓励新型农业经营主体带头人通过“半农半读”、线上线下等多种形式就地就近接受职业教育，积极参加职业技能培训和技能鉴定；将新型农业经营主体列入高校毕业生“三支一扶”计划、大学生村官计划服务岗位的拓展范围；鼓励农民工、大中专毕业生、退伍军人、科技人员等返乡下乡创办领办新型农业经营主体；深入推行科技特派员制度，鼓励科研人员到农民合作社、龙头企业任职兼职，完善知识产权入股、参与分红等激励机制。

3. 项目主体在运作特色小镇、田园综合体等项目时，如何做好项目的产业发展定位?

答：项目主体在确定项目产业发展定位时，一定要将自身优势与国家当前的政策紧密结合，对项目的产业发展进行精准定位。依据国务院办公厅《关于推进农村一二三产业融合发展的指导意见》，住房和城乡建设部、国家发展和改革委员会、财政部《关于开展特色小镇培育工作的通知》以及财政部《关于开展田园综合体建设试点工作的通知》等相关文件精神，国家政策鼓励并推进农村一二三产业融合发展。产业是小城镇发展的生命力，特色是产业发展的竞争力。特色小镇一定要根据区域要素禀赋和比较优势，挖掘特色小镇所在地最有基础、最具潜力、最能成长的特色产业，做精做强主导特色产业，打造具有持续竞争力和可持续发展特征的独特产业生态。田园综合体项目在产业上强调实现农村的生产、生活、生态“三生同步”，促进农业与旅游、文化、康养等产业的深度融合。

4. 特色小镇、田园综合体项目运营中，有哪些农业新型业态?

答：国家鼓励发展的农业新型业态主要包括：“互联网＋现代农业”、农产品电子商务、创意农业、会展农业、农业众筹等新型业态。

创意农业就是通过创意把文化艺术、农业技术、农副产品和农耕活动有机结合起来，提升现代农业的附加值。创意农业从创意的内容上又可以分为：文化农业创意，即通过创意将现代农业与文化产业、休闲度假相结合发展乡村旅游；景观农业创意，即将多彩多姿的农作物，通过设计与搭配，在较大的空间上形成有创意的各类景观，使得农业的生产性、可持续性同审美性结合起来；公园农业创意，即在农业生产中融入城市公园的元素，将农业生产场所、农产品消费场所与休闲旅游场所结合为一体，使农业具有旅游观光、科技示范、休闲购物等多种功能；产业融合创意，即集种植养殖、加工、旅游为一体，通过产业融合，不断拉升产品附加值空间。

会展农业是以会议、展览、展销、节庆、农事等活动形式为载体，通过农业会展活动，实现产业的有机融合，拉长农业产业链，提升农业附加值。会展农业从形式上可以分为：举办各类节庆活动，即以当地的特色产业、优势产业为依托，通过举办农业节庆活动的方式，带动乡村旅游、农村文化和产业发展；举办各类展会，即以“展示成果、推动交流、促进贸易”为宗旨，发挥展示、招商、信息交流等多种功能，积极寻求合作，努力开拓市场，促进农产品的销售，为农民增收开辟新的渠道；举办形式多样的学术大会，以举办与产业紧密结合的、世界性农业学术会议为契机，促进国际交流、提高市场知名度、提升产业发展水平。

5. 特色小镇、田园综合体项目运营中，如何拓展农业旅游、教育、文化等多种功能？

答：国家相关政策鼓励拓展农业在旅游、教育、文化、康养等方面的功能，推进农业与旅游、教育、康养等产业的深度融合。结合实务，我们总结的模式主要有：

农业观光旅游，根据“以农造景、以景带旅、以旅促农、农旅结合”的方式，培育具有吸引力的当地特色农业主题观光地。比如春季各种花海、中药材、农作物等农田观光主题。

民俗文化旅游，以传统的乡村或少数民族民俗节日、民俗活动、民俗文化为依托，推动以“吃农家饭、住农家院、赏民俗情、享田园乐”为主要内容的乡村旅游。

森林康养，以森林区优美的环境、高含量的负氧离子，来吸引城市居民回归大自然，进行休闲、度假、森林探索、避暑疗养等康养活动。

6. 特色小镇、田园综合体项目如何运营农业全产业链开发模式？

答：依据农业部办公厅、国家农业综合开发办公室《关于推进农业全产业链开发创新示范工作的通知》，结合实务经验，在特色小镇、田园综合体项目中运营农业全产业链项目开发，要注意以下几个方面：

（1）在农业全产业链项目选择上，一定要结合特色小镇、田园综合体项目所在地的特色优势主导产业，产业和产品要具有竞争优势。

（2）在农业全产业链项目实施效果上，项目运营后一定要能上中下游一体，能激发产业链、价值链的重构和功能升级，能实现生产、加工、销售各个环节共享均衡利润。

（3）国家重点支持的农业全产业链项目。

①高产高效生态示范基地建设。主要产业类型有：种养业示范基地、高标准农田、现代化种苗繁育基地、园艺作物标准园、畜禽标准化规模养殖场（小区）、标准化养殖池塘等。以种养业示范基地为例：就是要依托优势主导产业，实现集中连片和生态循环，从源头上保证全产业链开发原料供给和农产品质量安全。

②农产品产后初加工。建设农产品产后初加工处理、生产全产业链条，围绕农产品产后减损增收、提高质量安全水平，聚焦分类分拣、分等分级等关键环节，着力改善农产品产后净化、分等分级、烘干、预冷、保鲜、包装等设施装备条件，以及购置运输、称重、检化验、污水处理等辅助仪器设备，促进各环节设施的优化配套，做实做强产业链、价值链和产品链，实现农产品产后优质优价与产业提质增效。

③田头贮藏设施建设。着眼于打通农产品流通“最初一公里”，建设田头收贮设施，购置收贮及处理设备。其中，收贮设施建设主要包括气调库、预冷库、低温库、贮藏窖、原料堆场、窖池、成品堆场等内容，以及设备购置安装及配套的供水、供电、道路设施；收贮设备主要包括收获、捡拾、打捆、运输、粉碎、压块、裹包、称重、装卸等机械设备，提升产后农产品贮藏保鲜能力，实现农产品“存得住、运得出、卖得掉、赚得到”。

④品牌营销服务。发展农社对接、农超对接、直销直供等现代流通新业态。流通企业拓展产业链条，引导经销商和经纪人向实体化、规模化、产业化与品牌化发展。建设产地农产品营销公共服务平台，推广农社、农企等形式的产销对接。发展“互联网＋农业”，建设电子商务平台。以优势企业、产业联盟和

行业协会为依托，培育市场信誉度高、影响力大的区域公用品牌、企业品牌和产品品牌。

【疑难问题】

在特色小镇、田园综合体等规模化土地投资项目中，如何构架创新的商业模式和利益联结机制，让工商资本、社会资本以及各类投资者与专业合作社、家庭农场、种养大户、新型职业农民等各类新型经营主体建立起共同发展的共享经济模式？

答：总结实务中的经验，与新型农业经营主体之间多元化的利益联结机制主要有：

（1）订单农业。在平等互利基础上，与农户、家庭农场、农民合作社签订农产品购销合同，合理确定收购价格，形成稳定购销关系。同时龙头企业为农户、家庭农场、农民合作社提供贷款担保，资助订单农户参加农业保险。

（2）股份合作。农户将确权颁证的土地承包经营权入股成立股份合作社，成为股东方，并采取“保底收益＋按股分红”等形式，分享加工、销售环节收益。

（3）参股经营。出资入股农民专业合作社，充分发挥投资者在资金、技术、销售、品牌等方面的优势，建设标准化和规模化的原料生产基地等，带动农户和农民合作社发展适度规模经营。

（4）人才培养。先聘用流转出土地的农民，并为其提供技能培训、就业岗位和社会保障，或通过自身影响力辐射带动农户扩大生产经营规模、提高管理水平。

（5）建立产业联盟。投资者、农民合作社、涉农院校和科研院所成立产业联盟，联盟成员通过共同研发、科技成果产业化、融资拆借、共有品牌、统一营销等方式，实现信息互通、优势互补。

近年来，特别是《国务院办公厅关于推进农村一二三产业融合发展的指导意见》出台后，各地以农业为基点，以新型经营主体为引领，以市场需求为导向，以完善利益联结机制为核心，大力发展农产品精深加工，积极推进休闲农业与乡村旅游业互动，农业多功能性得到进一步发挥，农村一二三产业融合发展取得明显成效。归纳起来，目前较为成熟、值得选择的利益联结机制主要有以下三种类型：

（1）合同利益联结机制。这种类型是与农户、合作社之间，通过签订农产品产销合同的形式实行联结，通过规定交售农产品的品种、质量、时间、收购价格以及承诺的服务内容和项目等实现利益分享。这种机制是企农利益联结的基本形式。

（2）租赁联结机制。这种类型是企业与合作社签订收购合同，合作社以村为单位，从农户手中租用土地，农户凭土地入股分红，参与合作社生产。

（3）股份联结机制。实践中，主要由合作社按项目财政投资的一定比例入股项目，每年按不低于银行同期贷款利率进行保底分红。

建立健全紧密型利益联结机制，应注意以下几点细节：一是要增强法律意识。以法律、法规形式明确投资企业、合作社和农民的责权利，规范并约束各方行为，使各方从松散的市场交换关系过渡到紧密的利益联结机制。二是规范企业和合作社管理制度与运行机制。包括规范章程和制度、股金设置、组织机构和内部管理机构，使企业和合作社运行有章可循。三是积极争取政府部门对涉农企业持续性的政策支持力度。根据本地产业发展政策，扶持重点企业和合作社，促进地区主导产业形成。支持投资企业发展规模化生产，支持合作社搞好新品种引进、业务培训、技术服务等保障，使农民离不开合作社，合作社离不开龙头投资企业。

第七篇　“纠纷解决”——司法篇

一、农村土地纠纷相关基本概述

在城乡二元结构的立法体系下，农村土地的抵押、转让权能受到诸多限制。而随着2018年12月29日《农村土地承包法》的修改以及农村“三块地”改革总结形成的修法经验，各项制约权能实现的制度性障碍正在逐步扫清。在乡村振兴战略背景下，要求产业兴旺，土地除了农业用途和农村人口使用，更多适合乡村发展的产业将落地乡村使用土地，大量返乡创业的人群需要使用土地，国家城乡二元的法律体系逐步会被城乡一体化、城乡融合的法律体系所替代。因此了解土地纠纷的概念、特征、种类，研究土地纠纷的主要成因、土地纠纷适用的法律关系和土地纠纷的调解方法与技巧，便于妥善地处理好因土地产生的各类纠纷争议，对维护社会稳定和当事人的合法权益具有重要现实意义。

《土地管理法》《森林法》《行政复议法》《行政诉讼法》《土地权属争议调查处理办法》等相关法律法规，针对土地所有权或者使用权归属争议的处理有较多法定程序的规定，部分程序相对烦琐且复杂，需要消耗较大的行政成本、当事人的人力、财力和时间。农村土地权属关系到农民的生存问题，社会影响非常大，如果根据法律程序处理不好，浪费了农民群众的大量人力、财力和时间，往往就会引发群体性事件。因此，在处理土地权属争议中，最好、最经济、最实用、最有效的处理办法就是组织双方当事人进行调解。根据调解主体的不同，可以分为人民调解、行政调解、司法调解三种形式。人民调解是以乡镇、村委员会为主导的调解形式，适合于土地纠纷发生初期，根据土地纠纷双方当事人的申请，乡镇、村调解委员会组织双方当事人进行调解处理的形式。行政调解是在土地纠纷双方当事人申请土地行政确权期间，以行政机关为主导，组织双方当事人对纠纷进行处理的形式。司法调解是适用于土地侵权纠纷在诉讼程序期间，人民法院在审理案件过程中组织双方当事人对纠纷进行处理的形式，适用于土地侵权类纠纷。而在土地确权案件进入行政诉讼程序时，根据《行政诉讼法》的规定，行政诉讼案件不适用调解程序，诉讼原被告之间是不能进行调解的。

以成都为例，2008 年，成都启动了农村产权制度改革，对农村土地和房屋实施确权、登记和颁证。在这一背景下，农村产权交易日趋活跃。然而，一旦在农村产权交易过程中发生纠纷怎么办？经成都市委机构编制委员会办公室批准，成都仲裁委员会专门设立了一个新机构——成都农村产权仲裁院，以仲裁方式解决此类纠纷。这是全国首个专门裁决农村产权纠纷的仲裁机构。遇到农村土地承包经营纠纷以外的其他农村产权纠纷，便可在双方协商同意的情况下，向该机构申请仲裁。成立仲裁院，有利于在确权颁证后，切实维护农民的产权。农民的产权要得到维护，单靠司法系统的介入远远不够，而成立专门的仲裁部门，通过仲裁渠道解决问题，则是解决矛盾纠纷的有效途径。

二、相关概念

（一）农村土地承包经营纠纷调解仲裁

《农村土地承包经营纠纷调解仲裁法》明确了运用调解、仲裁双渠道化解纠纷的原则。一旦发生农村土地承包经营纠纷，当事人可以自行和解，也可以请求村民委员会、乡（镇）人民政府等调解。当事人和解、调解不成或者不愿和解、调解的，可以向农村土地承包仲裁委员会申请仲裁，也可以直接向人民法院起诉。不同于《仲裁法》规定的一般经济纠纷仲裁具有行政性质，当事人不服仲裁裁决的，在法定期限内仍然具有可诉性。

（二）农村产权仲裁

为更好化解农村产权纠纷，全国统筹城乡综合配套改革试验区——成都市创新成立了全国首家农村产权仲裁院。作为成都仲裁委的内设机构，农村产权仲裁院将负责仲裁农村土地承包经营权以外的其他农村产权纠纷，为农村产权制度改革做好保障性工作，包括农村房屋买卖合同纠纷、农村房屋转让合同纠纷、房屋租赁合同纠纷、建设用地使用权转让合同纠纷等，都可约定提交农村产权仲裁院仲裁，成都仲裁委的仲裁属于准司法仲裁，具有一裁终决的法律效力。农村产权仲裁院将与农村土地承包仲裁委员会、人民法院互补，形成一套比较完善的农村产权纠纷解决体系和机制。

（三）农村产权诉讼

是指公民之间、法人之间、其他组织之间以及他们相互之间因涉农财产关系和人身关系提起的诉讼。当前案件受理类型主要有村民因土地补偿、安置费用的支付和分配引起的纠纷，涉及土地承包纠纷以及承包经营权流转纠纷，以及相关的案件中涉及的农村集体经济组织成员资格确认纠纷等。

（四）无效合同

无效合同，是指合同虽然已经成立，但因其严重欠缺有效要件，在法律上不按当事人之间的合意赋予其法律效力，至始都没有发生法律效力。依据《合同法》第五十二条的规定，有以下几种情形之一的，合同无效：

1. 一方以欺诈、胁迫的手段订立合同，损害国家利益；
2. 恶意串通，损害国家、集体或者第三人利益；
3. 以合法形式掩盖非法目的；
4. 损害社会公共利益；
5. 违反法律、行政法规的强制性规定。

因此，在签订与农村产权相关合同时，应注意我国法律关于合同无效的规定，以避免所签订的合同无效或合同内容部分无效的情况发生。

（五）可撤销合同

可撤销合同，是指合同因欠缺一定的生效要件，其有效与否，取决于有撤销权的一方当事人是否行使撤销权的合同，即在有撤销权的一方行使撤销权之前，合同对双方当事人都是有效的。依据《合同法》第五十四条的规定，如果签订的合同有以下几种情形之一的，合同当事人有权请求人民法院或者仲裁机构变更或者撤销：1. 因重大误解订立的；2. 在订立合同时显失公平的；3. 一方以欺诈、胁迫的手段或者乘人之危，使对方在违背真实意思的情况下订立的合同。可撤销的合同，法律规定了撤销的期限，即具有撤销权的当事人自知道或者应当知道撤销事由之日起一年内应该行使撤销权。

（六）违约责任

依据《合同法》第一百零七条的规定，违约责任是指当事人不履行合同义务或者履行合同义务不符合合同约定而依法应当承担的民事责任。违约责任的成立以有效的合同存在为前提，承担违约责任的主要方式有：继续履行、采取补救措施或者赔偿损失等。

（七）共同诉讼

依据《民事诉讼法》第五十二条的规定，共同诉讼是指当事人一方或者双方为二人以上，其诉讼标的是共同的，或者诉讼标的是同一种类、人民法院认为可以合并审理并经当事人同意的，为共同诉讼。在承包合同纠纷中，发包方和承包方为当事人。而承包方是指以家庭承包方式承包本集体经济组织农村土地的农户，以及以其他方式承包农村土地的单位或者个人。如果农户为多人的，就会出现共同诉讼的情况。

（八）诉讼代表人

依据《民事诉讼法》第五十三条的规定，当事人一方人数众多的共同诉讼，可以由当事人推选代表人进行诉讼。代表人的诉讼行为对其所代表的当事人发生效力，但代表人变更、放弃诉讼请求或者承认对方当事人的诉讼请求，进行和解，必须经被代表的当事人同意。我国的诉讼代表人制度，是以共同诉讼制度为基础。例如在承包合同纠纷中，如果农户为多人，形成共同诉讼时，农户们可推选出代表人，由其代表人进行诉讼。

（九）情势变更原则

依据《最高人民法院关于适用〈中华人民共和国合同法〉若干问题的解释（二）》第二十六条的规定，情势变更是指合同成立以后客观情况发生了当事人在订立合同时无法预见的、非不可抗力造成的不属于商业风险的重大变化，继续履行合同对于一方当事人明显不公平或者不能实现合同目的，当事人请求人民法院变更或者解除合同的，人民法院应当根据公平原则，并结合案件的实际情况确定是否变更或者解除。

◆ 重点、热点、疑难问题及解答

【重点、热点问题】

1. 农村土地承包经营纠纷包括哪些类型？

答：农村土地承包经营纠纷是农村土地纠纷中最为常见的纠纷，为此，全国人大常委会于2009年公布《农村土地承包经营纠纷调解仲裁法》，该法第二条第二款规定："农村土地承包经营纠纷包括：（1）因订立、履行、变更、解除和终止农村土地承包合同发生的纠纷；（2）因农村土地承包经营权转包、出租、互换、转让、入股等流转发生的纠纷；（3）因收回、调整承包地发生的纠纷；（4）因确认农村土地承包经营权发生的纠纷；（5）因侵害农村土地承包经营权发生的纠纷；（6）法律、法规规定的其他农村土地承包经营纠纷。"

针对农用地"三权分置"等最新内容，如业主取得农村承包土地的经营权后，若发生纠纷的，是否同样可以适用，还需立法作进一步明确。

2. 因征收集体所有的土地及其补偿发生的纠纷，农村土地承包仲裁委员会能否受理？

答：除了承包地经营纠纷外，农村另一大量出现的纠纷类型主要是因征收集体所有的土地及其补偿发生的纠纷，而按照《农村土地承包经营纠纷调解仲裁法》第二条第三款规定，因征收集体所有的土地及其补偿发生的纠纷，不属于农村土地承包仲裁委员会的受理范围，可以通过行政复议或者诉讼等方式解决。

3. 村民委员会或者乡（镇）人民政府调解农村土地承包经营纠纷，应履行哪些程序？

答：承包地经营纠纷多属村内内部矛盾，其纠纷解决不仅要遵循法律规定，依靠司法途径解决，更多还需要依靠村规民约、当地习惯等来解决。因此，村民委员会或者乡（镇）人民政府调解纠纷，逐渐成为一种主流方式。《农村土地承包经营纠纷调解仲裁法》第七条至第十一条对该方式予以了细化规定，包括村民委员会、乡（镇）人民政府应当加强农村土地承包经营纠纷的调解工作，帮助当事人达成协议解决纠纷；当事人申请农村土地承包经营纠纷调解可以书面申请，也可以口头申请，口头申请的，由村民委员会或者乡（镇）人民政府当场记录申请人的基本情况、申请调解的纠纷事项、理由和时间；调解农村土地承包经营纠纷，村民委员会或者乡（镇）人民政府应当充分听取当事人对事实和理由的陈述，讲解有关法律以及国家政策，耐心疏导，帮助当事人达成协议；经调解达成协议的，村民委员会或者乡（镇）人民政府应当制作调解协议书。调解协议书由双方当事人签名、盖章或者按指印，经调解人员签名并加盖调解组织印章后生效等。

4. 农民之间就土地承包经营发生纠纷之后，在调解不成的情况下如何向仲裁机构申请仲裁？需要什么条件？

（1）仲裁流程

农村土地承包仲裁委员会决定受理的，应当自收到仲裁申请之日起五个工作日内，将受理通知书、仲裁规则和仲裁员名册送达申请人；决定不予受理或者终止仲裁程序的，应当自收到仲裁申请或者发现终止仲裁程序情形之日起五个工作日内书面通知申请人，并说明理由。

农村土地承包仲裁委员会应当自受理仲裁申请之日起五个工作日内，将受理通知书、仲裁申请书副本、仲裁规则和仲裁员名册送达被申请人。

被申请人应当自收到仲裁申请书副本之日起十日内向农村土地承包仲裁委员会提交答辩书；书面答辩确有困难的，可以口头答辩，由农村土地承包仲裁委员会记入笔录，经被申请人核实后由其签名、盖章或者按指印。农村土地承包仲裁委员会应当自收到答辩书之日起五个工作日内将答辩书副本送达申请人。被申请人未答辩的，不影响仲裁程序的进行。

一方当事人因另一方当事人的行为或者其他原因，可能使裁决不能执行或者难以执行的，可以申请财产保全。当事人申请财产保全的，农村土地承包仲裁委员会应当将当事人的申请提交被申请人住所地或者财产所在地的基层人民法院。申请有错误的，申请人应当赔偿被申请人因财产保全所遭受的损失。

（2）申请条件

①申请人与纠纷有直接的利害关系；

②有明确的被申请人；

③有具体的仲裁请求和事实、理由；

④属于农村土地承包仲裁委员会的受理范围。

（3）仲裁申请书内容

当事人申请仲裁，应当向纠纷涉及的土地所在地的农村土地承包仲裁委员会递交仲裁申请书。仲裁申请书可以邮寄或者委托他人代交。仲裁申请书应当载明申请人和被申请人的基本情况，仲裁请求和所根据的事实、理由，并提供相应的证据和证据来源。

书面申请确有困难的，可以口头申请，由农村土地承包仲裁委员会记入笔录，经申请人核实后由其签名、盖章或者按指印。

综上所述，农民之前发生土地承包纠纷时，在进入诉讼程序之前应该先去仲裁机构进行仲裁。相关机构会按照农村土地承包纠纷仲裁的程序办事，要求申请人提交仲裁申请书及相关材料。并本着公平公正的原则审核分析证据材料，予以合理合法的裁决。

5. 农村土地承包经营纠纷仲裁是否可向当事人收取费用？

答：从惠农利农的角度出发，《农村土地承包经营纠纷调解仲裁法》第五十二条明确，农村土地承包经营纠纷仲裁不得向当事人收取费用，仲裁工作经费纳入财政预算予以保障。

6. 因超过申请仲裁的时效期间，农村土地承包经营纠纷被仲裁委驳回后，当事人就同一纠纷提起诉讼的，法院是否能够受理？

答：依据《最高人民法院关于审理涉及农村土地承包经营纠纷调解仲裁案件适用法律若干问题的解释》第一条规定："农村土地承包仲裁委员会根据农村土地承包经营纠纷调解仲裁法第十八条规定，以超过申请仲裁的时效期间为由驳回申请后，当事人就同一纠纷提起诉讼的，人民法院应予受理。"

7. 当事人在收到农村土地承包仲裁委员会作出的裁决书或者签收作出的调解书后，就同一纠纷向人民法院提起诉讼的，法院是否能够受理？

答：依据《最高人民法院关于审理涉及农村土地承包经营纠纷调解仲裁案件适用法律若干问题的解释》第二条规定："当事人在收到农村土地承包仲裁

委员会作出的裁决书之日起三十日后或者签收农村土地承包仲裁委员会作出的调解书后，就同一纠纷向人民法院提起诉讼的，裁定不予受理；已经受理的，裁定驳回起诉。”

8. 当事人不服农村土地承包仲裁委员会作出的仲裁裁决，向人民法院提起诉讼的，是否能够被受理？

答：依据《最高人民法院关于审理涉及农村土地承包经营纠纷调解仲裁案件适用法律若干问题的解释》第三条规定：“当事人在收到农村土地承包仲裁委员会作出的裁决书之日起三十日内，向人民法院提起诉讼，请求撤销仲裁裁决的，人民法院应当告知当事人就原纠纷提起诉讼。”可见，该类仲裁与商事仲裁的最大区别在于，商事仲裁可申请法院撤销，法院不会再就该案受理起诉，但承包经营纠纷仲裁，法院不会撤销，而是直接起诉。

9. 对改变土地集体所有性质、改变土地用途、损害农民土地承包权益的流转行为，是否可确认为无效？

答：依据最高人民法院《关于为推进农村改革发展提供司法保障和法律服务的若干意见》规定：“切实保护和规范土地承包经营权流转，促进流转市场的建立健全。在审理土地承包经营权流转案件中，要严格执行《物权法》、《农村土地承包法》以及最高人民法院《关于审理涉及农村土地承包纠纷案件适用法律问题的解释》等法律、司法解释的规定，对改变土地集体所有性质、改变土地用途、损害农民土地承包权益的流转行为，要依法确认无效。”因此，一旦涉及农民权益损害的，法院一律作出确认无效的判决。

10. 可被认定为宅基地转让无效的行为，主要有哪些？

答：依据最高人民法院《关于为推进农村改革发展提供司法保障和法律服务的若干意见》规定：“对违反法律、行政法规以及相关国家政策的宅基地转让行为，以及其他变相导致农民丧失宅基地使用权的行为，应当依法确认无效。要着眼于宅基地制度的严格管理和完善，着眼于农户宅基地用益物权的维护与保障，做好相关案件的审判和执行工作。”

11. 农民将其宅基地上的房屋出售给本集体经济组织以外的个人，该房屋买卖合同是否有效?

答：农村房屋的买卖都会涉及宅基地问题。尽管司法实践中，该类房屋买卖合同一般会被确认无效，但购买方可主张出售方返还钱款，因此造成损失的，还可以要求赔偿，在确定损失时，还可主张将房屋现有价值与原购房款之间的差价作为信赖利益的损失考虑在内。若农村房屋出卖人因房屋价格上涨或拆迁等原因诉诸法院要求确认合同无效的，在确定过错责任时应让反悔一方分担多一点的过错责任，以符合诚实信用原则的要求。针对购房者将所购房屋重新装修或翻新重建的，合同被确认无效后，所作之添附应视为经房屋所有权人同意，适用善意添附的规定，在房屋归属不动产所有人后，另一方当事人可依不当得利要求不动产所有人返还相关财物，不能返还的予以折价补偿。

2015 年 12 月 23—24 日，最高人民法院召开的第八次全国法院民事商事审判工作会议就农村宅基地买卖案件问题，形成以下意见：

（1）在国家确定的宅基地制度改革试点地区，可以按照国家政策及相关指导意见处理宅基地使用权因抵押担保、转让而产生的纠纷。

在非试点地区，农民将其宅基地上的房屋出售给本集体经济组织以外的个人，该房屋买卖合同认定为无效。合同无效后，买受人请求返还购房款及其利息，以及请求赔偿翻建或者改建成本的，应当综合考虑当事人过错等因素予以确定。

因此，宅基地房屋买卖合同是否有效，一定要看是在试点地区还是在非试点地区。

（2）在涉及农村宅基地或农村集体经营性建设用地的民事纠纷案件中，当事人主张利润分配等合同权利的，应提供政府部门关于土地利用规划、建设用地计划及优先满足集体建设用地等要求的审批文件或者证明。未提供上述手续或者虽提供了上述手续，但在一审法庭辩论终结前土地性质仍未变更为国有土地的，所涉及的相关合同应按无效处理。

尤其是在征地拆迁时，宅基地房屋买卖合同可能无效，但是作为买受人可以分得部分拆迁补偿款。而在上海，根据《关于审理农村宅基地房屋买卖纠纷案件的原则意见》，虽然合同无效，但买受人可以分得 70% 的拆迁补偿款。

12. 发包方未经承包方同意将承包地转包的，转包纠纷如何处理？

答：依据《农村土地承包法》的相关规定，在承包期限内，发包方肯定是不能未经承包方同意，将承包方已承包的土地转包给第三人的。在司法实践中，因非法转包导致的纠纷，承包方可以选择请求裁决转包合同无效；也可以追认转包合同有效，请求裁决发包方向承包方支付承包方剩余承包期限内的转包费用。达拉特旗昭君镇二狗湾村民委员会与刘海亮农村土地承包合同纠纷一案，内蒙古自治区高级人民法院作出二审民事判决（〔2015〕内民一终字第00068号），就在确定发包方与承包方承包合同有效的前提下，支持了承包方要求发包方支付剩余承包年限内转包费用的诉讼请求。

13. 集体土地所有权人对涉及农村集体土地的行政行为不起诉的，作为受害人的村民该怎么办？

答：在司法实践中，有些时候作为集体土地所有权人的农村集体经济组织或村民委员会等对涉及农村集体土地的行政行为不起诉，从而导致出现农民权益受到损害而无法得到救济的情况。比如，某市人民政府将某农村集体经济组织所在的某村办窑厂占用土地为第三人颁发了集体土地使用证，使本组村民失去原享有的集体土地使用权，侵犯其合法权益，但本集体经济组织拒绝起诉。遇到这种情况，村民如何维护自身合法权益？依据《最高人民法院关于审理涉及农村集体土地行政案件若干问题的规定》第三条的规定，如果村民委员会或者农村集体经济组织对涉及农村集体土地的行政行为不起诉的，那么过半数的村民可以以集体经济组织名义提起诉讼。

14. 处理农村土地纠纷中，如何适用行政诉讼和行政复议？

行政复议和行政诉讼，其上位概念都是行政争议，它们的共同目标都是对行政行为的合法性进行审查并解决行政争议。依据《行政复议法》相关规定，行政复议是指，公民、法人或者其他组织不服行政主体作出的具体行政行为，认为行政主体的具体行政行为侵犯了其合法权益，依法向法定的行政复议机关提出复议申请，行政复议机关依法对该具体行政行为进行合法性、适当性审查，并作出行政复议决定的行政行为；依据《行政诉讼法》相关规定，行政诉讼是指，个人、法人或其他组织认为行政主体以及法律法规授权的组织作出的行政行为侵犯其合法权益而向法院提起的诉讼。

行政诉讼和行政复议的根本区别在于纷争解决的机关不同以及依据的程序不同。行政复议与行政诉讼如何衔接问题，《行政诉讼法》第四十四条这样规定："对属于人民法院受案范围的行政案件，公民、法人或者其他组织可以先向行政机关申请复议，对复议决定不服的，再向人民法院提起诉讼；也可以直接向人民法院提起诉讼。法律、法规规定应当先向行政机关申请复议，对复议决定不服再向人民法院提起诉讼的，依照法律、法规的规定。"从本条规定可知，在行政复议与行政诉讼的关系方面，我国采取的是一种"原告选择为原则，复议前置为例外"的模式。也就是说，除非法律法规作出特别规定，行政复议并非提起行政诉讼之前的必经程序。而在原告选择方面，既可以选择先申请复议，再提起诉讼，也可以选择不申请复议，直接提起诉讼。如果同时选择了复议和诉讼，则应复议在先、诉讼在后，而不能在诉讼之后再申请复议，更不能复议和诉讼两种程序同时进行。

【疑难问题】

在乡村振兴战略"产业兴旺"的总要求下，各地政府、投资者、集体经济组织以及各类新型经营主体等产业项目主导或参与者，如何在当前诸多相关法律法规还未修改或完善的形势下有效推进农村产业项目，减少法律风险？

答：1. 我国现有立法体系的现状

我国现行法律法规按法律层级来说主要包括：《宪法》《民法总则》《物权法》《村民委员会组织法》《土地管理法》《农村土地承包法》《城乡规划法》《农民专业合作社法》《农业法》《森林法》《水法》《民事诉讼法》《农村土地承包经营纠纷调解仲裁法》《行政复议法》《行政诉讼法》等；国家出台的政策文件、通知和地方政府为贯彻落实中央文件出台的各类地方性管理办法和通知。目前涉及乡村振兴领域的文件大多数都是在国家城乡二元结构的立法背景下制定的，涉及乡村和三农的大多数条款已经不适应城乡一体化及城乡融合改革目标的需求，国家需要根据乡村振兴战略的发展目标逐步修改和完善建立新的适应乡村振兴战略发展的城乡一体化法律体系。

2. 法律修改完善阶段乡村振兴项目推动和建设发展的依据

虽然我国现行法律关于农村土地制度的条款中有很多都已无法满足经济发

展的需要，但受我国法律修改程序、时间等因素制约，通过修改法律中关于农村土地制度的条款来适应经济发展的需要在实际操作中难度很大，并且一些条款的拟定涉及全国农民群众的切身利益，必须要有充分的实践经验和理论基础做保障。因此，有关我国农村土地制度改革的内容通常都通过由中共中央、国务院或全国人大先下发一个统领性、战略性的政策文件，然后国家部委根据中央文件制定较为详细的实施办法，地方政府根据中央和部委的文件精神，再制定适应地方实际情况的相关管理办法的方式来实现，例如，中央近十多年连续发布的一号文件以及中央重要全会发布的文件就是这种情况。如果涉及一些特别重大问题的改革（如国家法律条款修改），一般采取区域试点的方式，规定一个试点期限，让试点区域通过试点总结经验，形成较为规范的法律文件，以便法律修改时参考使用，关于涉及农村土地“三块地”的改革就是通过全国人大常委会授权的方式在全国 33 个区域先行试点进行的。这样做的主要优势在于能够迅速适应市场环境形势的变化，快速做出及时的指导和规范。缺点在于有些时候只是一个指导性的意见不具有实际可操作性，或具有阶段性特点，一段时间后就失效了。

3. 法律修改完善阶段推进乡村振兴项目的政策法律风险防范

针对乡村振兴项目推进中面临的我国现行农村土地制度和相关规定的实际情况，本书认为首先应深刻领会国家政策改革的方向和产业政策鼓励的方向，注意具体项目如何与现有政策法律结合进行系统的分析与论证，包括项目从立项到最终建成所必经的程序性事项，尤其要注意应对可能面临的各种不可抗力风险，最好通过制定预备方案等方式提前对风险进行预防。基于政策性文件相对法律的灵活性，应当对部门及地方政策文件等内容的持续性做一定风险防范准备，不能过分依赖政策性文件的相关规定，并且一定要注意政策性文件的地域性和时效性，尽可能将政策性文件与现有法律规定进行结合，实际操作过程中主要依靠规范的各类合同文件以及取得政府相关部门颁发的各类法律性证书来确保自己利益得到最大限度的保障。如果乡村振兴产业项目涉及一些试点性的新规定，那么一定要确保该项目在政策文件明确规定的试点区域范围内开展，并且多与试点区域的当地政府沟通，取得当地政府的认可和支持。

第八篇　全国统筹城乡改革试验区、第二批农村改革试验区经验——成都案例篇

一、郫都区唐昌镇战旗村集体经营性建设用地入市案例

（一）战旗村概况

唐昌镇战旗村地处横山脚下，柏条河畔，位于郫都区、都江堰市、彭州市三市县交界处。全村面积 2853.8 亩，其中耕地 2158.5 亩。作为郫都区土地改革先锋，战旗村早在成都市城乡统筹综合配套改革时，就前瞻性地完成了土地权属确认和村集体资产股份量化工作，村民市场化观念和自主决策意识较强。该村目前共有 9 个农业合作社，506 户农户，1700 余人，村集体自有资金 3000 余万元。全村有 8 个集体企业（全部实行租赁经营），5 个私人企业，地区生产总值 1.347 亿元。

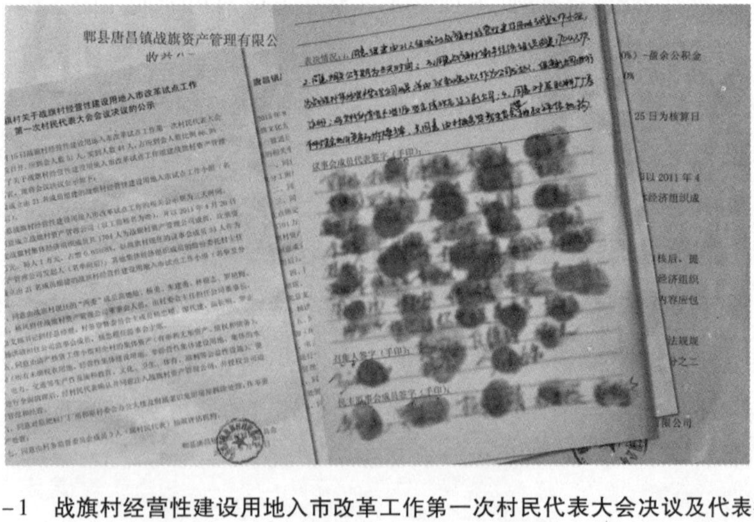

图 8-1　战旗村经营性建设用地入市改革工作第一次村民代表大会决议及代表签字

（二）具体措施

在早年入市根基牢固、村民市场意识增强的基础上，战旗村成立郫都区唐昌镇战旗资产管理有限公司作为入市实施主体，经郫都区国土资源局审核，以挂牌方式出让该村内一宗面积为 13.447 亩的存量集体经营性建设用地使用权。该宗地用途为村庄商业服务业设施用地，使用期限 40 年，属就地入市情形，挂牌起始价 49.5 万元/亩。在经过两家企业现场竞价后，最终由四川迈高旅游资源开发有限公司以 52.5 万元/亩的出让单价竞得该地，出让总价款达 705.9675 万元。作为郫都区农村集体经营性建设用地使用权入市的首宗土地，经综合考量后，最终以 15% 作为该宗地的土地增值收益调节金征收比例，共收取金额 105.8951 万元，未收取与契税相当的调节金。

（三）取得成效

唐昌镇战旗村一直以来都是郫都区乃至整个成都市的改革先锋村。早在城乡统筹综合配套试点改革阶段，基于其扎实的实践以及前瞻性的理论考量，完成了入市前土地权属确认、村集体资产股份量化、村集体经济股份合作制改革以及提供合作医疗、老年人补助等社会保障的工作，为当前农村集体经营性建设用地顺利入市提供了前提和保障。

2018 年 2 月 12 日，习近平总书记到成都市郫都区唐昌街道战旗村视察。在"精彩战旗"特色产业在线服务大厅，习近平总书记仔细观看了"互联网 + 共享农业"互动种养平台，鼓励村民用好互联网、打开产销路子。在战旗村，习近平总书记对乡亲们说，在实现了温饱、实现了全面小康以后，我们还要继续振兴乡村。中国有 13 亿多人口，吃饭问题始终要靠自己解决，无论城镇化怎么发展都会有几亿农村人口，我们不能一面有繁荣的城市，一面却是落后甚至衰落的乡村。农村的发展不单是产业发展，不单是物质文明，精神文明、文化生活也要搞好。

图 8－2　战旗村村口

二、郫都区三道堰镇青杠树村相关产业发展综合案例

（一）青杠树村概况

青杠树村位于成都市郫都区三道堰镇东部，距成都市区约 16 公里，距郫都区城区约 8 公里。东西走向的交通动脉沙西线贯穿而过，同时位于徐堰河与柏条河两河之间，三面环水，渠系纵横，林盘众多，生态条件优越，发展乡村旅游产业的条件极佳。该村目前有 960 余户人家，2300 余人。

图 8－3　青杠树村路标

（二）具体措施

2016年6月24日，青杠树村村内的集体资产管理公司——郫县青杠树资产管理有限公司依照郫都区入市政策，在郫都区公共资源交易服务中心挂牌出让涉及6社、7社、8社与11社的四宗集体经营性建设用地使用权，竞买保证金1170万元。同年7月28日，仅一家公司，即成都漫生活休闲文化产业有限公司参与挂牌竞标，成功竞得四宗土地使用权，净用地面积64986.13平方米。因此项目为郫都区重点支持的项目，为加快建设进度，此次挂牌出让的土地以土地基准地价约75万元/亩出让。

此四宗土地原为散落的宅基地，后经农户退回集体经济组织后变为闲置的集体建设用地，入市后土地用途为商服用地，出让年限为40年，其规划用途为农村商业服务业设施用地，村集体按《郫都区农村集体经营性建设用地入市增值收益调节金征收使用管理暂行办法》的规定，以成交价的24%向政府缴纳土地增值收益调节金1403.712万元。

此项目于2010年1月获得批准立项，原为农民集中建房整理项目。该项目现拟建设9个安置点，建设9.8万平方米的安置房，安置487户，1668人，当时预计可节约建设用地指标305亩。2012年8月，青杠树村村民通过清产核资，注册了青杠树村集体资产管理公司作为建设主体与融资主体，通过多种筹集资金，启动了土地整理和安置房建设。2013年6月，9个安置点的农民新居、基础设施建设和社区公共服务中心的建设完成，共计2041名村民分房入住，超额完成了前期计划。项目现已完成验收，建成后的农民新居共占地180.1亩，除去已经打造成乡村旅游项目的用地、没有参与项目的村民宅基地以及公共基础配套设施用地，有269亩的集体经营性建设用地可供入市。青杠树村此次97.48亩的土地入市后，还将继续完成剩余地块的入市工作。

青杠树村项目在2016年整体验收，该阶段项目实施效果主要集中在农民收入的增加、生产生活的改善与村容村貌的变化，入市政策对于农村产业发展的效果还没有显现。而到了2017年，随着入市项目的持续推进，入市政策对农村产业发展的带动作用开始显现。

（三）取得成效

青杠树村围绕乡村振兴战略“产业兴旺、生态宜居、乡风文明、治理有效、生活富裕”二十字方针的总要求，努力寻求新时期的乡村建设发展路径，充分利用现有政策资源、着力挖掘政策红利，使乡村资源成为发展资本，做到“以地聚产，以产兴村”，极具特色。具体成效有以下几个方面：

1. 农村经济优化升级

青杠树村充分结合成都市“一线一品”规划，选取一三产业互动发展模式，重点发展城市近郊插花式景观农业、休闲观光农业和休闲旅游业，构建“一三互动、以旅助农”的产业发展模式。

①推进农业产业化。通过将农业合作联社，建设粮食、经济作物种植基地3000余亩进行组建，带动农户开展农资统一供应、统一技术培训、统一机械化作业等，逐步建立标准化生产管理体系。通过与“问果”商城合作，建设网上网下销售渠道，预计可实现年产值2000余万元。

②发展乡村休闲旅游。充分利用自然亲水资源，发展观光农业、休闲亲水旅游，打造休闲旅游、体育运动度假区，充分运用香草湖优美的田园风光举办了春季踏青会等活动。村内还整合农户多余房源1000余间，建立乡村酒店联盟，打造特色旅游民宿。

③引进高端产业项目。利用整理节约出的269亩集体建设用地，借助入市政策，规划建设现代农庄、休闲会所、乡村酒店和农业总部等一三互动产业项目。

2. 集体经济发展壮大

青杠树村以村民委员会社会管理职能和经济发展职能分离为突破口，寻求集体资源所有权和经营权相分离的发展路径。整合村内“资源、资金、资产”，并成立青杠树村集体资产管理有限公司，与社会企业合作成立景区管理公司，共同经营香草湖景区。这一系列的举措，使村集体经济得以壮大。目前青杠树村集体资产达7831万元，股权量化2251股，人均集体资产达3.48万元。依靠景区停车管理、活动门票、商位出租等经营性收益，2016年青杠树村景区管理收益达到120万元，除去景区维护资金、基础建设费用、日常管理费用等开支，结余23万元，景区管理公司将该部分资金予以分红，每名股东平均分得100元现金。

3. 改革“红利”村民共享

村民在项目中也“获益颇丰”，不仅分配到了人均35平方米的安置房，同时还获得了人均2万多的拆旧安置补偿。青杠树村的公共基础设施也得到极大的完善，健身器材、活动广场等设施一应俱全，村民的业余生活也因此变得更加丰富多样，生活质量得到进一步提高。多数村民的承包地已经流转给外来农业企业和本村建立的合作社，每年可按照“双700”的市价获得土地租金。2016年，青杠树村全村实现人均可支配收入23397元，高于全区22134元的平均水平，较2015年净增2300元，较项目建设前的11954元翻了一番。从各项收入看，务工收入达到15896元，商业收入3296元，房屋出租1000元，政策性补贴580元，股权分红350元（集体资产管理公司分红100元，入市货币分红250元），剩余2275元为土地流转收入。青杠树村村民的人均收入中，非农收入从项目实施前不足40%到现在的90.27%，其财产性收入比例虽因收入基数上涨而略有下降，但绝对量却增加了1350元，这些数据充分说明了青杠树村村民拥有了更广的收入渠道、更牢固的增收基础。此外，随着青杠树村集体经营性建设用地入市工作不断推进，有更多的村民能够拥有非农业工作，预计可实现村内1200人就地非农就业。①

三、郫都区红光镇白云村乡村民宿案例

（一）白云村概况

白云村东邻寇家坝村、南邻护国村、西邻三道堰镇秦家庙村、北与三道堰镇陈家船村接壤，因历史上有白云庵寺庙坐落而得名“白云”。白云村之北有徐堰河流经，村内生态环境优美，农业生产条件较好。村内现居住人口1762人，603户，共有8个社。白云村面积1.72平方公里，承包地总面积1955.85亩。白云村主要以传统农业为主，生产常规的农作物，如水稻、小麦、油菜和每年一季的杂交水稻，并有大宗土地综合整治项目“田园时代”落户其中。

---

① 成都市郫都区青杠树村村务公开栏。

图 8－4 多利桃花源路标

（二）具体措施

1. 村民新居建设与安置

白云村村民新居建设的资金来源原本存在一定短缺，之后多利公司先行垫付了 8000 万元，使得问题得到了解决。之后，白云村针对新村点位布局、户型设计、风貌形态等规划召开村民议事会进行商议，根据农民的意愿和诉求，再由专业设计人员对规划设计方案进行修改完善，最终再次交由农民自主选择。村民新居面积调换与建房补偿以人均集体建设用地面积 40 平方米为基数，参与的村民可通过两种方式领取补偿：一种是按原房屋结构、面积计算，以楼房 540 元/平方米、瓦房 400 元/平方米作为补偿标准，该标准参照《成都市征地补偿安置办法》；另一种则是按“保底”的 1.5 万元/人的标准进行补偿。大多数的村民基本都能达到建设用地基数，甚至会远远超过基数，所以基本都会选择第一种方式领取补偿，而建设用地不足 40 平方米的村民则会选择第二种方式领取补偿，而且还无须补交安置房修建钱款。村民安置房建设也有两种模式：统规统建与统规自建。选择统规统建的村民，可享受人均 40 平方米的安置房，统规自建的安置房在人均 40 平方米的基础上，超出面积按照 1600/平方米计费。当然，也有部分村民由于已在城内购房或是在村内有多套房，希望只得到货币补偿，这部分共涉及200多人，在该项目中，每人获得了8万元的安置房补偿与原住房的拆旧补偿。

2. 土地权属调整问题

农民土地权属调整问题在土地整治中一直是焦点、难点。白云村却有效破解了这个难题。通过土地整治的契机，多利公司流转了村内1300亩农用地，农民因此每年可获得“双700”的土地租金，即700斤水稻、700斤小麦，以随行就市的价格进行计算，每个村民每年每亩的土地租金可达2275元。对于现在剩余未流转的土地，白云村准备在种植的苗木出售后流转给多利公司，还将在5个安置点周围，按人均1分地的标准设置村民的“自留地”，供村民种植蔬菜瓜果。

在谈妥上述问题后，白云村村民安置房工程由村集体统一招标建设，然后交由村民大会投票选择，最后代表全体村民与代建方签订工程施工安全质量书与代建合同，对项目名称、结构、地点、标准以及房子主体建筑材料、室内管线规格等细节问题予以明确规定。同时，白云村还成立了统规统建、统规自建的施工质量监督小组，小组成员由村民推选产生，主要负责监管房屋建设中的房子质量与施工进度以及监管补偿款发放。在各方的努力下，新居建设与项目整体建设有序进行。

图8-5　多利桃花源标志性建筑之一

白云村在整个建设过程中，都做到了充分尊重村民意见、发挥集体经济组织的作用，先后召开了8次村民代表大会，自主确定了土地整治拆旧安置办法、新居建设方案等关键问题，实现了“自己的事情自己定，自己的事情自己管”。一方面，使村民真正成为自主决策、建设、管理、监督的主人。另一方面，白云村充分发挥了集体经济组织作用，村组干部带头参加项目，并让一些眼界开阔、具有市场意识的村民宣传动员其他村民。

3. 多元产业融合

多利公司对整个项目区进行了科学详细的规划，力主打造“一三产业”融合的现代化农业产业和“一带五区”的功能布局。“一带”是指依托徐堰河建设滨河运动休闲带，“五区”则分别为农民社区、市民广场、市民农庄区、旅游休闲区和有机生态农业示范区。滨河运动休闲带占地618亩，在恢复河岸生态基底后着手打造生态跑道等。农民社区则是将分散的村民集合起来组团布局，以“1+23”配套公共服务，按照川西风格延续田园风光。市民广场占地526亩，提供医疗、教育、商业、酒店等各项服务，为村民与“新移民”打造“宜居宜游宜业”的集中区。市民农庄占地1638亩，建筑面积86400平方米，配套酒店等建筑面积10000平方米，目前已经启动7000平方米建设，结合川西林盘与滨河休闲运动带着力打造“有舍、有庭、有院、有田”的市民农庄。旅游休闲区占地4547亩，借助生态休闲农业基地创建乡村旅游文化元素，建设运动公园、四季花园等示范景区。有机生态农业示范区占地3369亩，创建有机蔬菜产销链条，并计划建设世界农园景点，汇聚国外先进种植科技。

2017年3月25日，在经过三年的建设后，多利农庄正式开放。据介绍，多利现已完成投资5.2亿元，实施了8.1万平方米的农村新型社区建设，可安置600户1800余人入住。同时，多利已建成600亩有机生态农业示范区、12000平方米温室大棚和分拣包装中心，并同步启动了4个组团度假酒店和家庭农庄建设。目前，多利农庄将运营重点放在两个方面。一是启动第一期4000平方米的酒店建设，并交由全球著名的酒店管理公司——法国LUX酒店管理集团进行运营管理，意图打造乡村旅游度假新体验，以带动休闲农业发展，实现乡村旅游转型升级。二是建设都市农业双创示范基地，汇集中国农科院、四川农业大学和上海有机蔬菜工程技术研究中心的高端农业人才组建“都市农业科创中心”，现已建立了近30名导师的辅导团队，形成了100亩塑料大棚、300亩大田、10000平方米智能温室大棚及2000平方米的农业双创载体平台，为入驻园区内的农业创客、合作社等提供技术辅导和支撑。

（三）取得成效

1. 农业发展优化升级

一方面，白云村依托项目流转村内1300亩土地，并在将来流转租用除村民“自留地”之外的全部承包地，进行规模化、专业化经营，加快村内基础设施、服务业建设，协调村内产业结构，有利于变家庭作坊式生产为企业化经营模式、变简单的农耕劳作为科技引领生产、变单一种植业形态为“一三产业”融合发展，使白云村经济社会发展全面推进。另一方面，村民社区公共服务按“1+23”进行配套建设，引入现代化的物业管理使村民享受优质的生活环境，村容风貌以传统川西风格进行打造，这不仅解决了以前村内环境脏乱差的问题，还传承了田园风格。

2. 农民共享改革红利

村民在项目中也“获益颇丰”。除项目中获得人均40m^2的安置房外，村民还获得了人均3.5万元的安置费与每人每年约2275元的土地租金，即使是原有建设用地不足40平方米的村民，也可以获得保底1.5万元的补偿。村民在安置房建设中，没有补钱，只有拿钱。除此之外，多利公司将会利用预留的18亩集体经营性建设用地（330亩内的5%），以“作价入股”的方式，由公司投资、集体入股，前期每年保底分红100万元，在收益平稳后实行股份分红，以增加农民财产性收入。据多利公司介绍，2017年村民依托多利项目，收入可增加为人均2.7万元。同时，现已有312位村民通过职业培训进入农庄工作，率先“职业化”，不再是“老农民”，而是颇具现代气息的农业产业工人。随着项目进一步推进，预计还将吸纳千余人进入农庄工作，年均收入可达3万元。

3. 企业获得入市政策保障

由于农业前期往往需要巨大投入，且需要“精耕细作”才能发挥最大效用，大部分企业因此会担心，在“拿地”之后遇到政策变化，或是农民反悔，从而造成项目失败等结果。但现在，通过集体经营性建设用地入市，企业“拿地”也有了保障。通过规范的市场规则进行交易，明确了企业、集体、农民乃至政府的权利与义务，逐渐消除原来经营中的“灰色地带”。在入市过程中，多利与白云村签订了一系列协议，如《郫县红光镇白云村土地综合整治协议》《农村土地承包经营权流转协议》等，严格划分了多利、白云村与村民各自的权利与义务，为入市项目奠定了较好的工作基础。同时，在项目建设中，政府、企业与村集体建立了协调机制，成立了多利项目领导小组，由分管农业的副县长担任组长、红光镇书记担任副组长，并将农林、国土、规划等部门以及白云村村集体纳入其中。除了正常的工作会议外，还建立微信工作群等进行线上实时沟通协调，大大提高工作效率。

四、郫都区友爱镇农科村集体经营性建设用地作价入股案例

（一）农科村概况

农科村景区位于成都市西部，行政区划属于郫都区友爱镇，是西汉大儒扬雄故里，中国农家乐旅游发源地。东距成都市区 20 公里，西邻都江堰 30 公里。全村面积 2.6 平方公里，耕地面积 2400 余亩，辖 11 个社，686 户，人口 2332 人，人均耕地 1.02 亩，花卉种植面积 2300 余亩。其中，核心区面积 280 余亩，人口 280 人。截至 2012 年 10 月，全村共有农家乐接待户 40 余户，日接待上万人次，全村人均收入 3.5 万余元，核心区人均纯收入 5 万余元。

图 8－6　农科村村口

（二）具体措施

2017 年 9 月 22 日，随着友爱镇农科村第一农业合作社（以下简称“农科村一社”）农民集体委托成都海棠富农农业科技有限公司（由村委会成立的集体资产管理公司）与成都农科物业管理有限公司签订完成宗地作价入股协议，郫都区第一宗农村集体经营性建设用地作价入股宗地成功入市。

本次作价入股宗地位于郫县友爱镇农科村一社，该宗地原为集体所有，在过去为村委会的办事机构，村委会搬迁后此处便闲置下来，其面积为 722.63 平方米、规划净用地面积为 719.56 平方米；规划用地性质为村庄产业用地，土地利用分类为商服用地，用地年限为 40 年；容积率不大于 1.2、建筑密度不大于 50%、建筑相对地面高度不大于 15 米、建筑层数不大于 3 层。该地块最终由成都农科物业管理有限公司以 60.47 万元/亩竞得，竞得总额 65.26 万元；同时分别以 30% 和 3% 的比例对其收取增值收益调节金和与契税相当的调节金，金额分别为 19.5789 万元、1.95789 万元，由成都农科物业管理有限公司代农科村一社支付。具体程序如下：

1. 征求群众意见

2016 年 10 月 20 日经农科村一社三分之二以上户代表会议议决，决定授权委托成都海棠富农农业科技有限公司作为入市主体并采用作价出资（入股）方式就地入市。接受委托后，成都海棠富农农业科技有限公司先拟定了农村集体经营性建设用地使用权作价出资（入股）初步方案，初步方案包括宗地位置、面积、用途、合作方的基本情况（含名称、经营范围、注册资本、企业类型、法人代表、资产负债状况、目前生产经营情况等）、合作方关于宗地的建设开发方案、拟成立新公司概括等内容。

2. 开展宗地评估

当农村集体经营性建设用地使用权作价出资（入股）初步方案经过三分之二以上户代表会议同意后，成都海棠富农农业科技有限公司将该方案报区国土局，由区国土局牵头对方案进行会审，出具审查意见，接着向区规建局申请宗地的规划资料，并由区规建局出具宗地用地红线图和规划条件。之后，成都海棠富农农业科技有限公司委托中介机构依据区规建局出具的规划条件，对拟入市的宗地进行评估，评估价格为 907 元/m^2，合计 65.26 万元。

3. 确定出资额

按照相关政策的要求，宗地作价出资（入股）价格及所占股份比例以入市主体抽取的有资质的评估机构出具的评估价格和拟入股企业计划出资额规模为基准。最终经双方认可的第三方审计机构认定的财务决算审定金额为依据，综合考虑宗地整理成本、国家相关税费、入市相应费用后由入市主体与拟入股企业商定，但不得低于本区域基准地价。在此基础上，成都海棠富农农业科技有限公司以评估价格 65.26 万元作为入股本金，占总股本 27.2%；成都农科物业管理有限公司以现金方式入股，入股资金为 174.74 万元，占总股本 72.8%。前期宗地入市过程中，成都农科物业管理有限公司代农科村一社支付的由国土部门收取的耕地开垦费 71940.00 元，新增建设用地有偿使用费 20570.00 元，耕地占用税 23430.00 元，宗地测绘费 17484.00 元，评估费 2540.00 元，以及后期应支付的土地增值收益调节金和契税 21.54 万元（暂按 65.26 × 33% = 21.54 万元，具体以实际发生额为准），合计 35.1364 万元，仍由成都农科物业管理有限公司继续垫付，后期经营过程中若发生股权转让、变更等行为，由股权受让方承担。宗地作价出资（入股）后相应股份由入市主体成都海棠富农农业科技有限公司代为持有并行使相应的经营权、股东收益分配权。

4. 形成入市方案

根据 2016 年郫县人民政府《关于印发〈郫县农村集体经营性建设用地入市规定〉等 19 项制度规定的通知》的精神，按照郫都区国土局《郫都区农村集体经营性建设用地使用权作价出资（入股）办法》，结合 2016 年 10 月 20 日经农科村一社三分之二以上户代表会议议决通过的《友爱镇农科村一社集体经营性建设用地使用权作价出资（入股）初步方案》基础上，海棠富农农业科技有限公司制定了《友爱镇农科村一社集体经营性建设用地使用权作价入股方案》，明确了宗地位置、面积、用途、使用年限、新公司基本情况、宗地评估价格、作价出资金额及比例、股份收益及分配方法等内容。该方案须经农科一社三分之二以上户代表参会且须经参会户代表三分之二以上议决通过后，报郫都区国土局进行审查，审查结果在宗地所在村、社，区国土局和区交易平台等公示栏或网站上进行公示，公示时间不少于 7 个工作日。公示期满由入市主体和股东签订农村集体经营性建设用地使用权作价出资（入股）合同。

5. 成立新公司、认缴出资额

在农村集体经营性建设用地使用权作价出资（入股）合同签订后5个工作日内，由成都海棠富农农业科技有限公司和成都农科物业管理有限公司双方到区市场监管局办理新公司注册登记，成立有限责任公司。在公司成立后的三个工作日内向全体股东签发出资证明书。

在办理新公司注册登记的同时，成都农科物业管理有限公司认缴出资50万元存入新公司在银行开设的基本账户，余款124.74万元待建设方案经区规建部门同意后10个工作日内（初步约定为11月6日前）存入新公司在银行开设的基本账户。在缴纳完土地增值收益调节金和契税后，成都海棠富农农业科技有限公司配合区国土局将宗地使用权登记到新公司名下。

6. 土地登记

在股东出资额全部认缴完毕后，由成都海棠富农农业科技有限公司缴纳土地增值收益调节金，同时分别以30%和3%的比例对其收取增值收益调节金和与契税相当的调节金，金额分别为19.5789万元、1.95789万元。然后再由区国土局办理农村集体经营性建设用地使用权作价出资（入股）登记手续，并在手续完成的7个工作日内，将作价出资（入股）信息在区国土局和区交易中心等网站进行公布，接受社会监督。

（三）取得成效

1. 以产业带动地块入市，保障农民利益不受损

该宗地所在的农科所是全国农家乐的发源地，农村生态环境非常好，旅游业发展较为成熟，是全国4A级景区，农民自主经营的积极性非常高，愿意获得长期的收益，不愿意做“一锤子”买卖。将宗地以作价出资方式入市的集体经济模式，必须要遵守市场运行规则，而农民自身也要承担市场运营的风险。如何能既遵守市场运营规则，又能保障农民个人利益，这是摆在镇、村领导干部面前的一个难题。

为此，友爱镇领导和区相关职能部门多次到实地踏勘，与村民交流，了解他们的真实想法和需求。经过多次讨论研究，镇村采取了“观光农民基地+入

市地块”的整体打造方案，即依托良好的旅游资源，以入市地块建成的酒店作为基础设施配套，连同周边的农用地共同打造海棠观光农业基地。由出资方作为租赁方统一承租该宗地周边农用地，租金作为农民每年的保底收入，解决了农民的后顾之忧。同时，作价入股地块按照市场化经营后每年获得的收益由集体经济组织统一进行分配，确保农民有获得感。

2. 将集体决策写进章程，保障集体权益不受损

本次作价入股地块由于面积较小，评估价值所占公司股份仅能达到27.19%，未达到三分之一，公司大股东有可能在村集体经济组织不知情的情况下，将公司重大事项进行变更。因此，为了保障集体经济组织的参与决策权及话语权，在制定公司章程的时候，区级部门和镇政府充分考虑了该因素，在公司章程中进行了约定，明确了：涉及公司章程变更、股权转让、公司资产增减、变更等相关事项必须经作价入股土地所在社三分之二以上户代表大会决议通过后方可实施。该约定依照《公司法》第四十三条有关公司重大决议的程序规定，充分赋予了集体经济组织对入市地块的权能，也保障了农民在作价出资宗地后期运营过程中的参与权与监督权。

3. 同发展共命运，增强农民市场及风险意识

为更好地进行合作，此次入市的参与双方——农科村一社和成都海棠富农农业科技有限公司，分别以土地使用权和货币的形式出资成立了成都市泰祥酒店管理有限公司，并在区市场监管局办理了注册登记，成为可以平等参与市场竞争的法人代表，并以切实可行的章程引导合作双方按章规范运行。对企业而言，以入股的形式与农民合作实现了利益共享风险共担，企业不再独立承担所有的经济风险，在一定程度上会提高企业投资的积极性。对农民而言，这一方面提高了他们的组织化程度，增强了农民主动参与市场竞争、积极抵御市场风险的能力；另一方面也为农民市场意识的培育提供了途径。因为在制定公司章程时镇村干部会积极引导他们参与到讨论中去，使农民群众尽可能参与到改革中来，从而在一定程度上提高村民的自治能力。此外作为公司的股东之一，他们不仅获得收益也会承担市场风险，因此会更加主动地了解市场行情和公司的生产发展方向。

总之，此次友爱镇农科村一社集体经营性建设用地使用权作价入股，既是

依托自身优势、把握当地经济发展实际做出的合理选择，也是对郫都区农村集体经营性建设用地入市改革试点样本的丰富；不仅让农民集体更多地参与到土地制度改革中来，体现了农村土地作为生产要素的价值，也让外部企业参与进来，探索了外来资本与农民集体共同建设并发展农村的新形式；此外，以集体经营性建设用地作价入股，更充分地体现了集体建设用地和国有建设用地的“同地、同权、同责”，让集体经济组织有更多的社会责任感和市场风险意识，为建立城乡统一的建设用地市场打下了基础。

图 8－7　农科村路边

五、温江区和盛镇闲置农房利用案例

（一）和盛镇概况

和盛镇位于温江区北部，地处国家级生态示范区核心区域，面积 41 平方公里，其中城镇规划区面积 6.4 平方公里。辖 10 个行政村、6 个社区，总人口 5.79 万人。和盛镇拥有 3.7 万亩花木，由此构筑起了优美的生态本底。杨柳河、金马河两大水系流经全镇，2 条支渠、5 条斗渠总长度约 98 公里，还有蜿蜒曲折的月石河贯通全境。鲁家滩 600 亩生态水面资源独具特色。

近年来，沿天乡路西延线已建成友庆现代花卉核心示范区，先锋、清溪玫瑰园、云投生态园林等知名花卉企业 22 家，建成了红枫观赏基地、惠美花境观光农业园、柏萃乡村酒店、玫瑰园乡村酒店等一批旅游项目；以府通路为轴线，土桥紫薇公园、花语绿荫观光农业园等示范项目正在加紧建设。和盛镇基础条件较好，基础设施配套完备，水、电、气、讯等一应俱全。镇域目前道路基础设施完善，形成了以成青快速通道、温玉路和府通路形成纵向贯穿，成温邛辅道、花卉大道、四支渠路、柳江路、李川路、三支渠路为横向连接的“三纵六横”骨干交通网络，区域交通较为便利。

和盛镇紧紧围绕“产业之城”建设目标，积极思考和推进传统农村转型发展，充分利用农村产权制度改革成果，盘活闲置农房资源，吸引资本下乡，培植产业并增加农民财产性收益，为传统农村区域建设发展探索了新的路径。

（二）具体措施

1. 完善规划，为资本下乡谋篇布局

和盛镇坚持融入全区“一张图”规划，立足温江北部160平方公里生态大公园建设，围绕“文创+”的乡村旅游产业方向，完善系列村庄规划，确定了产业布局及农房建筑形态，为闲置农房改造、利用奠定基础，并强化了“资本下乡”项目落地的引导和管控。全镇确定“一区三线两组团”民宿发展布局，即依托驻镇高等职业院校建设院校文创核心区、杨柳河乡村旅游环线、金马河乡村旅游环线、府通路沿线；以“临江+春林”“土桥+广水”两个田园综合体为基础，组团发展旅游景观民宿。

2. 梳理资源，助力抱团发展

随着人口流动、农民进城，农村空闲房屋大量出现，加之因全域禁养而空闲出来的养殖用房，这些闲置农房成为承接社会资本、推进产业发展的重要载体。经过梳理，和盛镇约有空闲农房48.2万平方米，闲置林盘集体建设用地24.3万平方米，其中可独立使用的约19.28万平方米，可相对独立使用的约28.9万平方米。依据群众参与意愿，和盛镇梳理建立了“一账、一簿、一册”，即逐村建立了闲置农房资源台账，明晰地理位置、资源数据；建立群众入股经营意向登记簿，摸清群众参与市场经营的意愿、产业引进的方向以及合作经营的模式；建立和盛镇全镇统一的闲置农房资源招商画册，明确对外招商的体量、产业引进的类别、合作模式等。通过资源梳理和意愿调查，引导闲置农房以院落为单位进行功能串联，利于乡村旅游项目聚集。

3. 搭建平台，对接市场主体

和盛镇在各村级层面，成立乡村旅游管理公司或合作社，重点负责群众闲置用房储备、项目洽谈、建设审核和服务监管，协调投资主体与群众双方利益。和盛镇已成立春林等4个资产管理公司，鲁家滩乡村旅游管理合作社、土桥月石河旅游合作社等7个村级平台。合作社则采取备案入股及实际入股两个层面进行项目对接。群众签订流转意愿书，将闲置用房委托给合作社经营，完成入股意愿备案；合作社对接市场，视具体项目引入情况，完成群众股份确认。和盛镇共计完成备案入股约7.2万平方米，实际转化资产股份1.03万平方米。和盛镇还搭建了农村闲置用房的大数据平台，按照一户一档、一院一册的方式进行信息管理，依据全镇产业发展布局，进行项目策划包装，对外发布招商信息，开展定向推介。

4. 完善机制，保障合作共赢

一是实行统一管理。公司或合作社以章程等契约形式固定群众的权利和义务，以市场主体身份负责整体运营，避免社会投资人与单个农户逐一谈判，降低了资本进入的隐形成本，减小单个农户违约的投资风险，极大地鼓励了社会资本下乡。二是加强项目服务监督。镇政府给予规划指导、用地配套、政策扶持；公司或合作社优化创业环境，协调和保障项目建设，并根据项目备案，对项目建设、群众收益保障进行监管。三是统一提供法律服务。针对闲置农房流转，委派律师团队对项目引进、协议签订及履行提供全程项目服务，对房屋现状鉴定等关键环节实施公证。四是引入第三方评估，对因违约造成的装修损失等建立科学理赔机制。

（三）取得成效

1. 传统农村区域产业起航

通过建立市场主体来对接社会资本，利用友庆社区5000平方米闲置农房，吸引社会资金1.5亿元启动“海棠原乡”创意院落建设；利用临江500平方米闲置农房，吸引投资700万元建设“门道”禅修民宿院落。盘活农村闲置酒厂、院落房屋等资源，建成和盛文创集市、土桥艺术家工作室、花语绿荫家庭农场、土桥木屋、浅山院落、四叶草咖啡项目6个，引导13个“农家乐”进驻院落实现成功转型。

2. 农民增收找到新的增长点

产权改革固化了农村资源权属，通过盘活闲置农房，实现闲置资源面向乡村旅游配置，为群众财产性收入的增加提供了保障。目前，全镇共计流转闲置农房面积7320平方米，涉及群众42户，户均实现年增收4892元。

3. 农村面貌实现快速提升

因地制宜改造传统农村，实现院落环境提升，夯实了宜业宜居宜游的生态品质。目前，已有8个院落通过政府投入撬动社会资本参与的模式，建成入户道路11.3公里，污水管网3.4公里，整治农房6000余平方米；建成市级“三美院落”5个，“四好新村”6个。

六、温江区土地经营权抵押融资案例

（一）案例简况

抵押对象基本情况					
产权类型	位置	面积	期限	用地类型	影响因素
农村土地经营权	温江全域	13794.19公顷	30年	水田、水浇地	自然、社会经济、特殊因素

评估内容						
评估机构	估价时点	估价目的	估价方法	估价结果	成果形式	估价收费
公诚信	2014.1.1	基准价格	基准价格修正法	三级均质区域	工作报告、技术报告	12万元

（二）案例简析

如何准确评估土地经营权价值，各地尚在探索阶段。由于目前我国刚开展农地定级估价，农地基准地价及其修正体系尚不成熟，基准地价系数修正法的运用也有很大的局限性。2014年，温江区在全市率先启动农村土地承包经营权基准价格评估工作，主要内容包括三方面：划分均质区域、评定基准价格和基准价格修正体系。其中，划分均质区域采用修正法进行耕地定级。修正法是在耕地分等的基础上，进一步细划分等单元为定级单元，选择区位修正系数、耕作便利度修正系数、土地利用状况修正系数对分等指数进行逐项修正，确定定级指数，以定级指数划分土地级别的方法。

评定基准价格主要根据耕地定级成果，划分均质区域作为基准地价评估单元，并根据各评估单元的影响因素综合分值或定级分值、耕地市场交易资料，采用算术平均数模型评估基准地价。

结合当地实际，温江区修正时主要考虑了在区域范围内具有明显差异，对耕地级别有显著影响的因素，一是土地区位因素即耕地便利程度，二是中心镇影响度即交通便利度。

从温江区案例实施情况看，主要产生了以下积极影响：

一是有利于形成城乡统一土地市场。农村土地经营权定级估价，可以显示温江区耕地的质量与价值，与城镇土地一起形成城乡统一土地市场，推进规范、竞争、有效的土地市场的建立，促进耕地合理流转，推进农村土地制度改革，提高温江区城乡土地管理水平。

二是有利于耕地的保护和可持续利用。农村土地经营权流转定级估价，可以了解土地经营者在经营耕地期间对土地的使用情况。对提高土地质量的经营者，应给予相应补偿；对破坏土地生产力的，应给予处罚，做到鼓励经营者进行土地集约经营，提高土地生产力。通过地价反映土地质量的变化，用养结合的土地利用行为会提高土地质量，地价上升；掠夺性的利用行为必然降低土地质量，地价会下降。以地价指导土地利用行为，切实实现土地的持续利用。因此，耕地估价作为今后工作的重要内容之一，对于耕地保护和持续利用起到促进作用。

三是有利于确立合理的土地征收补偿费。按照现行法律规定，征地补偿标准的计算方法是产值倍数法，应该说，这不符合市场经济原则。《土地管理法》修订时，也曾提出了要按照市场经济的要求，采取更有效的征地补偿办法，以保障农民利益。但由于缺乏基础工作的支撑，“按价征地”的思路没能写入新法。征地制度改革的推进，对耕地分等定级与估价工作提出了十分迫切的要求。

七、温江区农村在地资产仓单质押案例

（一）案例简况

<table>
<tr><td colspan="9">质押对象基本情况</td></tr>
<tr><td>产权类型</td><td>产权人</td><td>位置</td><td>面积</td><td>证书</td><td>期限</td><td>取得方式</td><td>支付方式</td><td>土地用途</td></tr>
<tr><td>花木仓单</td><td>陈某某</td><td>万春镇</td><td>15 亩</td><td>仓单</td><td>1 年</td><td>金融仓单</td><td>一次性</td><td>商服</td></tr>
<tr><td colspan="9">评估内容</td></tr>
<tr><td>仓单机构</td><td>估价时点</td><td>估价目的</td><td colspan="3">估价方法</td><td>估价结果</td><td colspan="2">贷款金额</td></tr>
<tr><td>四川一创</td><td>2014. 7</td><td>质押</td><td colspan="3">市场比较法、
基准价格修正法</td><td>208 万元</td><td colspan="2">80 万元</td></tr>
</table>

（二）案例简析

在工作实践中，温江区创新花木仓单质押融资模式，通过搭建制定评估标准、发布价格指数、明确监管责任、优化处置流程等“细胞工程”建设，逐步形成了具有普适性的农村在地资产仓单质押融资的金融独立解决方案。

1. 借鉴权利仓单形式，解决权利凭证合法性问题

花木作为农村重要的在地资产之一，其独特的绿色环保和生态平衡概念已越来越受到认可，展现出了强有力的市场前景。相较其他农村资产，花木具有较好的产权流通性、较高的市场成熟度和较强的金融配置度。与农村土地产权不同，以花木为代表的在地资产虽然附着于土地，但却无法取得行政机关颁发的权属证书，所以花木权属登记颁证一直是个难点。而花木仓单质押的设计，是依照《担保法》关于仓单权利凭证质押的一般规定，具有融资需求的农户或企业将其拥有的一定范围内的特殊动产——花木进行圈定并围合成虚拟“仓库”，由金融机构认可的仓单开具机构作为库内花木的监管方，出具标准化的花木仓单并实施花木监管，农户或企业凭仓单向金融机构申请获得质押贷款。花木仓单质押将具有实际经济价值但不具备权属外观的这部分资产，以专业金融仓储企业出具的仓单形式获取了银行认可，满足了银行对担保物权属证明的严格要求。

2. 完善价值评估体系，降低质押融资的风险性

花木作为一种特殊动产，目前尚无全国性的价值评估规程，其价值判断主要依据金融机构自身对市场价格的收集与研判。由于金融机构对花木交易市场动态信息的掌握能力有限，导致花木评估价值与市场价值偏离的情形时有发生。为解决上述问题，温江区着手建立花木市场价格体系，以花交所为核心载体，整合行业资源，提升完善花木电子商务网络交易平台，通过电子交易平台公开、公正、公平挂牌竞价，产生真实、权威的产品价格，逐步建立以花交所为主体的花木交易商品定价中心，定期发布花木市场价格指数，为后期融资对象的质押价值确定奠定了基础。同时，通过引入专业金融仓储机构与专业花木交易机构共同对花木价值进行专业评估，降低了金融机构的放贷风险，确保了金融机构能在相对较低的风险下调低资金成本，使得仓单质押融资更具优势。

3. 纳入金融仓储监管，提升花木监管的专业性

银行作为金融机构，对花木质押物自身情况和市场情况并不了解。因此，将并不熟悉的花木质押物交由专业的机构进行监管，在一定程度上降低了其风险。参照目前省内数家金融仓储企业对标准仓单的监管方式，结合花木等在地资产特点，仓单监管手段主要有以下方式：一是通过物联网技术，对进入仓单范围的名贵树种植入定位芯片，避免花木被随意挪动。二是实行严格的入仓与出仓制度，通过规范化管理确保仓单价值的稳定。三是雇佣一批熟悉花木特点的流动监管员负责对仓单内花木不定时抽查。四是对仓单内花木市场价值进行动态监控，当出现较大波动时，及时通知贷款银行。在探索实践中，部分对风险控制持较为谨慎态度的银行，正在考虑设计引入“仓单＋订单”的模式，将花木订单打捆融入仓单质押中，进一步降低金融风险。

4. 优化质押融资流程，提高花木融资的便捷性

采取花木仓单质押融资模式，对融资流程的优化主要体现在以下几方面：一是开具花木仓单的仓储企业可以协助融资主体向金融机构提出融资申请，缩短融资主体资料准备的时间。二是花木仓单质押无须向林业行政主管部门办理质押登记，转移仓单占有即可生效，节省了权证办理所耗费的时间。三是对仓单内花木的核实由仓储企业完成，仓储企业与金融机构间有着紧密的合作关系，减轻了对银行的前期贷款审查工作的压力，压缩了贷款审查的时间。

八、崇州农业共营制案例

（一）崇州市概况

崇州市是四川省成都市所辖的一个县级市，位于成都平原西部，全市面积 1090 平方公里，平坝区占总面积的 52%，山区占总面积的 43%，丘陵区占总面积的 5%，辖 1 个街道、24 个乡镇，是全国新增千亿斤粮食生产能力建设县、四川省粮食主要产区。

图 8-8　崇州粮食综合示范基地一角

（二）具体措施

1. 初步试探：建立农业“共营制”新型经营体系

2010 年 5 月，崇州市隆兴镇黎坝村 15 组 30 户农民以 101.27 亩承包土地经营权入股，成立土地股份合作社，并聘请职业经理人负责合作社土地的生产经营管理，当年就产生了显著成效。

2011 年起，土地股份合作社便在全市开始迅速推广，同步带动了农业职业经理人和农业综合服务的快速发展。经不断探索，崇州市逐步形成以农户为主体自愿自主组建土地股份合作社推进农业规模化经营，以培养农业职业经理人队伍推进农业专业化生产，以强化现代农业服务体系推进农业专业化服务的“农业共营制”的新型农业经营体系。

2018 年 5 月 8 日，国家林业和草原局印发《关于进一步放活集体林经营权的意见》，该意见将崇州“林地股份合作社 + 职业森林经理人 + 林业综合服务”三位一体的“林业共营制”经验，作为“健全完善利益联结机制”部分的具体细则内容，“崇州模式”即将在全国范围内推广，供各地参考借鉴。

2. 谁来经营：推进土地股份合作经营

运用农村土地承包经营权确权登记颁证成果，成立土地承包经营权股份合作社。按照“入社自愿、退社自由，利益共享、风险共担”原则，引导农户以土地承包经营权折资入股，工商注册成立土地股份合作社。

建立合作社理事长法人治理机制，逐步形成“理事会 + 农业职业经理人 + 监事会”的运行机制。由理事会代表社员决定种什么，然后公开招聘农业职业经理人；聘任的农业职业经理人统一组织生产管理，具体负责怎么种的问题，实行科学种田。最终合作社将经营纯收入的 10% 作为合作社公积金，20% 作为农业职业经理人佣金，70% 作为社员土地入股分红，同时以超产分成或二次分红等方式，保障入社社员收益。

3. 谁来种地：推进职业经理人种田

建立新型职业农民培育和服务体系，选择大学毕业生、返乡农民工、农机农技能手等作为重点培育对象，同步建立以专家学者、农技推广人员为补充的教学师资队伍，汇集各类培训资源，建立职业农民“双培训”机制，培训生产经营型、专业技能型、社会服务型人才。

建立农业职业经理人初、中、高级“三级贯通”的晋升评定制度、管理制度、考核制度等，对符合条件的颁发证书，实行准入及退出动态管理，构建“农业职业经理人 + 职业农民”专业化生产经营管理团队。制定出台农业职业经理人享受粮食规模种植补贴、城镇职工养老保险补贴、信用贷款贴息扶持等办法，健全产业、社保、金融等扶持政策体系。

4. 谁来生产：推进农业服务社会化

通过政府引导、市场参与、多元合作方式，构建农业科技、品牌、金融和社会化相结合的农业综合服务体系。

（1）构建农业科技服务体系。依托“一校两院”，组建农业专家团队和科技推广团队，建成四川农业大学“两化”农业科技服务总部崇州基地。

(2) 构建农业综合服务体系。通过开展政府购买公益性服务试点，提升基层公益性农业综合服务能力；通过引入社会资金参与，搭建 O2O “一站式”社会化服务超市；通过发展粮食烘储仓储、加工营销，建成农村综合服务总部基地，实现农业生产“一条龙”服务。

(3) 构建农业品牌服务体系。培育“崇耕”公共品牌 + 企业自主品牌，搭建“土而奇”公共电商 + 垂直电商平台，农业经营主体加盟农村电商 120 多家，优质粮油、肉蛋、蔬果等 20 多个农产品实现上线销售，促进农业产业链延伸和价值链延伸。

(4) 构建农村金融服务体系。搭建“互联网 + 农村金融”“农贷通”平台，形成农村产权抵押融资“1 + 3 + 7”模式，打通金融资本注入农业全产业链发展通道。

(三) 取得成效

1. 巩固了粮食生产地位。全市土地规模经营率 71%，粮食规模经营率达 75%；2017 年水稻单产达 552 公斤、粮食生产能力达 28 万吨，分别比 2012 年增加 19 公斤、5200 吨，连续五年被省政府表彰为“粮食生产先进县”。

2. 三大主体迅猛发展。组建土地股份合作社 246 个，入社面积 31.6 万亩、入社农户 9.2 万户，均占全市耕地面积、总农户的 61%。培育新型职业农民 7329 人，其中职业经理人 1883 人，农业职业经理人人均年收入 10 万元以上，让农民成为有吸引力的职业，让崇州市成为全国新型职业农民培育工程示范县。建成农业服务超市 10 个、粮食烘储加工中心 20 个，培育各类专业化服务组织 78 个，成为全国首批主要农作物基本实现全程机械化示范县。

3. 绿色发展普遍推广。土地股份合作社的组建带动了以稻田综合种养为核心的立体循环农业发展，并形成了稻田综合种养的技术标准规范，推广稻田综合种养面积近 5 万亩，成功总结出“一水两用、一田双收、水土共治、粮渔共赢”的立体循环农业发展模式，培育出“稻虾藕遇”天府好米品牌和“天君健”功能性大米品牌，获批“中国好粮油”示范县。

4. 农民收入水平得到提升。入社农户从小规模分散经营中解脱出来，除参与分红外，既可在合作社打工挣钱，也可以安心外出务工增加收入，还可在产业链中实现增值收益。2013—2017 年，全市农村居民人均可支配收入年增长 17.6%，达到 19542 元。[①]

九、浦江明月村文创产业发展案例

（一）明月村概况

明月村隶属四川省成都市蒲江县甘溪镇，位于甘溪镇西部。甘溪镇明月村位于大五面山浅丘地带，该地为蒲江、邛崃、雅安交界地带，属浅丘地区。全村面积 6.78 平方公里，森林覆盖率 46.2%，辖 15 个村民小组。

图 8－9　明月村路标

（二）案例简析

明月村是四川高岭土储藏量最大的区域之一，陶瓷品牌“扫云轩”创办人李敏考察后联合明月村政府，计划用 3～5 年时间，在明月村发展邛窑产业。通过成立明月国际陶艺村，恢复明月窑，在明月村建立起以陶为主的手工创意聚集区，将明月村打造成为陶瓷文化国际旅游目的地。

对此，政府支持明月村进行了整村规划，以古窑为依托，形成 8.8 公里的环线以串联整个村庄，打造陶艺手工艺文创园区。具体措施包括：

① 四川崇州市常委王成龙：“崇州农业‘共营制’解决现代农业发展三大难题”，2018 中国三农发展大会报告发言，载中国农业新闻网：http://www.farmer.com.cn/wszb2018/fz2018/xwjb/201802/t20180225_1358780.htm，最后访问时间：2018 年 7 月 25 日。

1. 改造微村落，形成老村民创业群。以“茶山、竹海、明月窑”产业为本底，规划出瓦窑山、谌塝塝两个老村民创业区，将艺术家院落和老村民相对集中的谌塝塝改造成新、旧融合的微村落，同时整理出一块村集体的土地建设成荷塘和沙坑，用集装箱做成陶艺体验空间。

2. 发展社区产业，成立以村民为主体的明月乡村旅游专业合作社，并聘请职业经理人进行管理，而财政产业扶持资金不参与分红。合作社成员陆续开发了茶、竹、陶、印染等特色旅游产品，经营农夫集市、手工社、乡村工坊、自行车租赁及观光游览车经营等旅游配套项目。同时明月村针对村民开设的餐饮及客栈进行专业指导和技能培训，还联合新村民对本地村民进行传统技艺培训，如陶艺、印染、篆刻培训等。

3. 引进新村民。引进新村民的方案一是改造院落。将农民移居他处或外出务工而闲置的农家小院，通过沟通协调出 15 ~ 20 年租期，以引进符合产业发展需求的艺术家，并提供一定数额的改造补贴。方案二是自建房屋。调剂汶川大地震和芦山地震两次地震后的建设指标到明月村，规划为 40 年产权的商业用地，将 187 亩国有建设用地按 3 个功能组团划分成大小不等的 17 个地块，在保留原生态的松林、竹林基础上，对应引进 17 个文创项目，包括剧场、美术馆、图书馆等，通过土地招拍挂手续引入多元化的社会资本，为明月村“安居、乐业、家园”的生活理想提供建设基础和制度保障。吸引来的新村民与政府、老村民、社会组织、专业者形成合力，最终形成政府搭台、文创撬动、产业支撑、公益助推的协作模式，共同营造共创共享的家园。[①]

---

① 成都社区营造：《蒲江明月村乡村建设纪实》，载搜狐文化：http：//www.sohu.com/a/139842880_748285，最后访问时间：2018 年 7 月 26 日。

附录一：关于实施乡村振兴战略的意见

中共中央、国务院关于实施乡村振兴战略的意见

（2018年1月2日　中发〔2018〕1号）

实施乡村振兴战略，是党的十九大作出的重大决策部署，是决胜全面建成小康社会、全面建设社会主义现代化国家的重大历史任务，是新时代“三农”工作的总抓手。现就实施乡村振兴战略提出如下意见。

一、新时代实施乡村振兴战略的重大意义

党的十八大以来，在以习近平同志为核心的党中央坚强领导下，我们坚持把解决好“三农”问题作为全党工作重中之重，持续加大强农惠农富农政策力度，扎实推进农业现代化和新农村建设，全面深化农村改革，农业农村发展取得了历史性成就，为党和国家事业全面开创新局面提供了重要支撑。5年来，粮食生产能力跨上新台阶，农业供给侧结构性改革迈出新步伐，农民收入持续增长，农村民生全面改善，脱贫攻坚战取得决定性进展，农村生态文明建设显著加强，农民获得感显著提升，农村社会稳定和谐。农业农村发展取得的重大成就和“三农”工作积累的丰富经验，为实施乡村振兴战略奠定了良好基础。

农业农村农民问题是关系国计民生的根本性问题。没有农业农村的现代化，就没有国家的现代化。当前，我国发展不平衡不充分问题在乡村最为突出，主要表现在：农产品阶段性供过于求和供给不足并存，农业供给质量亟待提高；农民适应生产力发展和市场竞争的能力不足，新型职业农民队伍建设亟需加强；农村基础设施和民生领域欠账较多，农村环境和生态问题比较突出，乡村发展整体水平亟待提升；国家支农体系相对薄弱，农村金融改革任务繁重，城乡之间要素合理流动机制亟待健全；农村基层党建存在薄弱环节，乡村治理体系和治理能力亟待强化。实施乡村振兴战略，是解决人民日益增长的美好生活需要和不平衡不充分的发展之间矛盾的必然要求，是实现“两个一百年”奋斗目标的必然要求，是实现全体人民共同富裕的必然要求。

在中国特色社会主义新时代，乡村是一个可以大有作为的广阔天地，迎来了难得的发展机遇。我们有党的领导的政治优势，有社会主义的制度优势，有亿万农民的创造精神，有强大的经济实力支撑，有历史悠久的农耕文明，有旺盛的市场需求，完全有条件有能力实施乡村振兴战略。必须立足国情农情，顺势而为，切实增强责任感使命感紧迫感，举全党全国全社会之力，以更大的决心、更明确的目标、更有力的举措，推动农业全面升级、农村全面进步、农民全面发展，谱写新时代乡村全面振兴新篇章。

二、实施乡村振兴战略的总体要求

（一）指导思想。全面贯彻党的十九大精神，以习近平新时代中国特色社会主义思想为指导，加强党对“三农”工作的领导，坚持稳中求进工作总基调，牢固树立新发展理念，落实高质量发展的要求，紧紧围绕统筹推进“五位一体”总体布局和协调推进“四个全面”战略布局，坚持把解决好“三农”问题作为全党工作重中之重，坚持农业农村优先发展，按照产业兴旺、生态宜居、乡风文明、治理有效、生活富裕的总要求，建立健全城乡融合发展体制机制和政策体系，统筹推进农村经济建设、政治建设、文化建设、社会建设、生态文明建设和党的建设，加快推进乡村治理体系和治理能力现代化，加快推进农业农村现代化，走中国特色社会主义乡村振兴道路，让农业成为有奔头的产业，让农民成为有吸引力的职业，让农村成为安居乐业的美丽家园。

（二）目标任务。按照党的十九大提出的决胜全面建成小康社会、分两个阶段实现第二个百年奋斗目标的战略安排，实施乡村振兴战略的目标任务是：

到2020年，乡村振兴取得重要进展，制度框架和政策体系基本形成。农业综合生产能力稳步提升，农业供给体系质量明显提高，农村一二三产业融合发展水平进一步提升；农民增收渠道进一步拓宽，城乡居民生活水平差距持续缩小；现行标准下农村贫困人口实现脱贫，贫困县全部摘帽，解决区域性整体贫困；农村基础设施建设深入推进，农村人居环境明显改善，美丽宜居乡村建设扎实推进；城乡基本公共服务均等化水平进一步提高，城乡融合发展体制机制初步建立；农村对人才吸引力逐步增强；农村生态环境明显好转，农业生态服务能力进一步提高；以党组织为核心的农村基层组织建设进一步加强，乡村治理体系进一步完善；党的农村工作领导体制机制进一步健全；各地区各部门推进乡村振兴的思路举措得以确立。

到2035年，乡村振兴取得决定性进展，农业农村现代化基本实现。农业结构得到根本性改善，农民就业质量显著提高，相对贫困进一步缓解，共同富裕迈出坚实步伐；城乡基本公共服务均等化基本实现，城乡融合发展体制机制更加完善；乡风文明达到新高度，乡村治理体系更加完善；农村生态环境根本好转，美丽宜居乡村基本实现。

到2050年，乡村全面振兴，农业强、农村美、农民富全面实现。

（三）基本原则

——坚持党管农村工作。毫不动摇地坚持和加强党对农村工作的领导，健全党管农村工作领导体制机制和党内法规，确保党在农村工作中始终总揽全局、协调各方，为乡村振兴提供坚强有力的政治保障。

——坚持农业农村优先发展。把实现乡村振兴作为全党的共同意志、共同行动，做到认识统一、步调一致，在干部配备上优先考虑，在要素配置上优先满足，在资金投入上优先保障，在公共服务上优先安排，加快补齐农业农村短板。

——坚持农民主体地位。充分尊重农民意愿，切实发挥农民在乡村振兴中的主体作用，调动亿万农民的积极性、主动性、创造性，把维护农民群众根本利益、促进农民共同富裕作为出发点和落脚点，促进农民持续增收，不断提升农民的获得感、幸福感、安全感。

——坚持乡村全面振兴。准确把握乡村振兴的科学内涵，挖掘乡村多种功能和价值，统筹谋划农村经济建设、政治建设、文化建设、社会建设、生态文明建设和党的建设，注重协同性、关联性，整体部署，协调推进。

——坚持城乡融合发展。坚决破除体制机制弊端，使市场在资源配置中起决定性作用，更好发挥政府作用，推动城乡要素自由流动、平等交换，推动新型工业化、信息化、城镇化、农业现代化同步发展，加快形成工农互促、城乡互补、全面融合、共同繁荣的新型工农城乡关系。

——坚持人与自然和谐共生。牢固树立和践行绿水青山就是金山银山的理念，落实节约优先、保护优先、自然恢复为主的方针，统筹山水林田湖草系统治理，严守生态保护红线，以绿色发展引领乡村振兴。

——坚持因地制宜、循序渐进。科学把握乡村的差异性和发展走势分化特征，做好顶层设计，注重规划先行、突出重点、分类施策、典型引路。既尽力而为，又量力而行，不搞层层加码，不搞一刀切，不搞形式主义，久久为功，扎实推进。

三、提升农业发展质量，培育乡村发展新动能

乡村振兴，产业兴旺是重点。必须坚持质量兴农、绿色兴农，以农业供给侧结构性改革为主线，加快构建现代农业产业体系、生产体系、经营体系，提高农业创新力、竞争力和全要素生产率，加快实现由农业大国向农业强国转变。

（一）夯实农业生产能力基础。深入实施藏粮于地、藏粮于技战略，严守耕地红线，确保国家粮食安全，把中国人的饭碗牢牢端在自己手中。全面落实永久基本农田特殊保护制度，加快划定和建设粮食生产功能区、重要农产品生产保护区，完善支持政策。大规模推进农村土地整治和高标准农田建设，稳步提升耕地质量，强化监督考核和地方政府责任。加强农田水利建设，提高抗旱防洪除涝能力。实施国家农业节水行动，加快灌区续建配套与现代化改造，推进小型农田水利设施达标提质，建设一批重大高效节水灌溉工程。加快建设国家农业科技创新体系，加强面向全行业的科技创新基地建设。深化农业科技成果转化和推广应用改革。加快发展现代农作物、畜禽、水产、林木种业，提升自主创新能力。高标准建设国家南繁育种基地。推进我国农机装备产业转型升级，加强科研机构、设备制造企业联合攻关，进一步提高大宗农作物机械国产化水平，加快研发经济作物、养殖业、丘陵山区农林机械，发展高端农机装备制造。优化农业从业者结构，加快建设知识型、技能型、创新型农业经营者队伍。大力发展数字农业，实施智慧农业林业水利工程，推进物联网试验示范和遥感技术应用。

（二）实施质量兴农战略。制定和实施国家质量兴农战略规划，建立健全质量兴农评价体系、政策体系、工作体系和考核体系。深入推进农业绿色化、优质化、特色化、品牌化，调整优化农业生产力布局，推动农业由增产导向转向提质导向。推进特色农产品优势区创建，建设现代农业产业园、农业科技园。实施产业兴村强县行动，推行标准化生产，培育农产品品牌，保护地理标志农产品，打造一村一品、一县一业发展新格局。加快发展现代高效林业，实施兴林富民行动，推进森林生态标志产品建设工程。加强植物病虫害、动物疫病防控体系建设。优化养殖业空间布局，大力发展绿色生态健康养殖，做大做强民族奶业。统筹海洋渔业资源开发，科学布局近远海养殖和远洋渔业，建设现代化海洋牧场。建立产学研融合的农业科技创新联盟，加强农业绿色生态、提质增效技术研发应用。切实发挥农垦在质量兴农中的带动引领作用。实施食品安全战略，完善农产品质量和食品安全标准体系，加强农业投入品和农产品质量安全追溯体系建设，健全农产品质量和食品安全监管体制，重点提高基层监管能力。

（三）构建农村一二三产业融合发展体系。大力开发农业多种功能，延长产业链、提升价值链、完善利益链，通过保底分红、股份合作、利润返还等多种形式，让农民合理分享全产业链增值收益。实施农产品加工业提升行动，鼓励企业兼并重组，淘汰落后产能，支持主产区农产品就地加工转化增值。重点解决农产品销售中的突出问题，加强农产品产后分级、包装、营销，建设现代化农产品冷链仓储物流体系，打造农产品销售公共服务平台，支持供销、邮政及各类企业把服务网点延伸到乡村，健全农产品产销稳定衔接机制，大力建设具有广泛性的促进农村电子商务发展的基础设施，鼓励支持各类市场主体创新发展基于互联网的新型农业产业模式，深入实施电子商务进农村综合示范，加快推进农村流通现代化。实施休闲农业和乡村旅游精品工程，建设一批设施完备、功能多样的休闲观光园区、森林人家、康养基地、乡村民宿、特色小镇。对利用闲置农房发展民宿、养老等项目，研究出台消防、特种行业经营等领域便利市场准入、加强事中事后监管的管理办法。发展乡村共享经济、创意农业、特色文化产业。

（四）构建农业对外开放新格局。优化资源配置，着力节本增效，提高我国农产品国际竞争力。实施特色优势农产品出口提升行动，扩大高附加值农产品出口。建立健全我国农业贸易政策体系。深化与“一带一路”沿线国家和地区农产品贸易关系。积极支持农业走出去，培育具有国际竞争力的大粮商和农业企业集团。积极参与全球粮食安全治理和农业贸易规则制定，促进形成更加公平合理的农业国际贸易秩序。进一步加大农产品反走私综合治理力度。

（五）促进小农户和现代农业发展有机衔接。统筹兼顾培育新型农业经营主体和扶持小农户，采取有针对性的措施，把小农生产引入现代农业发展轨道。培育各类专业化市场化服务组织，推进农业生产全程社会化服务，帮助小农户节本增效。发展多样化的联合与合作，提升小农户组织化程度。注重发挥新型农业经营主体带动作用，打造区域公用品牌，开展农超对接、农社对接，帮助小农户对接市场。扶持小农户发展生态农业、设施农业、体验农业、定制农业，提高产品档次和附加值，拓展增收空间。改善小农户生产设施条件，提升小农户抗风险能力。研究制定扶持小农生产的政策意见。

四、推进乡村绿色发展，打造人与自然和谐共生发展新格局

乡村振兴，生态宜居是关键。良好生态环境是农村最大优势和宝贵财富。必须尊重自然、顺应自然、保护自然，推动乡村自然资本加快增值，实现百姓富、生态美的统一。

（一）统筹山水林田湖草系统治理。把山水林田湖草作为一个生命共同体，进行统一保护、统一修复。实施重要生态系统保护和修复工程。健全耕地草原森林河流湖泊休养生息制度，分类有序退出超载的边际产能。扩大耕地轮作休耕制度试点。科学划定江河湖海限捕、禁捕区域，健全水生生态保护修复制度。实行水资源消耗总量和强度双控行动。开展河湖水系连通和农村河塘清淤整治，全面推行河长制、湖长制。加大农业水价综合改革工作力度。开展国土绿化行动，推进荒漠化、石漠化、水土流失综合治理。强化湿地保护和恢复，继续开展退耕还湿。完善天然林保护制度，把所有天然林都纳入保护范围。扩大退耕还林还草、退牧还草，建立成果巩固长效机制。继续实施三北防护林体系建设等林业重点工程，实施森林质量精准提升工程。继续实施草原生态保护补助奖励政策。实施生物多样性保护重大工程，有效防范外来生物入侵。

（二）加强农村突出环境问题综合治理。加强农业面源污染防治，开展农业绿色发展行动，实现投入品减量化、生产清洁化、废弃物资源化、产业模式生态化。推进有机肥替代化肥、畜禽粪污处理、农作物秸秆综合利用、废弃农膜回收、病虫害绿色防控。加强农村水环境治理和农村饮用水水源保护，实施农村生态清洁小流域建设。扩大华北地下水超采区综合治理范围。推进重金属污染耕地防控和修复，开展土壤污染治理与修复技术应用试点，加大东北黑土地保护力度。实施流域环境和近岸海域综合治理。严禁工业和城镇污染向农业农村转移。加强农村环境监管能力建设，落实县乡两级农村环境保护主体责任。

（三）建立市场化多元化生态补偿机制。落实农业功能区制度，加大重点生态功能区转移支付力度，完善生态保护成效与资金分配挂钩的激励约束机制。鼓励地方在重点生态区位推行商品林赎买制度。健全地区间、流域上下游之间横向生态保护补偿机制，探索建立生态产品购买、森林碳汇等市场化补偿制度。建立长江流域重点水域禁捕补偿制度。推行生态建设和保护以工代赈做法，提供更多生态公益岗位。

（四）增加农业生态产品和服务供给。正确处理开发与保护的关系，运用现代科技和管理手段，将乡村生态优势转化为发展生态经济的优势，提供更多更好的绿色生态产品和服务，促进生态和经济良性循环。加快发展森林草原旅游、河湖湿地观光、冰雪海上运动、野生动物驯养观赏等产业，积极开发观光农业、游憩休闲、健康养生、生态教育等服务。创建一批特色生态旅游示范村镇和精品线路，打造绿色生态环保的乡村生态旅游产业链。

五、繁荣兴盛农村文化，焕发乡风文明新气象

乡村振兴，乡风文明是保障。必须坚持物质文明和精神文明一起抓，提升农民精神风貌，培育文明乡风、良好家风、淳朴民风，不断提高乡村社会文明程度。

（一）加强农村思想道德建设。以社会主义核心价值观为引领，坚持教育引导、实践养成、制度保障三管齐下，采取符合农村特点的有效方式，深化中国特色社会主义和中国梦宣传教育，大力弘扬民族精神和时代精神。加强爱国主义、集体主义、社会主义教育，深化民族团结进步教育，加强农村思想文化阵地建设。深入实施公民道德建设工程，挖掘农村传统道德教育资源，推进社会公德、职业道德、家庭美德、个人品德建设。推进诚信建设，强化农民的社会责任意识、规则意识、集体意识、主人翁意识。

（二）传承发展提升农村优秀传统文化。立足乡村文明，吸取城市文明及外来文化优秀成果，在保护传承的基础上，创造性转化、创新性发展，不断赋予时代内涵、丰富表现形式。切实保护好优秀农耕文化遗产，推动优秀农耕文化遗产合理适度利用。深入挖掘农耕文化蕴含的优秀思想观念、人文精神、道德规范，充分发挥其在凝聚人心、教化群众、淳化民风中的重要作用。划定乡村建设的历史文化保护线，保护好文物古迹、传统村落、民族村寨、传统建筑、农业遗迹、灌溉工程遗产。支持农村地区优秀戏曲曲艺、少数民族文化、民间文化等传承发展。

（三）加强农村公共文化建设。按照有标准、有网络、有内容、有人才的要求，健全乡村公共文化服务体系。发挥县级公共文化机构辐射作用，推进基层综合性文化服务中心建设，实现乡村两级公共文化服务全覆盖，提升服务效能。深入推进文化惠民，公共文化资源要重点向乡村倾斜，提供更多更好的农村公共文化产品和服务。支持“三农”题材文艺创作生产，鼓励文艺工作者不断推出反映农民生产生活尤其是乡村振兴实践的优秀文艺作品，充分展示新时代农村农民的精神面貌。培育挖掘乡土文化本土人才，开展文化结对帮扶，引导社会各界人士投身乡村文化建设。活跃繁荣农村文化市场，丰富农村文化业态，加强农村文化市场监管。

（四）开展移风易俗行动。广泛开展文明村镇、星级文明户、文明家庭等群众性精神文明创建活动。遏制大操大办、厚葬薄养、人情攀比等陈规陋习。加强无神论宣传教育，丰富农民群众精神文化生活，抵制封建迷信活动。深化农村殡葬改革。加强农村科普工作，提高农民科学文化素养。

六、加强农村基层基础工作，构建乡村治理新体系

乡村振兴，治理有效是基础。必须把夯实基层基础作为固本之策，建立健全党委领导、政府负责、社会协同、公众参与、法治保障的现代乡村社会治理体制，坚持自治、法治、德治相结合，确保乡村社会充满活力、和谐有序。

（一）加强农村基层党组织建设。扎实推进抓党建促乡村振兴，突出政治功能，提升组织力，抓乡促村，把农村基层党组织建成坚强战斗堡垒。强化农村基层党组织领导核心地位，创新组织设置和活动方式，持续整顿软弱涣散村党组织，稳妥有序开展不合格党员处置工作，着力引导农村党员发挥先锋模范作用。建立选派第一书记工作长效机制，全面向贫困村、软弱涣散村和集体经济薄弱村党组织派出第一书记。实施农村带头人队伍整体优化提升行动，注重吸引高校毕业生、农民工、机关企事业单位优秀党员干部到村任职，选优配强村党组织书记。健全从优秀村党组织书记中选拔乡镇领导干部、考录乡镇机关公务员、招聘乡镇事业编制人员制度。加大在优秀青年农民中发展党员力度。

建立农村党员定期培训制度。全面落实村级组织运转经费保障政策。推行村级小微权力清单制度，加大基层小微权力腐败惩处力度。严厉整治惠农补贴、集体资产管理、土地征收等领域侵害农民利益的不正之风和腐败问题。

（二）深化村民自治实践。坚持自治为基，加强农村群众性自治组织建设，健全和创新村党组织领导的充满活力的村民自治机制。推动村党组织书记通过选举担任村委会主任。发挥自治章程、村规民约的积极作用。全面建立健全村务监督委员会，推行村级事务阳光工程。依托村民会议、村民代表会议、村民议事会、村民理事会、村民监事会等，形成民事民议、民事民办、民事民管的多层次基层协商格局。积极发挥新乡贤作用。推动乡村治理重心下移，尽可能把资源、服务、管理下放到基层。继续开展以村民小组或自然村为基本单元的村民自治试点工作。加强农村社区治理创新。创新基层管理体制机制，整合优化公共服务和行政审批职责，打造“一门式办理”、“一站式服务”的综合服务平台。在村庄普遍建立网上服务站点，逐步形成完善的乡村便民服务体系。大力培育服务性、公益性、互助性农村社会组织，积极发展农村社会工作和志愿服务。集中清理上级对村级组织考核评比多、创建达标多、检查督查多等突出问题。维护村民委员会、农村集体经济组织、农村合作经济组织的特别法人地位和权利。

（三）建设法治乡村。坚持法治为本，树立依法治理理念，强化法律在维护农民权益、规范市场运行、农业支持保护、生态环境治理、化解农村社会矛盾等方面的权威地位。增强基层干部法治观念、法治为民意识，将政府涉农各项工作纳入法治化轨道。深入推进综合行政执法改革向基层延伸，创新监管方式，推动执法队伍整合、执法力量下沉，提高执法能力和水平。建立健全乡村调解、县市仲裁、司法保障的农村土地承包经营纠纷调处机制。加大农村普法力度，提高农民法治素养，引导广大农民增强尊法学法守法用法意识。健全农村公共法律服务体系，加强对农民的法律援助和司法救助。

（四）提升乡村德治水平。深入挖掘乡村熟人社会蕴含的道德规范，结合时代要求进行创新，强化道德教化作用，引导农民向上向善、孝老爱亲、重义守信、勤俭持家。建立道德激励约束机制，引导农民自我管理、自我教育、自我服务、自我提高，实现家庭和睦、邻里和谐、干群融洽。广泛开展好媳妇、好儿女、好公婆等评选表彰活动，开展寻找最美乡村教师、医生、村官、家庭等活动。深入宣传道德模范、身边好人的典型事迹，弘扬真善美，传播正能量。

（五）建设平安乡村。健全落实社会治安综合治理领导责任制，大力推进农村社会治安防控体系建设，推动社会治安防控力量下沉。深入开展扫黑除恶专项斗争，严厉打击农村黑恶势力、宗族恶势力，严厉打击黄赌毒盗拐骗等违法犯罪。依法加大对农村非法宗教活动和境外渗透活动打击力度，依法制止利用宗教干预农村公共事务，继续整治农村乱建庙宇、滥塑宗教造像。完善县乡村三级综治中心功能和运行机制。健全农村公共安全体系，持续开展农村安全隐患治理。加强农村警务、消防、安全生产工作，坚决遏制重特大安全事故。探索以网格化管理为抓手、以现代信息技术为支撑，实现基层服务和管理精细化精准化。推进农村“雪亮工程”建设。

七、提高农村民生保障水平，塑造美丽乡村新风貌

乡村振兴，生活富裕是根本。要坚持人人尽责、人人享有，按照抓重点、补短板、强弱项的要求，围绕农民群众最关心最直接最现实的利益问题，一件事情接着一件事情办，一年接着一年干，把乡村建设成为幸福美丽新家园。

（一）优先发展农村教育事业。高度重视发展农村义务教育，推动建立以城带乡、整体推进、城乡一体、均衡发展的义务教育发展机制。全面改善薄弱学校基本办学条件，加强寄宿制学校建设。实施农村义务教育学生营养改善计划。发展农村学前教育。推进农村普及高中阶段教育，支持教育基础薄弱县普通高中建设，加强职业教育，逐步分类推进中等职业教育免除学杂费。健全学生资助制度，使绝大多数农村新增劳动力接受高中阶段教育、更多接受高等教育。把农村需要的人群纳入特殊教育体系。以市县为单位，推动优质学校辐射农村薄弱学校常态化。统筹配置城乡师资，并向乡村倾斜，建好建强乡村教师队伍。

（二）促进农村劳动力转移就业和农民增收。健全覆盖城乡的公共就业服务体系，大规模开展职业技能培训，促进农民工多渠道转移就业，提高就业质量。深化户籍制度改革，促进有条件、有意愿、在城镇有稳定就业和住所的农业转移人口在城镇有序落户，依法平等享受城镇公共服务。加强扶持引导服务，实施乡村就业创业促进行动，大力发展文化、科技、旅游、生态等乡村特色产业，振兴传统工艺。培育一批家庭工场、手工作坊、乡村车间，鼓励在乡村地区兴办环境友好型企业，实现乡村经济多元化，提供更多就业岗位。拓宽农民增收渠道，鼓励农民勤劳守法致富，增加农村低收入者收入，扩大农村中等收入群体，保持农村居民收入增速快于城镇居民。

（三）推动农村基础设施提档升级。继续把基础设施建设重点放在农村，加快农村公路、供水、供气、环保、电网、物流、信息、广播电视等基础设施建设，推动城乡基础设施互联互通。以示范县为载体全面推进“四好农村路”建设，加快实施通村组硬化路建设。加大成品油消费税转移支付资金用于农村公路养护力度。推进节水供水重大水利工程，实施农村饮水安全巩固提升工程。加快新一轮农村电网改造升级，制定农村通动力电规划，推进农村可再生能源开发利用。实施数字乡村战略，做好整体规划设计，加快农村地区宽带网络和第四代移动通信网络覆盖步伐，开发适应“三农”特点的信息技术、产品、应用和服务，推动远程医疗、远程教育等应用普及，弥合城乡数字鸿沟。提升气象为农服务能力。加强农村防灾减灾救灾能力建设。抓紧研究提出深化农村公共基础设施管护体制改革指导意见。

（四）加强农村社会保障体系建设。完善统一的城乡居民基本医疗保险制度和大病保险制度，做好农民重特大疾病救助工作。巩固城乡居民医保全国异地就医联网直接结算。完善城乡居民基本养老保险制度，建立城乡居民基本养老保险待遇确定和基础养老金标准正常调整机制。统筹城乡社会救助体系，完善最低生活保障制度，做好农村社会救助兜底工作。将进城落户农业转移人口全部纳入城镇住房保障体系。构建多层次农村养老保障体系，创新多元化照料服务模式。健全农村留守儿童和妇女、老年人以及困境儿童关爱服务体系。加强和改善农村残疾人服务。

（五）推进健康乡村建设。强化农村公共卫生服务，加强慢性病综合防控，大力推进农村地区精神卫生、职业病和重大传染病防治。完善基本公共卫生服务项目补助政策，加强基层医疗卫生服务体系建设，支持乡镇卫生院和村卫生室改善条件。加强乡村中医药服务。开展和规范家庭医生签约服务，加强妇幼、老人、残疾人等重点人群健康服务。倡导优生优育。深入开展乡村爱国卫生运动。

（六）持续改善农村人居环境。实施农村人居环境整治三年行动计划，以农村垃圾、污水治理和村容村貌提升为主攻方向，整合各种资源，强化各种举措，稳步有序推进农村人居环境突出问题治理。坚持不懈推进农村"厕所革命"，大力开展农村户用卫生厕所建设和改造，同步实施粪污治理，加快实现农村无害化卫生厕所全覆盖，努力补齐影响农民群众生活品质的短板。总结推广适用不同地区的农村污水治理模式，加强技术支撑和指导。深入推进农村环境综合整治。推进北方地区农村散煤替代，有条件的地方有序推进煤改气、煤改电和新能源利用。逐步建立农村低收入群体安全住房保障机制。强化新建农房规划管控，加强"空心村"服务管理和改造。保护保留乡村风貌，开展田园建筑示范，培养乡村传统建筑名匠。实施乡村绿化行动，全面保护古树名木。持续推进宜居宜业的美丽乡村建设。

八、打好精准脱贫攻坚战，增强贫困群众获得感

乡村振兴，摆脱贫困是前提。必须坚持精准扶贫、精准脱贫，把提高脱贫质量放在首位，既不降低扶贫标准，也不吊高胃口，采取更加有力的举措、更加集中的支持、更加精细的工作，坚决打好精准脱贫这场对全面建成小康社会具有决定性意义的攻坚战。

（一）瞄准贫困人口精准帮扶。对有劳动能力的贫困人口，强化产业和就业扶持，着力做好产销衔接、劳务对接，实现稳定脱贫。有序推进易地扶贫搬迁，让搬迁群众搬得出、稳得住、能致富。对完全或部分丧失劳动能力的特殊贫困人口，综合实施保障性扶贫政策，确保病有所医、残有所助、生活有兜底。做好农村最低生活保障工作的动态化精细化管理，把符合条件的贫困人口全部纳入保障范围。

（二）聚焦深度贫困地区集中发力。全面改善贫困地区生产生活条件，确保实现贫困地区基本公共服务主要指标接近全国平均水平。以解决突出制约问题为重点，以重大扶贫工程和到村到户帮扶为抓手，加大政策倾斜和扶贫资金整合力度，着力改善深度贫困地区发展条件，增强贫困农户发展能力，重点攻克深度贫困地区脱贫任务。新增脱贫攻坚资金项目主要投向深度贫困地区，增加金融投入对深度贫困地区的支持，新增建设用地指标优先保障深度贫困地区发展用地需要。

（三）激发贫困人口内生动力。把扶贫同扶志、扶智结合起来，把救急纾困和内生脱贫结合起来，提升贫困群众发展生产和务工经商的基本技能，实现可持续稳固脱贫。引导贫困群众克服等靠要思想，逐步消除精神贫困。要打破贫困均衡，促进形成自强自立、争先脱贫的精神风貌。改进帮扶方式方法，更多采用生产奖补、劳务补助、以工代赈等机制，推动贫困群众通过自己的辛勤劳动脱贫致富。

（四）强化脱贫攻坚责任和监督。坚持中央统筹省负总责市县抓落实的工作机制，强化党政一把手负总责的责任制。强化县级党委作为全县脱贫攻坚总指挥部的关键作用，脱贫攻坚期内贫困县县级党政正职要保持稳定。开展扶贫领域腐败和作风问题专项治理，切实加强扶贫资金管理，对挪用和贪污扶贫款项的行为严惩不贷。将2018年作为脱贫攻坚作风建设年，集中力量解决突出作风问题。科学确定脱贫摘帽时间，对弄虚作假、搞数字脱贫的严肃查处。完善扶贫督查巡查、考核评估办法，除党中央、国务院统一部署外，各部门一律不准再组织其他检查考评。严格控制各地开展增加一线扶贫干部负担的各类检查考评，切实给基层减轻工作负担。关心爱护战斗在扶贫第一线的基层干部，制定激励政策，为他们工作生活排忧解难，保护和调动他们的工作积极性。做好实施乡村振兴战略与打好精准脱贫攻坚战的有机衔接。制定坚决打好精准脱贫攻坚战三年行动指导意见。研究提出持续减贫的意见。

九、推进体制机制创新，强化乡村振兴制度性供给

实施乡村振兴战略，必须把制度建设贯穿其中。要以完善产权制度和要素市场化配置为重点，激活主体、激活要素、激活市场，着力增强改革的系统性、整体性、协同性。

（一）巩固和完善农村基本经营制度。落实农村土地承包关系稳定并长久不变政策，衔接落实好第二轮土地承包到期后再延长30年的政策，让农民吃上长效“定心丸”。全面完成土地承包经营权确权登记颁证工作，实现承包土地信息联通共享。完善农村承包地“三权分置”制度，在依法保护集体土地所有权和农户承包权前提下，平等保护土地经营权。农村承包土地经营权可以依法向金融机构融资担保、入股从事农业产业化经营。实施新型农业经营主体培育工程，培育发展家庭农场、合作社、龙头企业、社会化服务组织和农业产业化联合体，发展多种形式适度规模经营。

（二）深化农村土地制度改革。系统总结农村土地征收、集体经营性建设用地入市、宅基地制度改革试点经验，逐步扩大试点，加快土地管理法修改，完善农村土地利用管理政策体系。扎实推进房地一体的农村集体建设用地和宅基地使用权确权登记颁证。完善农民闲置宅基地和闲置农房政策，探索宅基地所有权、资格权、使用权“三权分置”，落实宅基地集体所有权，保障宅基地农户资格权和农民房屋财产权，适度放活宅基地和农民房屋使用权，不得违规违法买卖宅基地，严格实行土地用途管制，严格禁止下乡利用农村宅基地建设别墅大院和私人会馆。在符合土地利用总体规划前提下，允许县级政府通过村土地利用规划，调整优化村庄用地布局，有效利用农村零星分散的存量建设用地；预留部分规划建设用地指标用于单独选址的农业设施和休闲旅游设施等建设。对利用收储农村闲置建设用地发展农村新产业新业态的，给予新增建设用地指标奖励。进一步完善设施农用地政策。

（三）深入推进农村集体产权制度改革。全面开展农村集体资产清产核资、集体成员身份确认，加快推进集体经营性资产股份合作制改革。推动资源变资产、资金变股金、农民变股东，探索农村集体经济新的实现形式和运行机制。坚持农村集体产权制度改革正确方向，发挥村党组织对集体经济组织的领导核心作用，防止内部少数人控制和外部资本侵占集体资产。维护进城落户农民土地承包权、宅基地使用权、集体收益分配权，引导进城落户农民依法自愿有偿转让上述权益。研究制定农村集体经济组织法，充实农村集体产权权能。全面深化供销合作社综合改革，深入推进集体林权、水利设施产权等领域改革，做好农村综合改革、农村改革试验区等工作。

（四）完善农业支持保护制度。以提升农业质量效益和竞争力为目标，强化绿色生态导向，创新完善政策工具和手段，扩大“绿箱”政策的实施范围和规模，加快建立新型农业支持保护政策体系。深化农产品收储制度和价格形成机制改革，加快培育多元市场购销主体，改革完善中央储备粮管理体制。通过完善拍卖机制、定向销售、包干销售等，加快消化政策性粮食库存。落实和完善对农民直接补贴制度，提高补贴效能。健全粮食主产区利益补偿机制。探索开展稻谷、小麦、玉米三大粮食作物完全成本保险和收入保险试点，加快建立多层次农业保险体系。

十、汇聚全社会力量，强化乡村振兴人才支撑

实施乡村振兴战略，必须破解人才瓶颈制约。要把人力资本开发放在首要位置，畅通智力、技术、管理下乡通道，造就更多乡土人才，聚天下人才而用之。

（一）大力培育新型职业农民。全面建立职业农民制度，完善配套政策体系。实施新型职业农民培育工程。支持新型职业农民通过弹性学制参加中高等农业职业教育。创新培训机制，支持农民专业合作社、专业技术协会、龙头企业等主体承担培训。引导符合条件的新型职业农民参加城镇职工养老、医疗等社会保障制度。鼓励各地开展职业农民职称评定试点。

（二）加强农村专业人才队伍建设。建立县域专业人才统筹使用制度，提高农村专业人才服务保障能力。推动人才管理职能部门简政放权，保障和落实基层用人主体自主权。推行乡村教师“县管校聘”。实施好边远贫困地区、边疆民族地区和革命老区人才支持计划，继续实施“三支一扶”、特岗教师计划等，组织实施高校毕业生基层成长计划。支持地方高等学校、职业院校综合利用教育培训资源，灵活设置专业（方向），创新人才培养模式，为乡村振兴培养专业化人才。扶持培养一批农业职业经理人、经纪人、乡村工匠、文化能人、非遗传承人等。

（三）发挥科技人才支撑作用。全面建立高等院校、科研院所等事业单位专业技术人员到乡村和企业挂职、兼职和离岗创新创业制度，保障其在职称评定、工资福利、社会保障等方面的权益。深入实施农业科研杰出人才计划和杰出青年农业科学家项目。健全种业等领域科研人员以知识产权明晰为基础、以知识价值为导向的分配政策。探索公益性和经营性农技推广融合发展机制，允许农技人员通过提供增值服务合理取酬。全面实施农技推广服务特聘计划。

（四）鼓励社会各界投身乡村建设。建立有效激励机制，以乡情乡愁为纽带，吸引支持企业家、党政干部、专家学者、医生教师、规划师、建筑师、律师、技能人才等，通过下乡担任志愿者、投资兴业、包村包项目、行医办学、捐资捐物、法律服务等方式服务乡村振兴事业。研究制定管理办法，允许符合要求的公职人员回乡任职。吸引更多人才投身现代农业，培养造就新农民。加

快制定鼓励引导工商资本参与乡村振兴的指导意见，落实和完善融资贷款、配套设施建设补助、税费减免、用地等扶持政策，明确政策边界，保护好农民利益。发挥工会、共青团、妇联、科协、残联等群团组织的优势和力量，发挥各民主党派、工商联、无党派人士等积极作用，支持农村产业发展、生态环境保护、乡风文明建设、农村弱势群体关爱等。实施乡村振兴“巾帼行动”。加强对下乡组织和人员的管理服务，使之成为乡村振兴的建设性力量。

（五）创新乡村人才培育引进使用机制。建立自主培养与人才引进相结合，学历教育、技能培训、实践锻炼等多种方式并举的人力资源开发机制。建立城乡、区域、校地之间人才培养合作与交流机制。全面建立城市医生教师、科技文化人员等定期服务乡村机制。研究制定鼓励城市专业人才参与乡村振兴的政策。

十一、开拓投融资渠道，强化乡村振兴投入保障

实施乡村振兴战略，必须解决钱从哪里来的问题。要健全投入保障制度，创新投融资机制，加快形成财政优先保障、金融重点倾斜、社会积极参与的多元投入格局，确保投入力度不断增强、总量持续增加。

（一）确保财政投入持续增长。建立健全实施乡村振兴战略财政投入保障制度，公共财政更大力度向“三农”倾斜，确保财政投入与乡村振兴目标任务相适应。优化财政供给结构，推进行业内资金整合与行业间资金统筹相互衔接配合，增加地方自主统筹空间，加快建立涉农资金统筹整合长效机制。充分发挥财政资金的引导作用，撬动金融和社会资本更多投向乡村振兴。切实发挥全国农业信贷担保体系作用，通过财政担保费率补助和以奖代补等，加大对新型农业经营主体支持力度。加快设立国家融资担保基金，强化担保融资增信功能，引导更多金融资源支持乡村振兴。支持地方政府发行一般债券用于支持乡村振兴、脱贫攻坚领域的公益性项目。稳步推进地方政府专项债券管理改革，鼓励地方政府试点发行项目融资和收益自平衡的专项债券，支持符合条件、有一定收益的乡村公益性项目建设。规范地方政府举债融资行为，不得借乡村振兴之名违法违规变相举债。

（二）拓宽资金筹集渠道。调整完善土地出让收入使用范围，进一步提高农业农村投入比例。严格控制未利用地开垦，集中力量推进高标准农田建设。

改进耕地占补平衡管理办法，建立高标准农田建设等新增耕地指标和城乡建设用地增减挂钩节余指标跨省域调剂机制，将所得收益通过支出预算全部用于巩固脱贫攻坚成果和支持实施乡村振兴战略。推广一事一议、以奖代补等方式，鼓励农民对直接受益的乡村基础设施建设投工投劳，让农民更多参与建设管护。

（三）提高金融服务水平。坚持农村金融改革发展的正确方向，健全适合农业农村特点的农村金融体系，推动农村金融机构回归本源，把更多金融资源配置到农村经济社会发展的重点领域和薄弱环节，更好满足乡村振兴多样化金融需求。要强化金融服务方式创新，防止脱实向虚倾向，严格管控风险，提高金融服务乡村振兴能力和水平。抓紧出台金融服务乡村振兴的指导意见。加大中国农业银行、中国邮政储蓄银行“三农”金融事业部对乡村振兴支持力度。明确国家开发银行、中国农业发展银行在乡村振兴中的职责定位，强化金融服务方式创新，加大对乡村振兴中长期信贷支持。推动农村信用社省联社改革，保持农村信用社县域法人地位和数量总体稳定，完善村镇银行准入条件，地方法人金融机构要服务好乡村振兴。普惠金融重点要放在乡村。推动出台非存款类放贷组织条例。制定金融机构服务乡村振兴考核评估办法。支持符合条件的涉农企业发行上市、新三板挂牌和融资、并购重组，深入推进农产品期货期权市场建设，稳步扩大“保险＋期货”试点，探索“订单农业＋保险＋期货（权）”试点。改进农村金融差异化监管体系，强化地方政府金融风险防范处置责任。

十二、坚持和完善党对“三农”工作的领导

实施乡村振兴战略是党和国家的重大决策部署，各级党委和政府要提高对实施乡村振兴战略重大意义的认识，真正把实施乡村振兴战略摆在优先位置，把党管农村工作的要求落到实处。

（一）完善党的农村工作领导体制机制。各级党委和政府要坚持工业农业一起抓、城市农村一起抓，把农业农村优先发展原则体现到各个方面。健全党委统一领导、政府负责、党委农村工作部门统筹协调的农村工作领导体制。建立实施乡村振兴战略领导责任制，实行中央统筹省负总责市县抓落实的工作机制。党政一把手是第一责任人，五级书记抓乡村振兴。县委书记要下大气力抓好“三农”工作，当好乡村振兴“一线总指挥”。各部门要按照职责，加强工

作指导，强化资源要素支持和制度供给，做好协同配合，形成乡村振兴工作合力。切实加强各级党委农村工作部门建设，按照《中国共产党工作机关条例（试行）》有关规定，做好党的农村工作机构设置和人员配置工作，充分发挥决策参谋、统筹协调、政策指导、推动落实、督导检查等职能。各省（自治区、直辖市）党委和政府每年要向党中央、国务院报告推进实施乡村振兴战略进展情况。建立市县党政领导班子和领导干部推进乡村振兴战略的实绩考核制度，将考核结果作为选拔任用领导干部的重要依据。

（二）研究制定中国共产党农村工作条例。根据坚持党对一切工作的领导的要求和新时代“三农”工作新形势新任务新要求，研究制定中国共产党农村工作条例，把党领导农村工作的传统、要求、政策等以党内法规形式确定下来，明确加强对农村工作领导的指导思想、原则要求、工作范围和对象、主要任务、机构职责、队伍建设等，完善领导体制和工作机制，确保乡村振兴战略有效实施。

（三）加强“三农”工作队伍建设。把懂农业、爱农村、爱农民作为基本要求，加强“三农”工作干部队伍培养、配备、管理、使用。各级党委和政府主要领导干部要懂“三农”工作、会抓“三农”工作，分管领导要真正成为“三农”工作行家里手。制定并实施培训计划，全面提升“三农”干部队伍能力和水平。拓宽县级“三农”工作部门和乡镇干部来源渠道。把到农村一线工作锻炼作为培养干部的重要途径，注重提拔使用实绩优秀的干部，形成人才向农村基层一线流动的用人导向。

（四）强化乡村振兴规划引领。制定国家乡村振兴战略规划（2018－2022年），分别明确至2020年全面建成小康社会和2022年召开党的二十大时的目标任务，细化实化工作重点和政策措施，部署若干重大工程、重大计划、重大行动。各地区各部门要编制乡村振兴地方规划和专项规划或方案。加强各类规划的统筹管理和系统衔接，形成城乡融合、区域一体、多规合一的规划体系。根据发展现状和需要分类有序推进乡村振兴，对具备条件的村庄，要加快推进城镇基础设施和公共服务向农村延伸；对自然历史文化资源丰富的村庄，要统筹兼顾保护与发展；对生存条件恶劣、生态环境脆弱的村庄，要加大力度实施生态移民搬迁。

（五）强化乡村振兴法治保障。抓紧研究制定乡村振兴法的有关工作，把行之有效的乡村振兴政策法定化，充分发挥立法在乡村振兴中的保障和推动作用。及时修改和废止不适应的法律法规。推进粮食安全保障立法。各地可以从本地乡村发展实际需要出发，制定促进乡村振兴的地方性法规、地方政府规章。加强乡村统计工作和数据开发应用。

（六）营造乡村振兴良好氛围。凝聚全党全国全社会振兴乡村强大合力，宣传党的乡村振兴方针政策和各地丰富实践，振奋基层干部群众精神。建立乡村振兴专家决策咨询制度，组织智库加强理论研究。促进乡村振兴国际交流合作，讲好乡村振兴中国故事，为世界贡献中国智慧和中国方案。

让我们更加紧密地团结在以习近平同志为核心的党中央周围，高举中国特色社会主义伟大旗帜，以习近平新时代中国特色社会主义思想为指导，迎难而上、埋头苦干、开拓进取，为决胜全面建成小康社会、夺取新时代中国特色社会主义伟大胜利作出新的贡献！

附录二：关于农村集体土地相关政策文件汇编

全国人民代表大会常务委员会关于延长授权国务院在北京市大兴区等三十三个试点县（市、区）行政区域暂时调整实施有关法律规定期限的决定

（2017 年 11 月 4 日第十二届全国人民代表大会常务委员会第三十次会议通过）

为了进一步深入推进农村土地征收、集体经营性建设用地入市、宅基地管理制度改革试点，更好地总结试点经验，为完善土地管理法律制度打好基础，第十二届全国人民代表大会常务委员会第三十次会议决定：2015 年 2 月 27 日第十二届全国人民代表大会常务委员会第十三次会议授权国务院在北京市大兴区等三十三个试点县（市、区）行政区域暂时调整实施有关法律规定的决定施行期限届满后，试点期限延长一年至 2018 年 12 月 31 日。延长期满，国务院应当就暂时调整实施有关法律规定的情况向全国人民代表大会常务委员会作出报告。对实践证明可行的，国务院应当提出修改相关法律的意见；对实践证明不宜调整的，恢复施行有关法律规定。

本决定自 2017 年 11 月 5 日起施行。

全国人民代表大会常务委员会关于延长授权国务院在北京市大兴区等三十三个试点县（市、区）行政区域暂时调整实施有关法律规定期限的决定

（2018年12月29日第十三届全国人民代表大会常务委员会第七次会议通过）

为了进一步深入推进农村土地征收、集体经营性建设用地入市、宅基地管理制度改革试点，更好地总结试点经验，为完善土地管理法律制度打好基础，并做好试点工作和《中华人民共和国土地管理法》修改工作的衔接，第十三届全国人民代表大会常务委员会第七次会议决定：将《全国人民代表大会常务委员会关于授权国务院在北京市大兴区等三十三个试点县（市、区）行政区域暂时调整实施有关法律规定的决定》规定的调整实施有关法律规定的期限延长至2019年12月31日。

本决定自公布之日起施行。

中共中央办公厅、国务院办公厅关于完善农村土地所有权承包权经营权分置办法的意见

（2016年10月30日　中办发〔2016〕67号）

为进一步健全农村土地产权制度，推动新型工业化、信息化、城镇化、农业现代化同步发展，现就完善农村土地所有权、承包权、经营权分置（以下简称“三权分置”）办法提出以下意见。

一、重要意义

改革开放之初，在农村实行家庭联产承包责任制，将土地所有权和承包经营权分设，所有权归集体，承包经营权归农户，极大地调动了亿万农民积极性，有效解决了温饱问题，农村改革取得重大成果。现阶段深化农村土地制度改革，顺应农民保留土地承包权、流转土地经营权的意愿，将土地承包经营权分为承包权和经营权，实行所有权、承包权、经营权（以下简称“三权”）分置并行，着力推进农业现代化，是继家庭联产承包责任制后农村改革又一重大制度创新。“三权分置”是农村基本经营制度的自我完善，符合生产关系适应生产力发展的客观规律，展现了农村基本经营制度的持久活力，有利于明晰土地产权关系，更好地维护农民集体、承包农户、经营主体的权益；有利于促进土地资源合理利用，构建新型农业经营体系，发展多种形式适度规模经营，提高土地产出率、劳动生产率和资源利用率，推动现代农业发展。各地区各有关部门要充分认识“三权分置”的重要意义，妥善处理“三权”的相互关系，正确运用“三权分置”理论指导改革实践，不断探索和丰富“三权分置”的具体实现形式。

二、总体要求

（一）指导思想。全面贯彻党的十八大和十八届三中、四中、五中全会精神，深入学习贯彻习近平总书记系列重要讲话精神，紧紧围绕统筹推进“五位一体”总体布局和协调推进“四个全面”战略布局，牢固树立新发展理念，认真落实党中央、国务院决策部署，围绕正确处理农民和土地关系这一改革主线，科学界定“三权”内涵、权利边界及相互关系，逐步建立规范高效的“三权”运行机制，不断健全归属清晰、权能完整、流转顺畅、保护严格的农村土地产权制度，优化土地资源配置，培育新型经营主体，促进适度规模经营发展，进一步巩固和完善农村基本经营制度，为发展现代农业、增加农民收入、建设社会主义新农村提供坚实保障。

（二）基本原则

——尊重农民意愿。坚持农民主体地位，维护农民合法权益，把选择权交给农民，发挥其主动性和创造性，加强示范引导，不搞强迫命令、不搞一刀切。

——守住政策底线。坚持和完善农村基本经营制度，坚持农村土地集体所有，坚持家庭经营基础性地位，坚持稳定土地承包关系，不能把农村土地集体所有制改垮了，不能把耕地改少了，不能把粮食生产能力改弱了，不能把农民利益损害了。

——坚持循序渐进。充分认识农村土地制度改革的长期性和复杂性，保持足够历史耐心，审慎稳妥推进改革，由点及面开展，不操之过急，逐步将实践经验上升为制度安排。

——坚持因地制宜。充分考虑各地资源禀赋和经济社会发展差异，鼓励进行符合实际的实践探索和制度创新，总结形成适合不同地区的“三权分置”具体路径和办法。

三、逐步形成“三权分置”格局

完善“三权分置”办法，不断探索农村土地集体所有制的有效实现形式，落实集体所有权，稳定农户承包权，放活土地经营权，充分发挥“三权”的各自功能和整体效用，形成层次分明、结构合理、平等保护的格局。

（一）始终坚持农村土地集体所有权的根本地位。农村土地农民集体所有，是农村基本经营制度的根本，必须得到充分体现和保障，不能虚置。土地集体所有权人对集体土地依法享有占有、使用、收益和处分的权利。农民集体是土地集体所有权的权利主体，在完善“三权分置”办法过程中，要充分维护农民集体对承包地发包、调整、监督、收回等各项权能，发挥土地集体所有的优势和作用。农民集体有权依法发包集体土地，任何组织和个人不得非法干预；有权因自然灾害严重毁损等特殊情形依法调整承包地；有权对承包农户和经营主体使用承包地进行监督，并采取措施防止和纠正长期抛荒、毁损土地、非法改变土地用途等行为。承包农户转让土地承包权的，应在本集体经济组织内进行，并经农民集体同意；流转土地经营权的，须向农民集体书面备案。集体土地被征收的，农民集体有权就征地补偿安置方案等提出意见并依法获得补偿。通过建立健全集体经济组织民主议事机制，切实保障集体成员的知情权、决策权、监督权，确保农民集体有效行使集体土地所有权，防止少数人私相授受、谋取私利。

（二）严格保护农户承包权。农户享有土地承包权是农村基本经营制度的基础，要稳定现有土地承包关系并保持长久不变。土地承包权人对承包土地依法享有占有、使用和收益的权利。农村集体土地由作为本集体经济组织成员的农民家庭承包，不论经营权如何流转，集体土地承包权都属于农民家庭。任何组织和个人都不能取代农民家庭的土地承包地位，都不能非法剥夺和限制农户的土地承包权。在完善“三权分置”办法过程中，要充分维护承包农户使用、流转、抵押、退出承包地等各项权能。承包农户有权占有、使用承包地，依法依规建设必要的农业生产、附属、配套设施，自主组织生产经营和处置产品并获得收益；有权通过转让、互换、出租（转包）、入股或其他方式流转承包地并获得收益，任何组织和个人不得强迫或限制其流转土地；有权依法依规就承包土地经营权设定抵押、自愿有偿退出承包地，具备条件的可以因保护承包地获得相关补贴。承包土地被征收的，承包农户有权依法获得相应补偿，符合条件的有权获得社会保障费用等。不得违法调整农户承包地，不得以退出土地承包权作为农民进城落户的条件。

（三）加快放活土地经营权。赋予经营主体更有保障的土地经营权，是完善农村基本经营制度的关键。土地经营权人对流转土地依法享有在一定期限内占有、耕作并取得相应收益的权利。在依法保护集体所有权和农户承包权的前提下，平等保护经营主体依流转合同取得的土地经营权，保障其有稳定的经营预期。在完善“三权分置”办法过程中，要依法维护经营主体从事农业生产所需的各项权利，使土地资源得到更有效合理的利用。经营主体有权使用流转土地自主从事农业生产经营并获得相应收益，经承包农户同意，可依法依规改良土壤、提升地力，建设农业生产、附属、配套设施，并依照流转合同约定获得合理补偿；有权在流转合同到期后按照同等条件优先续租承包土地。经营主体再流转土地经营权或依法依规设定抵押，须经承包农户或其委托代理人书面同意，并向农民集体书面备案。流转土地被征收的，地上附着物及青苗补偿费应按照流转合同约定确定其归属。承包农户流转出土地经营权的，不应妨碍经营主体行使合法权利。加强对土地经营权的保护，引导土地经营权流向种田能手和新型经营主体。支持新型经营主体提升地力、改善农业生产条件、依法依规开展土地经营权抵押融资。鼓励采用土地股份合作、土地托管、代耕代种等多种经营方式，探索更多放活土地经营权的有效途径。

（四）逐步完善“三权”关系。农村土地集体所有权是土地承包权的前提，农户享有承包经营权是集体所有的具体实现形式，在土地流转中，农户承包经营权派生出土地经营权。支持在实践中积极探索农民集体依法依规行使集体所有权、监督承包农户和经营主体规范利用土地等的具体方式。鼓励在理论上深入研究农民集体和承包农户在承包土地上、承包农户和经营主体在土地流转中的权利边界及相互权利关系等问题。通过实践探索和理论创新，逐步完善“三权”关系，为实施“三权分置”提供有力支撑。

四、确保“三权分置”有序实施

完善“三权分置”办法涉及多方权益，是一个渐进过程和系统性工程，要坚持统筹谋划、稳步推进，确保“三权分置”有序实施。

（一）扎实做好农村土地确权登记颁证工作。确认“三权”权利主体，明确权利归属，稳定土地承包关系，才能确保“三权分置”得以确立和稳步实施。要坚持和完善土地用途管制制度，在集体土地所有权确权登记颁证工作基本完成的基础上，进一步完善相关政策，及时提供确权登记成果，切实保护好农民的集体土地权益。加快推进农村承包地确权登记颁证，形成承包合同网签管理系统，健全承包合同取得权利、登记记载权利、证书证明权利的确权登记制度。提倡通过流转合同鉴证、交易鉴证等多种方式对土地经营权予以确认，促进土地经营权功能更好实现。

（二）建立健全土地流转规范管理制度。规范土地经营权流转交易，因地制宜加强农村产权交易市场建设，逐步实现涉农县（市、区、旗）全覆盖。健全市场运行规范，提高服务水平，为流转双方提供信息发布、产权交易、法律咨询、权益评估、抵押融资等服务。加强流转合同管理，引导流转双方使用合同示范文本。完善工商资本租赁农地监管和风险防范机制，严格准入门槛，确保土地经营权规范有序流转，更好地与城镇化进程和农村劳动力转移规模相适应，与农业科技进步和生产手段改进程度相适应，与农业社会化服务水平相适应。加强农村土地承包经营纠纷调解仲裁体系建设，完善基层农村土地承包调解机制，妥善化解土地承包经营纠纷，有效维护各权利主体的合法权益。

（三）构建新型经营主体政策扶持体系。完善新型经营主体财政、信贷保险、用地、项目扶持等政策。积极创建示范家庭农场、农民专业合作社示范社、农业产业化示范基地、农业示范服务组织，加快培育新型经营主体。引导新型经营主体与承包农户建立紧密利益联结机制，带动普通农户分享农业规模经营收益。支持新型经营主体相互融合，鼓励家庭农场、农民专业合作社、农业产业化龙头企业等联合与合作，依法组建行业组织或联盟。依托现代农业人才支撑计划，健全新型职业农民培育制度。

（四）完善“三权分置”法律法规。积极开展土地承包权有偿退出、土地经营权抵押贷款、土地经营权入股农业产业化经营等试点，总结形成可推广、可复制的做法和经验，在此基础上完善法律制度。加快农村土地承包法等相关法律修订完善工作。认真研究农村集体经济组织、家庭农场发展等相关法律问题。研究健全农村土地经营权流转、抵押贷款和农村土地承包权退出等方面的具体办法。

实施“三权分置”是深化农村土地制度改革的重要举措。各地区各有关部门要认真贯彻本意见要求，研究制定具体落实措施。加大政策宣传力度，统一思想认识，加强干部培训，提高执行政策能力和水平。坚持问题导向，对实践中出现的新情况新问题要密切关注，及时总结，适时调整完善措施。加强工作指导，建立检查监督机制，督促各项任务稳步开展。农业部、中央农办要切实承担起牵头责任，健全沟通协调机制，及时向党中央、国务院报告工作进展情况。各相关部门要主动支持配合，形成工作合力，更好推动“三权分置”有序实施。

中共中央、国务院关于加强耕地保护和改进占补平衡的意见

（2017 年 1 月 9 日）

耕地是我国最为宝贵的资源，关系十几亿人吃饭大事，必须保护好，绝不能有闪失。近年来，按照党中央、国务院决策部署，各地区各有关部门积极采取措施，强化主体责任，严格落实占补平衡制度，严守耕地红线，耕地保护工作取得显著成效。当前，我国经济发展进入新常态，新型工业化、城镇化建设

深入推进，耕地后备资源不断减少，实现耕地占补平衡、占优补优的难度日趋加大，激励约束机制尚不健全，耕地保护面临多重压力。为进一步加强耕地保护和改进占补平衡工作，现提出如下意见。

一、总体要求

（一）指导思想。全面贯彻党的十八大和十八届三中、四中、五中、六中全会精神，深入贯彻习近平总书记系列重要讲话精神和治国理政新理念新思想新战略，紧紧围绕统筹推进“五位一体”总体布局和协调推进“四个全面”战略布局，牢固树立新发展理念，按照党中央、国务院决策部署，坚守土地公有制性质不改变、耕地红线不突破、农民利益不受损三条底线，坚持最严格的耕地保护制度和最严格的节约用地制度，像保护大熊猫一样保护耕地，着力加强耕地数量、质量、生态“三位一体”保护，着力加强耕地管控、建设、激励多措并举保护，采取更加有力措施，依法加强耕地占补平衡规范管理，落实藏粮于地、藏粮于技战略，提高粮食综合生产能力，保障国家粮食安全，为实现“两个一百年”奋斗目标、实现中华民族伟大复兴中国梦构筑坚实的资源基础。

（二）基本原则

——坚持严保严管。强化耕地保护意识，强化土地用途管制，强化耕地质量保护与提升，坚决防止耕地占补平衡中补充耕地数量不到位、补充耕地质量不到位的问题，坚决防止占多补少、占优补劣、占水田补旱地的现象。已经确定的耕地红线绝不能突破，已经划定的城市周边永久基本农田绝不能随便占用。

——坚持节约优先。统筹利用存量和新增建设用地，严控增量、盘活存量、优化结构、提高效率，实行建设用地总量和强度双控，提高土地节约集约利用水平，以更少的土地投入支撑经济社会可持续发展。

——坚持统筹协调。充分发挥市场配置资源的决定性作用和更好发挥政府作用，强化耕地保护主体责任，健全利益调节机制，激励约束并举，完善监管考核制度，实现耕地保护与经济社会发展、生态文明建设相统筹，耕地保护责权利相统一。

——坚持改革创新。适应经济发展新常态和供给侧结构性改革要求，突出问题导向，完善永久基本农田管控体系，改进耕地占补平衡管理方式，实行占补平衡差别化管理政策，拓宽补充耕地途径和资金渠道，不断完善耕地保护和占补平衡制度，把握好经济发展与耕地保护的关系。

（三）总体目标。牢牢守住耕地红线，确保实有耕地数量基本稳定、质量有提升。到2020年，全国耕地保有量不少于18.65亿亩，永久基本农田保护面积不少于15.46亿亩，确保建成8亿亩、力争建成10亿亩高标准农田，稳步提高粮食综合生产能力，为确保谷物基本自给、口粮绝对安全提供资源保障。耕地保护制度和占补平衡政策体系不断完善，促进形成保护更加有力、执行更加顺畅、管理更加高效的耕地保护新格局。

二、严格控制建设占用耕地

（四）加强土地规划管控和用途管制。充分发挥土地利用总体规划的整体管控作用，从严核定新增建设用地规模，优化建设用地布局，从严控制建设占用耕地特别是优质耕地。实行新增建设用地计划安排与土地节约集约利用水平、补充耕地能力挂钩，对建设用地存量规模较大、利用粗放、补充耕地能力不足的区域，适当调减新增建设用地计划。探索建立土地用途转用许可制，强化非农建设占用耕地的转用管控。

（五）严格永久基本农田划定和保护。全面完成永久基本农田划定，将永久基本农田划定作为土地利用总体规划的规定内容，在规划批准前先行核定并上图入库、落地到户，并与农村土地承包经营权确权登记相结合，将永久基本农田记载到农村土地承包经营权证书上。粮食生产功能区和重要农产品生产保护区范围内的耕地要优先划入永久基本农田，实行重点保护。永久基本农田一经划定，任何单位和个人不得擅自占用或改变用途。强化永久基本农田对各类建设布局的约束，各地区各有关部门在编制城乡建设、基础设施、生态建设等相关规划，推进多规合一过程中，应当与永久基本农田布局充分衔接，原则上不得突破永久基本农田边界。一般建设项目不得占用永久基本农田，重大建设项目选址确实难以避让永久基本农田的，在可行性研究阶段，必须对占用的必要性、合理性和补划方案的可行性进行严格论证，通过国土资源部用地预审；农用地转用和土地征收依法依规报国务院批准。严禁通过擅自调整县乡土地利用总体规划，规避占用永久基本农田的审批。

（六）以节约集约用地缓解建设占用耕地压力。实施建设用地总量和强度双控行动，逐级落实“十三五”时期建设用地总量和单位国内生产总值占用建设用地面积下降的目标任务。盘活利用存量建设用地，推进建设用地二级市场改革试点，促进城镇低效用地再开发，引导产能过剩行业和“僵尸企业”用地退出、转产和兼并重组。完善土地使用标准体系，规范建设项目节地评价，推广应用节地技术和节地模式，强化节约集约用地目标考核和约束，推动有条件的地区实现建设用地减量化或零增长，促进新增建设不占或尽量少占耕地。

三、改进耕地占补平衡管理

（七）严格落实耕地占补平衡责任。完善耕地占补平衡责任落实机制。非农建设占用耕地的，建设单位必须依法履行补充耕地义务，无法自行补充数量、质量相当耕地的，应当按规定足额缴纳耕地开垦费。地方各级政府负责组织实施土地整治，通过土地整理、复垦、开发等推进高标准农田建设，增加耕地数量、提升耕地质量，以县域自行平衡为主、省域内调剂为辅、国家适度统筹为补充，落实补充耕地任务。各省（自治区、直辖市）政府要依据土地整治新增耕地平均成本和占用耕地质量状况等，制定差别化的耕地开垦费标准。对经依法批准占用永久基本农田的，缴费标准按照当地耕地开垦费最高标准的两倍执行。

（八）大力实施土地整治，落实补充耕地任务。各省（自治区、直辖市）政府负责统筹落实本地区年度补充耕地任务，确保省域内建设占用耕地及时保质保量补充到位。拓展补充耕地途径，统筹实施土地整治、高标准农田建设、城乡建设用地增减挂钩、历史遗留工矿废弃地复垦等，新增耕地经核定后可用于落实补充耕地任务。在严格保护生态前提下，科学划定宜耕土地后备资源范围，禁止开垦严重沙化土地，禁止在25度以上陡坡开垦耕地，禁止违规毁林开垦耕地。鼓励地方统筹使用相关资金实施土地整治和高标准农田建设。充分发挥财政资金作用，鼓励采取政府和社会资本合作（PPP）模式、以奖代补等方式，引导农村集体经济组织、农民和新型农业经营主体等，根据土地整治规划投资或参与土地整治项目，多渠道落实补充耕地任务。

（九）规范省域内补充耕地指标调剂管理。县（市、区）政府无法在本行政辖区内实现耕地占补平衡的，可在市域内相邻的县（市、区）调剂补充，仍无法实现耕地占补平衡的，可在省域内资源条件相似的地区调剂补充。各省（自治区、直辖市）要规范补充耕地指标调剂管理，完善价格形成机制，综合考虑补充耕地成本、资源保护补偿和管护费用等因素，制定调剂指导价格。

（十）探索补充耕地国家统筹。根据各地资源环境承载状况、耕地后备资源条件、土地整治新增耕地潜力等，分类实施补充耕地国家统筹。耕地后备资源严重匮乏的直辖市，新增建设占用耕地后，新开垦耕地数量不足以补充所占耕地数量的，可向国务院申请国家统筹；资源环境条件严重约束、补充耕地能力严重不足的省份，对由于实施国家重大建设项目造成的补充耕地缺口，可向国务院申请国家统筹。经国务院批准后，有关省份按规定标准向中央财政缴纳跨省补充耕地资金，中央财政统筹安排落实国家统筹补充耕地任务所需经费，在耕地后备资源丰富省份落实补充耕地任务。跨省补充耕地资金收取标准综合考虑补充耕地成本、资源保护补偿、管护费用及区域差异等因素确定，具体办法由财政部会同国土资源部另行制定。

（十一）严格补充耕地检查验收。市县政府要加强对土地整治和高标准农田建设项目的全程管理，规范项目规划设计，强化项目日常监管和施工监理。做好项目竣工验收，严格新增耕地数量认定，依据相关技术规程评定新增耕地质量。经验收合格的新增耕地，应当及时在年度土地利用变更调查中进行地类变更。省级政府要做好对市县补充耕地的检查复核，确保数量质量到位。

四、推进耕地质量提升和保护

（十二）大规模建设高标准农田。各省（自治区、直辖市）要根据全国高标准农田建设总体规划和全国土地整治规划的安排，逐级分解高标准农田建设任务，统一建设标准、统一上图入库、统一监管考核。建立政府主导、社会参与的工作机制，以财政资金引导社会资本参与高标准农田建设，充分调动各方积极性。加强高标准农田后期管护，按照谁使用、谁管护和谁受益、谁负责的原则，落实高标准农田基础设施管护责任。高标准农田建设情况要统一纳入国土资源遥感监测“一张图”和综合监管平台，实行在线监管，统一评估考核。

（十三）实施耕地质量保护与提升行动。全面推进建设占用耕地耕作层剥离再利用，市县政府要切实督促建设单位落实责任，将相关费用列入建设项目投资预算，提高补充耕地质量。将中低质量的耕地纳入高标准农田建设范围，实施提质改造，在确保补充耕地数量的同时，提高耕地质量，严格落实占补平衡、占优补优。加强新增耕地后期培肥改良，综合采取工程、生物、农艺等措施，开展退化耕地综合治理、污染耕地阻控修复等，加速土壤熟化提质，实施测土配方施肥，强化土壤肥力保护，有效提高耕地产能。

（十四）统筹推进耕地休养生息。对25度以上坡耕地、严重沙化耕地、重要水源地15－25度坡耕地、严重污染耕地等有序开展退耕还林还草，不得将确需退耕还林还草的耕地划为永久基本农田，不得将已退耕还林还草的土地纳入土地整治项目，不得擅自将永久基本农田、土地整治新增耕地和坡改梯耕地纳入退耕范围。积极稳妥推进耕地轮作休耕试点，加强轮作休耕耕地管理，不得减少或破坏耕地，不得改变耕地地类，不得削弱农业综合生产能力；加大轮作休耕耕地保护和改造力度，优先纳入高标准农田建设范围。因地制宜实行免耕少耕、深松浅翻、深施肥料、粮豆轮作套作的保护性耕作制度，提高土壤有机质含量，平衡土壤养分，实现用地与养地结合，多措并举保护提升耕地产能。

（十五）加强耕地质量调查评价与监测。建立健全耕地质量和耕地产能评价制度，完善评价指标体系和评价方法，定期对全国耕地质量和耕地产能水平进行全面评价并发布评价结果。完善土地调查监测体系和耕地质量监测网络，开展耕地质量年度监测成果更新。

五、健全耕地保护补偿机制

（十六）加强对耕地保护责任主体的补偿激励。积极推进中央和地方各级涉农资金整合，综合考虑耕地保护面积、耕地质量状况、粮食播种面积、粮食产量和粮食商品率，以及耕地保护任务量等因素，统筹安排资金，按照谁保护、谁受益的原则，加大耕地保护补偿力度。鼓励地方统筹安排财政资金，对承担耕地保护任务的农村集体经济组织和农户给予奖补。奖补资金发放要与耕地保护责任落实情况挂钩，主要用于农田基础设施后期管护与修缮、地力培育、耕地保护管理等。

（十七）实行跨地区补充耕地的利益调节。在生态条件允许的前提下，支持耕地后备资源丰富的国家重点扶贫地区有序推进土地整治增加耕地，补充耕地指标可对口向省域内经济发达地区调剂，补充耕地指标调剂收益由县级政府通过预算安排用于耕地保护、农业生产和农村经济社会发展。省（自治区、直辖市）政府统筹耕地保护和区域协调发展，支持占用耕地地区在支付补充耕地指标调剂费用基础上，通过实施产业转移、支持基础设施建设等多种方式，对口扶持补充耕地地区，调动补充耕地地区保护耕地的积极性。

六、强化保障措施和监管考核

（十八）加强组织领导。各地区各有关部门要按照本意见精神，抓紧研究制定贯彻落实具体方案，强化耕地保护工作责任和保障措施。建立党委领导、政府负责、部门协同、公众参与、上下联动的共同责任机制，地方各级党委和政府要树立保护耕地的强烈意识，切实担负起主体责任，采取积极有效措施，严格源头控制，强化过程监管，确保本行政区域内耕地保护责任目标全面落实；地方各级政府主要负责人要承担起耕地保护第一责任人的责任，组织相关部门按照职责分工履职尽责，充分调动农村集体经济组织、农民和新型农业经营主体保护耕地的积极性，形成保护耕地合力。

（十九）严格监督检查。完善国土资源遥感监测“一张图”和综合监管平台，扩大全天候遥感监测范围，对永久基本农田实行动态监测，加强对土地整治过程中的生态环境保护，强化耕地保护全流程监管。加强耕地保护信息化建设，建立耕地保护数据与信息部门共享机制。健全土地执法联动协作机制，严肃查处土地违法违规行为。国家土地督察机构要加强对省级政府实施土地利用总体规划、履行耕地保护目标责任、健全耕地保护制度等情况的监督检查。

（二十）完善责任目标考核制度。完善省级政府耕地保护责任目标考核办法，全面检查和考核耕地与永久基本农田保护情况、高标准农田建设任务完成情况、补充耕地任务完成情况、耕地占补平衡落实情况等。经国务院批准，国土资源部会同农业部、国家统计局等有关部门下达省级政府耕地保护责任目标，作为考核依据。各省级政府要层层分解耕地保护任务，落实耕地保护责任目标，完善考核制度和奖惩机制。耕地保护责任目标考核结果作为领导干部实绩考核、生态文明建设目标评价考核的重要内容。探索编制土地资源资产负债表，完善耕地保护责任考核体系。实行耕地保护党政同责，对履职不力、监管不严、失职渎职的，依纪依规追究党政领导责任。

跨省域补充耕地国家统筹管理办法

（2018年3月10日　国办发〔2018〕16号）

第一章　总　　则

第一条　为规范有序实施跨省域补充耕地国家统筹，严守耕地红线，根据《中华人民共和国土地管理法》和《中共中央　国务院关于加强耕地保护和改进占补平衡的意见》、《中共中央　国务院关于实施乡村振兴战略的意见》有关规定，制定本办法。

第二条　本办法所称跨省域补充耕地国家统筹，是指耕地后备资源严重匮乏的直辖市，占用耕地、新开垦耕地不足以补充所占耕地，或者资源环境条件严重约束、补充耕地能力严重不足的省，由于实施重大建设项目造成补充耕地缺口，经国务院批准，在耕地后备资源丰富省份落实补充耕地任务的行为。

第三条　跨省域补充耕地国家统筹应遵循以下原则：

（一）保护优先，严控占用。坚持耕地保护优先，强化土地利用规划计划管控，严格土地用途管制，从严控制建设占用耕地，促进土地节约集约利用。

（二）明确范围，确定规模。坚持耕地占补平衡县域自行平衡为主、省域内调剂为辅、国家适度统筹为补充，明确补充耕地国家统筹实施范围，合理控制补充耕地国家统筹实施规模。

（三）补足补优，严守红线。坚持耕地数量、质量、生态“三位一体”保护，以土地利用总体规划及相关规划为依据，以土地整治和高标准农田建设新增耕地为主要来源，先建成再调剂，确保统筹补充耕地数量不减少、质量不降低。

（四）加强统筹，调节收益。运用经济手段约束耕地占用，发挥经济发达地区和资源丰富地区资金资源互补优势，建立收益调节分配机制，助推脱贫攻坚和乡村振兴。

第四条　国土资源部负责跨省域补充耕地国家统筹管理，会同财政部、国家发展改革委、农业部等相关部门制定具体实施办法，进行监督考核；财政部会同国土资源部等相关部门负责制定资金使用管理办法；有关省级人民政府负责具体实施，筹措补充耕地资金或落实补充耕地任务。

第二章　申请补充耕地国家统筹

第五条　根据各地资源环境承载状况、耕地后备资源条件、土地整治和高标准农田建设新增耕地潜力等，分类实施补充耕地国家统筹。

（一）耕地后备资源严重匮乏的直辖市，由于城市发展和基础设施建设等占用耕地、新开垦耕地不足以补充所占耕地的，可申请国家统筹补充。

（二）资源环境条件严重约束、补充耕地能力严重不足的省，由于实施重大建设项目造成补充耕地缺口的，可申请国家统筹补充。重大建设项目原则上限于交通、能源、水利、军事国防等领域。

第六条　补充耕地国家统筹申请、批准按以下程序办理：

（一）由省、直辖市人民政府向国务院提出补充耕地国家统筹申请。其中，有关省根据实施重大建设项目需要和补充耕地能力，提出需国家统筹补充的耕地数量、水田规模和粮食产能，原则上每年申请一次，如有特殊需要可分次申请；直辖市根据建设占用耕地需要和补充耕地能力，提出需国家统筹补充的耕地数量、水田规模和粮食产能，每年申请一次。

（二）国土资源部组织对补充耕地国家统筹申请的评估论证，汇总有关情况并提出意见，会同财政部按程序报国务院批准。国土资源部、财政部在国务院批准之日起30个工作日内函复有关省、直辖市人民政府，明确国务院批准的国家统筹规模以及相应的跨省域补充耕地资金总额。

第七条　有关省、直辖市人民政府收到复函后，即可在国务院批准的国家统筹规模范围内，依照法定权限组织相应的建设用地报批。

建设用地报批时，用地单位应按规定标准足额缴纳耕地开垦费，补充耕地方案应说明耕地开垦费缴纳和使用国家统筹规模情况。

建设用地属于省级人民政府及以下审批权限的，使用国家统筹规模情况须随建设用地审批结果一并报国土资源部备案。

第八条 经国务院批准补充耕地由国家统筹的省、直辖市，应缴纳跨省域补充耕地资金。以占用的耕地类型确定基准价，以损失的耕地粮食产能确定产能价，以基准价和产能价之和乘以省份调节系数确定跨省域补充耕地资金收取标准。对国家重大公益性建设项目，可按规定适当降低收取标准。

（一）基准价每亩10万元，其中水田每亩20万元。

（二）产能价根据农用地分等定级成果对应的标准粮食产能确定，每亩每百公斤2万元。

（三）根据区域经济发展水平，将省份调节系数分为五档。

一档地区：北京、上海，调节系数为2；

二档地区：天津、江苏、浙江、广东，调节系数为1.5；

三档地区：辽宁、福建、山东，调节系数为1；

四档地区：河北、山西、吉林、黑龙江、安徽、江西、河南、湖北、湖南、海南，调节系数为0.8；

五档地区：重庆、四川、贵州、云南、陕西、甘肃、青海，调节系数为0.5。

第九条 跨省域补充耕地资金总额纳入省级财政向中央财政的一般公共预算转移性支出，在中央财政和地方财政年终结算时上解中央财政。

第十条 跨省域补充耕地资金，全部用于巩固脱贫攻坚成果和支持实施乡村振兴战略。其中，一部分安排给承担国家统筹补充耕地任务的省份，优先用于高标准农田建设等补充耕地任务；其余部分由中央财政统一安排使用。

第三章 落实国家统筹补充耕地

第十一条 根据国务院批准的补充耕地国家统筹规模，在耕地后备资源丰富的省份，按照耕地数量、水田规模相等和粮食产能相当的原则落实补充耕地。

第十二条 在耕地保护责任目标考核期内，不申请补充耕地国家统筹的省份，可由省级人民政府向国务院申请承担国家统筹补充耕地任务。申请承担补充耕地任务的新增耕地，应为已验收并在全国农村土地整治监测监管系统中上图入库的土地整治和高标准农田建设项目新增耕地。

第十三条 国土资源部根据全国农村土地整治监测监管系统信息，对申请承担国家统筹补充耕地任务的新增耕地进行复核，如有必要，会同相关部门进行实地检查。国土资源部会同财政部等相关部门按照自然资源条件相对较好，优先考虑革命老区、民族地区、边疆地区、贫困地区和耕地保护成效突出地区的原则确定省份，认定可用于国家统筹补充耕地的新增耕地数量、水田规模和粮食产能。开展土地整治工程技术创新新增耕地，可作为专项支持，安排承担国家统筹补充耕地任务。

国土资源部会同财政部等相关部门确定承担国家统筹补充耕地任务省份和认定结果，按程序报国务院同意后，由国土资源部函告有关省份。经认定为承担国家统筹补充耕地任务的新增耕地，不得用于所在省份耕地占补平衡。

第十四条 根据认定的承担国家统筹补充耕地规模和相关经费标准，中央财政将国家统筹补充耕地经费预算下达承担国家统筹补充耕地任务的省份。有关省份收到国家统筹补充耕地经费后，按规定用途安排使用。

第十五条 国家统筹补充耕地经费标准根据补充耕地类型和粮食产能确定。补充耕地每亩 5 万元（其中水田每亩 10 万元），补充耕地标准粮食产能每亩每百公斤 1 万元，两项合计确定国家统筹补充耕地经费标准。

第四章 监管考核

第十六条 国土资源部建立跨省域补充耕地国家统筹信息管理平台，将补充耕地国家统筹规模申请与批准、建设项目占用、补充耕地落实等情况纳入平台管理。

第十七条 有关省级人民政府负责检查核实承担国家统筹补充耕地任务的新增耕地，确保数量真实、质量可靠；监督国家统筹补充耕地经费安排使用情况，严格新增耕地后期管护，发现存在问题要及时予以纠正。

国土资源部利用国土资源遥感监测“一张图”和综合监管平台等手段对国家统筹新增耕地进行监管。

第十八条 补充耕地国家统筹情况纳入有关省级人民政府耕地保护责任目标考核内容，按程序报国务院。

国土资源部做好国家统筹涉及省份耕地变化情况台账管理，在新一轮土地利用总体规划编制或实施期内适时按程序调整有关省份规划耕地保有量。

第十九条 国家土地督察机构在监督检查省级人民政府落实耕地保护主体责任情况时，结合督察工作将有关省份的国家统筹补充耕地实施情况纳入督察内容。

第五章 附 则

第二十条 财政部会同国土资源部根据补充耕地国家统筹实施情况适时调整跨省域补充耕地资金收取标准和国家统筹补充耕地经费标准。

第二十一条 本办法由国土资源部、财政部负责解释。

第二十二条 本办法自印发之日起施行，有效期至2022年12月31日。

城乡建设用地增减挂钩节余指标跨省域调剂管理办法

（2018年3月10日 国办发〔2018〕16号）

第一章 总 则

第一条 为规范开展深度贫困地区城乡建设用地增减挂钩节余指标跨省域调剂，根据《中华人民共和国土地管理法》和《中共中央 国务院关于实施乡村振兴战略的意见》、《中共中央办公厅 国务院办公厅印发〈关于支持深度贫困地区脱贫攻坚的实施意见〉的通知》有关规定，制定本办法。

第二条 本办法所称城乡建设用地增减挂钩节余指标跨省域调剂，是指“三区三州”及其他深度贫困县城乡建设用地增减挂钩节余指标（以下简称节余指标）由国家统筹跨省域调剂使用。

第三条 节余指标跨省域调剂应遵循以下原则：

（一）区域统筹，精准扶贫。聚焦深度贫困地区脱贫攻坚任务，调动各方力量提供资金支持，实现合作共赢。国家下达调剂任务，确定调剂价格标准，统一资金收取和支出；各有关省（区、市）统筹组织本地区跨省域调剂有关工作，并做好与省域内城乡建设用地增减挂钩工作的协调。

（二）生态优先，绿色发展。落实最严格的耕地保护制度、节约用地制度和生态环境保护制度，严格执行耕地占补平衡制度，加强土地利用总体规划和年度计划统筹管控，实施建设用地总量、强度双控，优化配置区域城乡土地资源，维护土地市场秩序，保持土地产权关系稳定。

（三）尽力而为，量力而行。帮扶地区要把决胜全面小康、实现共同富裕摆在更加突出的位置，落实好帮扶责任。深度贫困地区要把握地域差异，注重保护历史文化和自然风貌，因地制宜实施复垦；充分尊重农民意愿，切实保障农民土地合法权益和农村建设用地需求，防止盲目推进。

第四条 国土资源部会同财政部、国家发展改革委、农业部等相关部门制定节余指标跨省域调剂实施办法，确定调剂规模、激励措施和监管要求。财政部会同国土资源部等相关部门制定资金使用管理办法，统一资金收取和支出。有关省级人民政府负责节余指标跨省域调剂的组织实施；省级国土资源、财政主管部门分别制定实施细则，平衡调剂节余指标和资金。市、县级人民政府为节余指标跨省域调剂责任主体；市、县级国土资源主管部门负责具体实施。

第二章 调剂计划安排

第五条 国土资源部根据有关省（区、市）土地利用和贫困人口等情况，经综合测算后报国务院确定跨省域调剂节余指标任务。主要帮扶省份应当全额落实调入节余指标任务，鼓励多买多用。鼓励其他有条件的省份根据自身实际提供帮扶。

经国务院同意，国土资源部将跨省域调剂节余指标任务下达有关省（区、市）。有关省（区、市）可结合本地区情况，将跨省域调入、调出节余指标任务明确到市、县。

第六条 按照增减挂钩政策规定，深度贫困地区所在地省级国土资源主管部门组织编制和审批拆旧复垦安置方案，帮扶省份省级国土资源主管部门组织编制和审批建新方案，通过城乡建设用地增减挂钩在线监管系统报国土资源部备案。

省级人民政府将需要调剂的节余指标和资金总额函告国土资源部，原则上每年不超过两次。国土资源部根据备案情况核销跨省域调剂节余指标任务，核定复垦和占用农用地面积、耕地面积和耕地质量，以及规划耕地保有量和建设用地规模调整数量，并将核销结果抄送财政部。

第七条 帮扶省份要严格控制城镇建设用地扩张，人均城镇建设用地水平较低、规划建设用地规模确有不足的，可以使用跨省域调剂节余指标少量增加规划建设用地规模，并在新一轮土地利用总体规划编制时予以调整。增加的规划建设用地规模原则上不得用于特大城市和超大城市的中心城区。

国土资源部在核销各省（区、市）跨省域调剂节余指标任务时，对涉及的有关省份规划耕地保有量、建设用地规模调整以及耕地质量变化情况实行台账管理；列入台账的，在省级人民政府耕地保护责任目标考核等监督检查中予以认定，在新一轮土地利用总体规划编制时统筹解决。

第三章　资金收取和支出

第八条 财政部根据国土资源部核定的调剂资金总额，收取有关省（区、市）调剂资金；省级财政主管部门根据省级国土资源主管部门核定的调剂资金额度，收取有关市、县调剂资金。收取的帮扶省份跨省域调入节余指标资金，纳入省级财政向中央财政的一般公共预算转移性支出，在中央财政和地方财政年终结算时上解中央财政。

第九条 财政部根据国土资源部核定的调剂资金总额，向深度贫困地区所在省份下达70%调剂资金指标，由省级财政主管部门根据省级国土资源主管部门确认的调剂资金金额向深度贫困地区拨付。待完成拆旧复垦安置，经省级国土资源主管部门验收并经国土资源部确认后，财政部向深度贫困地区所在省份下达剩余30%调剂资金指标，由省级财政主管部门向深度贫困地区拨付。

调剂资金支出列入中央财政对地方财政一般性转移支付，全部用于巩固脱贫攻坚成果和支持实施乡村振兴战略，优先和重点保障产生节余指标深度贫困地区的安置补偿、拆旧复垦、基础设施和公共服务设施建设、生态修复、耕地保护、高标准农田建设、农业农村发展建设以及购买易地扶贫搬迁服务等。

第十条 国家统一制定跨省域调剂节余指标价格标准。节余指标调出价格根据复垦土地的类型和质量确定，复垦为一般耕地或其他农用地的每亩30万元，复垦为高标准农田的每亩40万元。节余指标调入价格根据地区差异相应确定，北京、上海每亩70万元，天津、江苏、浙江、广东每亩50万元，福建、山东等其他省份每亩30万元；附加规划建设用地规模的，每亩再增加50万元。

根据跨省域调剂节余指标实施情况，按程序适时调整上述标准。

第四章 节余指标调剂实施

第十一条 深度贫困地区根据国家核定的调剂节余指标，按照增减挂钩政策规定，以不破坏生态环境和历史文化风貌为前提，按照宜耕则耕、宜林则林、宜草则草的原则复垦，切实做好搬迁群众安置。

第十二条 帮扶省份根据国家核定的调剂节余指标，按照经批准的建新方案使用跨省域调剂节余指标进行建设。

第十三条 深度贫困地区实际拆旧复垦耕地面积和质量低于国家核定要求的，以及帮扶地区实际建新占用耕地面积和质量超出国家核定要求的，应通过补改结合、提质改造等措施满足国家核定要求。

第五章 监督管理

第十四条 国土资源部和省级国土资源主管部门分别建立节余指标调剂监管平台。拆旧复垦安置方案、建新方案应实时备案，确保拆旧复垦安置和建新精准落地，做到上图入库、数量真实、质量可靠。监管平台自动生成电子监管码，对节余指标调剂进行动态监管。省级国土资源主管部门审批的拆旧复垦安置方案、建新方案，需标注使用跨省域调剂节余指标。

第十五条 省级国土资源主管部门充分利用国土资源遥感监测"一张图"和综合监管平台等手段，对拆旧复垦农用地和耕地等进行核查。国土资源部和省级国土资源主管部门通过监管平台和实地抽查，对跨省域调剂节余指标工作开展日常监测监管。国家土地督察机构对跨省域调剂节余指标实施情况进行监督检查，检查报告抄送财政部。发现弄虚作假、违背群众意愿强行实施的，国土资源部会同财政部停止拨付并扣减调剂资金。

第六章　附　　则

第十六条　本办法由国土资源部、财政部负责解释。

第十七条　本办法自印发之日起施行，有效期至 2020 年 12 月 31 日。

国土资源部、国家发展改革委关于深入推进农业供给侧结构性改革做好农村产业融合发展用地保障的通知

（2017 年 12 月 7 日　国土资规〔2017〕12 号）

各省、自治区、直辖市和新疆生产建设兵团国土资源主管部门、发展改革委，各派驻地方的国家土地督察局，部机关各司局：

党的十九大作出实施乡村振兴战略的决策部署，是新时期做好“三农”工作的重要遵循。各级国土资源、发展改革部门要积极行动起来，主动作为，综合施策，坚持农业农村优先发展的原则，落实最严格的耕地保护制度和节约用地制度，完善农村土地用途管制，加快推进农业农村现代化。为全面贯彻落实党的十九大和中央有关要求，深入推进农业供给侧结构性改革，做好农村一二三产业融合发展的用地保障，现就有关事项通知如下：

一、发挥土地利用总体规划的引领作用。各地区在编制和实施土地利用总体规划中，要适应现代农业和农村产业融合发展需要，优先安排农村基础设施和公共服务用地，乡（镇）土地利用总体规划可以预留少量（不超过 5%）规划建设用地指标，用于零星分散的单独选址农业设施、乡村旅游设施等建设。做好农业产业园、科技园、创业园用地安排，在确保农地农用的前提下，引导

农村二三产业向县城、重点乡镇及产业园区等集中集聚，合理保障农业产业园区建设用地需求，严防变相搞房地产开发。省级国土资源主管部门制定用地控制标准，加强实施监管。

二、因地制宜编制村土地利用规划。在不占用永久基本农田、不突破建设用地规模、不破坏生态环境和人文风貌的前提下，统筹农业农村各项土地利用活动，优化耕地保护、村庄建设、产业发展、生态保护等用地布局，细化土地用途管制规则，加大土地利用综合整治力度，引导农田集中连片、建设用地集约紧凑，推进农业农村绿色发展。

三、加强建设用地计划指标支持。安排一定比例年度土地利用计划，专项支持农村新产业新业态和产业融合发展。对利用存量建设用地进行农产品加工、农产品冷链、物流仓储、产地批发市场等项目建设或用于小微创业园、休闲农业、乡村旅游、农村电商等农村二三产业的市、县，可给予新增建设用地计划指标奖励。

四、规范设施农用地类型。对于农业生产过程中所需各类生产设施和附属设施用地，以及由于农业规模经营必须兴建的配套设施，包括蔬菜种植、烟草种植和茶园、橡胶园等农作物种植园的看护类管理房用地（单层、占地小于15平方米），临时性烤烟、炒茶、果蔬预冷、葡萄晾干等农产品晾晒、临时存储、分拣包装等初加工设施用地（原则上占地不得超过400平方米），在不占用永久基本农田的前提下，纳入设施农用地管理，实行县级备案。

五、改进设施农用地监督管理。省级国土资源主管部门明确不同类型设施农用地的规划安排、选址要求、使用周期，以及结束使用后恢复原状的保障措施。县级国土资源主管部门设立标示牌，标明设施农用地用途、面积、责任人和备案序号，接受公众监督。设施农用地的管理信息纳入国土资源综合信息监管平台，加强土地执法监察和土地督察，防止擅自将设施农用地“非农化”。

六、鼓励土地复合利用。围绕农业增效和农民增收，因地制宜保护耕地，允许在不破坏耕作层的前提下，对农业生产结构进行优化调整，仍按耕地管理。鼓励农业生产和村庄建设等用地复合利用，发展休闲农业、乡村旅游、农业教育、农业科普、农事体验等产业，拓展土地使用功能，提高土地节约集约利用水平。在充分保障农民宅基地用益物权、防止外部资本侵占控制的前提下，探索农村集体经济组织以出租、合作等方式盘活利用空闲农房及宅基地，按照规划要求和用地标准，改造建设民宿民俗、创意办公、休闲农业、乡村旅游等农业农村体验活动场所。

七、夯实基础工作。开展耕地质量等别调查评价与监测工作，定期更新耕地等农用地土地等别数据库，稳步推进农用地基准地价制定和发布工作，为农户土地入股或流转提供参考依据。加快“房地一体”的农村宅基地和集体建设用地确权登记颁证工作，为农村新产业新业态发展提供产权保障和融资条件。

八、强化部门协同配合。各级国土资源主管部门要加强与发展改革、农业、城乡规划、建设、环境保护、林业、旅游、消防等相关部门的协同联动，共同开展本地区农村产业融合发展用地现状和需求的调查分析，确定各业各类用地标准和用地保障方式，健全政策体系，联合执法监管，做好风险防控，合力推动新时期农业农村发展。

本文件自下发之日起执行，有效期五年。

自然资源部关于实施跨省域补充耕地国家统筹有关问题的通知

（2018 年 7 月 26 日　自然资规〔2018〕2 号）

各省、自治区、直辖市自然资源主管部门，新疆生产建设兵团自然资源主管部门，中央军委后勤保障部军事设施建设局，各单位：

为贯彻落实国务院办公厅印发的《跨省域补充耕地国家统筹管理办法》（国办发〔2018〕16 号，以下简称《办法》）规定，进一步明确跨省域补充耕地国家统筹实施有关要求，规范有序做好管理工作，现通知如下：

一、深刻领会要求，扎实推动《办法》实施

跨省域补充耕地国家统筹是党中央、国务院统筹考虑区域资源环境承载状况，推动区域协调发展做出的重大部署；是妥善解决保护与发展用地矛盾，严守耕地保护红线，维护国家粮食安全采取的重大举措；同时也是发挥经济发达地区和资源丰富地区资金资源互补优势，助推脱贫攻坚和乡村振兴实行的有效途径。各省（区、市）要充分认识实施好补充耕地国家统筹的重要意义，深刻领会、准确掌握规定要求，扎实做好补充耕地国家统筹实施工作，确保中央部署落到实处。

各省（区、市）自然资源主管部门要严格按照耕地占补平衡和耕地数量、质量、生态“三位一体”保护要求，在摸清耕地后备资源状况和用地需求的前提下，对补充耕地国家统筹作出科学合理的分析研判和工作安排。要首先立足选址避让、采取工程技术等综合措施，不占或少占耕地，确需占用的，坚持补充耕地县域平衡为主、省域调剂为辅、国家统筹为补充。要坚持集约节约用地，坚决防止借国家统筹补充耕地为名擅自突破国土空间规划、土地利用计划和土地使用标准，扩大建设用地规模；坚持合理开发利用土地，严防违背自然规律和生态保护要求，盲目垦造耕地，破坏生态环境。

二、加强论证分析，规范申报跨省域补充耕地国家统筹

跨省域补充耕地国家统筹涉及占用耕地省份和补充耕地省份。依照《办法》规定，为便于统筹安排，申请补充耕地国家统筹和承担统筹补充耕地任务的省份，原则上于每年一季度由省级人民政府向国务院提出有关统筹补充耕地申请，其中补充耕地需国家统筹的省，根据重大建设项目需要可在三季度再申报一次。申请文件同时抄送自然资源部、财政部。

（一）补充耕地国家统筹的申报要求

申请补充耕地国家统筹的省和直辖市，应根据建设占用耕地需求和本省域内补充耕地能力，按规定的统筹补充耕地建设用地范围，科学合理确定年度补充耕地国家统筹规模，提出统筹需求申请，并填报《申请补充耕地国家统筹情况表》（见附件1）。申请文件主要内容包括：

1. 申请理由。主要说明依据国土空间规划、耕地后备资源调查以及其他相关建设规定要求等，省域内耕地占补平衡实现程度和存在困难，包括规划期省域内建设占用耕地需求、严控耕地占用采取的主要措施、补充耕地潜力及缺口、上年度补充耕地国家统筹规模使用情况等。

2. 申请规模。主要说明年度需国家统筹补充的耕地数量、水田规模和粮食产能。其中，直辖市需说明年度城市发展和基础设施建设占用耕地国家统筹需求规模；其他省需说明年度重大建设项目占用耕地国家统筹需求规模。补充耕地涉及的耕地数量、水田规模和粮食产能3项指标可一并申请国家统筹，也可根据实际需要分项单独申请。

重大建设项目依照允许占用永久基本农田的重大建设项目范围确定。

3. 资金缴纳承诺。主要说明根据申请国家统筹补充的耕地数量、水田规模和粮食产能，按照《办法》确定的收取标准，应缴纳的跨省域补充耕地资金总额和省级政府同意按规定足额缴纳的承诺意见。

经国务院批准属于国家重大公益性建设项目的，可按规定适当降低跨省域补充耕地资金收取标准。

（二）承担国家统筹补充耕地任务的申报要求

具备承担国家统筹补充耕地任务条件的省份，可将“十二五”以来立项并验收合格、在自然资源部农村土地整治监测监管系统中上图入库、且未用于省域内耕地占补平衡的土地整治和高标准农田建设项目新增耕地（不包含2017年1月1日前使用耕地开垦费以外资金实施的项目和中央支持的土地整治重大工程新增耕地），申请用于国家统筹补充耕地。土地整治和高标准农田建设项目应符合生态保护要求，且集中连片、土壤肥沃、灌排良好、具备一定建设规模（连片规模原则上南方在10公顷以上、北方在20公顷以上）。承担统筹补充耕地任务申请文件应包括以下主要内容，并填报《申请承担国家统筹补充耕地任务情况表》（见附件2）：

1. 申请理由。主要说明省域内耕地后备资源情况，能否实现在耕地保护责任目标考核期内本省域耕地占补平衡有余，是否有能力承担统筹补充耕地任务，上年度承担统筹补充耕地任务有关要求落实情况等。

2. 申请承担规模。主要说明申请承担统筹补充耕地任务的新增耕地数量、水田规模和粮食产能。新增耕地数量、水田规模和粮食产能3项指标可一并申请，也可根据实际情况分项单独申请。

3. 补充耕地项目情况。主要说明产生新增耕地的土地整治和高标准农田建设项目立项、实施、验收情况；在全国农村土地整治监测监管系统中上图入库情况；新增耕地核定情况，包括新增耕地核实程序、核实主体和核定结果（含新增耕地数量、水田规模和粮食产能）等。

4. 新增耕地后期管护措施。主要说明新增耕地后期管护责任、管护方式、管护资金安排及实施情况等。

5. 资金使用安排。主要说明经同意承担统筹补充耕地任务后，收到的国家统筹补充耕地经费按财政部规定的资金使用管理办法拟安排使用方向、具体用途、管理措施等。

三、严格审核，合理确定国家统筹补充耕地规模

（一）严格核定补充耕地国家统筹规模

自然资源部会同财政部对有关省和直辖市补充耕地国家统筹申请进行审核论证，主要内容包括：

一是补充耕地国家统筹的必要性。重点审核申请统筹的理由是否充分，是否严格控制新增建设占用耕地，是否节约集约利用土地等。

二是申请国家统筹规模的合理性。对直辖市重点审核涉及的建设用地是否符合国土空间规划、纳入土地利用计划；对其他省重点审核涉及的重大建设项目是否符合规定范围等。

三是补充耕地国家统筹的可行性。重点审核申请统筹的省和直辖市是否按规定安排跨省域补充耕地资金并同意足额缴纳，上年度国家统筹补充耕地规模使用情况等。

经审核论证同意补充耕地国家统筹的，由自然资源部形成审查意见，提出补充耕地国家统筹的省份、规模和资金缴纳总额等，会同财政部呈报国务院审批。审查意见经国务院批准后，由自然资源部、财政部联合行文函复有关省级人民政府，明确补充耕地统筹规模和有关要求。在中央财政与地方财政年终结算时，由省级财政将跨省域补充耕地资金通过一般公共预算转移性支出上解中央财政。

（二）保质保量落实国家统筹补充耕地任务

自然资源部对申请承担国家统筹补充耕地任务的新增耕地组织进行实地核实；涉及农业农村主管部门管理的高标准农田建设项目新增耕地，会同农业农村部进行实地核实。核实的主要内容包括：

一是申请省份的资源丰富性。重点核实申请省份耕地后备资源丰富程度，能否实现省域耕地占补平衡有余、有能力承担统筹补充耕地任务。

二是补充耕地项目管理的规范性。重点核实产生新增耕地的土地整治和高

标准农田建设项目是否符合规定范围、项目管理和新增耕地核定程序是否规范、有效等。

三是新增耕地的真实可靠性。重点核实新增耕地数量是否真实、质量是否可靠，是否采取严格的后期管护措施等。

自然资源部会同财政部在经核实数量真实、质量可靠的新增耕地范围内，对照国务院批准的补充耕地国家统筹规模，提出年度国家统筹补充耕地方案，明确可承担国家统筹补充耕地任务的省份和新增耕地规模，并按《办法》规定标准测算国家统筹补充耕地经费。申请的新增耕地经核实符合条件但超出国家统筹规模的，按照《办法》规定的优先原则确定省份和新增耕地。

自然资源部会同财政部将国家统筹补充耕地方案呈报国务院，经国务院同意后，由自然资源部函复有关省级人民政府，明确用于统筹补充耕地的新增耕地规模和有关要求。中央财政应下达的国家统筹补充耕地经费，通过转移支付下达地方财政，按有关规定使用管理。

四、做好相关管理工作，强化监督检查

实施跨省域补充耕地国家统筹事关区域耕地保护责任目标，事关重大建设项目用地保障，必须精心组织、严格管理，做好政策衔接，强化监督检查，确保顺利实施。

（一）有关省、直辖市建设占用耕地经批准由国家统筹补充后，部相应增加该省（市）补充耕地指标省级储备，建设用地报批涉及使用统筹补充耕地指标时，由省级自然资源主管部门从省级储备库中相应核销，核销情况纳入建设用地报批内容。直辖市报国务院批准的城市建设用地涉及使用统筹补充耕地指标的，在农用地转用实施方案审核环节进行核销。年度统筹补充耕地指标剩余的，可结转下一年使用。对于经批准承担国家统筹补充耕地任务的有关省份新增耕地数量、水田规模和粮食产能，部将相应从该省份补充耕地指标储备库中核减，不再用于该省份耕地占补平衡。

（二）强化统筹补充耕地的共同监管。部利用农村土地整治监测监管系统，加强对补充耕地的上图入库管理，做到项目信息完整清晰；省级自然资源主管部门加强对补充耕地项目的管理与指导，做到选项严格、管理规范；市、县自然资源主管部门组织做好补充耕地项目实施，保证项目建设高标准、高质量，增加优质耕地并进行严格保护和合理利用。涉及高标准农田建设项目的，自然资源主管部门要会同农业农村主管部门对补充耕地数量、质量严格监督检查，确保补充耕地真实可信。

（三）补充耕地国家统筹情况纳入省级政府耕地保护责任目标考核内容。补充耕地由国家统筹后，其保护责任纳入承担补充耕地任务省份省级政府耕地保护责任目标考核内容，不再作为占地省份耕地保护责任目标考核任务。在省级政府耕地保护责任目标考核和国家土地督察等工作中发现补充耕地国家统筹规模使用或新增耕地存在问题的，将责令限期整改，整改不到位的，取消该省份补充耕地国家统筹或承担国家统筹补充任务申请资格。

本文件自公布之日起施行，有效期至2022年12月31日。

附件：

1. 申请补充耕地国家统筹情况表（略）
2. 申请承担国家统筹补充耕地任务情况表（略）

自然资源部关于健全建设用地“增存挂钩”机制的通知

（2018年6月25日　自然资规〔2018〕1号）

各省、自治区、直辖市自然资源主管部门，新疆生产建设兵团自然资源主管部门，各派驻地方的国家土地督察局：

为积极促进节约集约用地，以土地利用方式转变推动形成绿色发展方式和生活方式，实现高质量发展，现就消化批而未供土地和盘活利用闲置土地的有关事项通知如下：

一、大力推进土地利用计划“增存挂钩”。各级自然资源主管部门分解下达新增建设用地计划，要把批而未供和闲置土地数量作为重要测算指标，逐年减少批而未供、闲置土地多和处置不力地区的新增建设用地计划安排。要明确各地区处置批而未供和闲置土地具体任务和奖惩要求，对两项任务均完成的省份，国家安排下一年度计划时，将在因素法测算结果基础上，再奖励10%新增建设用地计划指标；任一项任务未完成的，核减20%新增建设用地计划指标。

二、规范认定无效用地批准文件。各省（区、市）要适时组织市、县对已经合法批准的用地进行清查，清理无效用地批准文件。农用地转用或土地征收经依法批准后，两年内未用地或未实施征地补偿安置方案的，有关批准文件自动失效；对已实施征地补偿安置方案，因相关规划、政策调整、不具备供地条件的土地，经市、县人民政府组织核实现场地类与批准前一致的，在处理好有关征地补偿事宜后，可由市、县人民政府逐级报原批准机关申请撤回用地批准文件。

三、有效处置闲置土地。对于企业原因造成的闲置土地，市、县自然资源主管部门应及时调查认定，依法依规收缴土地闲置费或收回。对于非企业原因造成的闲置土地，应在本级政府领导下，分清责任，按规定处置。闲置工业用地，除按法律规定、合同约定应收回的情形外，鼓励通过依法转让、合作开发等方式盘活利用。其中，用于发展新产业新业态的，可以依照《产业用地政策实施工作指引》和相关产业用地政策，适用过渡期政策；依据规划改变用途的，报市、县级人民政府批准后，按照新用途或者新规划条件重新办理相关用地手续。

四、做好批而未供和闲置土地调查确认。对于失效的或撤回的用地批准文件，由市、县人民政府逐级汇总上报，省级自然资源主管部门组织实地核实后，适时汇总报部。部在相关信息系统中予以标注，用地不再纳入批而未供土地统计，相关土地由县级自然资源主管部门在年度变更调查中按原地类认定，相应的土地利用计划、耕地占补平衡指标、相关税费等仍然有效，由市、县人民政府具体核算。对于闲置土地，地方各级自然资源主管部门要按照实际情况和有关要求，对土地市场动态监测监管系统中的数据进行确认，并在本地政府组织领导下尽早明确处置原则、适用类型和盘活利用方式等。

五、加强“增存挂钩”机制运行的监测监管。地方各级自然资源主管部门要充分依托部综合信息监管平台，加强建设用地“增存挂钩”机制运行情况的监测监管。国家土地督察机构要将批而未供和闲置土地及处置情况纳入督察工作重点。对于批而未供和闲置土地面积较大、处置工作推进不力或者弄虚作假的地区，依照有关规定发出督察意见，责令限期整改。

本文件自下发之日起执行，有效期五年。

城乡建设用地增减挂钩节余指标跨省域调剂实施办法

（2018年7月30日　自然资规〔2018〕4号）

根据《城乡建设用地增减挂钩节余指标跨省域调剂管理办法》（国办发〔2018〕16号）规定，特制定本办法。

一、节余指标调剂任务落实

（一）帮扶省份调入节余指标。帮扶省份省级人民政府根据国家下达的城乡建设用地增减挂钩节余指标（以下简称节余指标）跨省域调剂任务，于每年11月30日前将确认的调剂任务函告自然资源部（详见附件1）。自然资源部汇总确认结果后函告财政部，并抄送国家土地督察机构。

帮扶省份自然资源主管部门会同相关部门开展调剂工作，使用调入节余指标进行建设的，应将建新方案通过自然资源部城乡建设用地增减挂钩在线监管系统（以下简称监管系统）备案。

（二）深度贫困地区所在省份调出节余指标。深度贫困地区所在省份（以下简称调出省份）省级人民政府根据国家下达的节余指标跨省域调剂任务，于每年11月30日前将能够调出的节余指标和涉及的资金总额函告自然资源部，并说明已完成验收情况，附具《增减挂钩节余指标跨省域调出申请表》（详见附件2，以下简称《申请表》）；暂未完成拆旧复垦验收的，应在完成验收后，及时填写《增减挂钩节余指标跨省域调出完成验收统计表》（详见附件3，以下简称《统计表》）报自然资源部。

自然资源部收到省级人民政府函告后，依据监管系统等，在10个工作日内对《申请表》或《统计表》完成核定，并将结果函复调出省份，抄送财政部、国家土地督察机构。

调出省份自然资源主管部门结合本地区实际，在函告前将调出节余指标任务明确到市、县。市、县自然资源主管部门编制拆旧复垦安置方案，由省级自然资源主管部门审批后，及时通过监管系统备案。

二、节余指标使用

（三）节余指标使用和再分配。自然资源部对节余指标调剂使用实行台帐管理，进行年度核算。帮扶省份超出国家下达调剂任务增加购买的节余指标，以及调出省份低于国家下达调剂任务减少调出的节余指标，与下一年度调剂任务合并，统筹分配到深度贫困地区。已确认的调入节余指标，帮扶省份可跨年度结转使用，也可与其它计划指标配合使用；已核定的调出节余指标，深度贫困地区满3年未完成拆旧复垦验收的，扣回未完成部分对应的调剂指标和资金。

（四）规范使用规划建设用地规模。帮扶省份调入节余指标增加的规划建设用地规模，以及调出省份调出节余指标减少的规划建设用地规模，应在监管系统中做好备案，作为国土空间规划编制中约束性指标调整的依据。

三、节余指标调剂监测监管

（五）强化实施监管责任。省级自然资源主管部门要加强对节余指标跨省域调剂工作的组织监管，并对拆旧复垦安置项目、建新项目以及备案信息的真实性、合法性负责。

帮扶省份要落实最严格的耕地保护制度和节约用地制度，合理安排跨省域调剂节余指标，尽量不占或少占优质耕地。深度贫困地区要充分尊重农民意愿，坚决杜绝强制拆建；要按照严格保护生态环境和历史文化风貌的要求，因地制宜开展拆旧复垦安置，防止盲目推进。

（六）健全日常监测监管制度。自然资源部对节余指标调剂任务完成情况定期开展监督检查评估，结果作为节余指标调剂任务安排的测算依据。国家土地督察机构要加强跟踪督察力度，各级自然资源主管部门要加强日常动态巡查，及时发现并督促纠正查处弄虚作假等违法违规行为。

本办法自印发之日起施行，有效期至2022年12月31日。

附件：

1. 增减挂钩节余指标跨省域调入确认函（格式文本）（略）
2. 增减挂钩节余指标跨省域调出申请表（样表）（略）
3. 增减挂钩节余指标调出完成验收统计表（样表）（略）

利用集体建设用地建设租赁住房试点方案

（2017 年 8 月 21 日　国土资发〔2017〕100 号）

利用集体建设用地建设租赁住房，可以增加租赁住房供应，缓解住房供需矛盾，有助于构建购租并举的住房体系，建立健全房地产平稳健康发展长效机制；有助于拓展集体土地用途，拓宽集体经济组织和农民增收渠道；有助于丰富农村土地管理实践，促进集体土地优化配置和节约集约利用，加快城镇化进程。按照中央有关精神，结合当前管理工作实际，制定本试点方案。

一、总体要求

（一）指导思想。全面贯彻党的十八大和十八届三中、四中、五中、六中全会精神，深入学习贯彻习近平总书记系列重要讲话精神，紧紧围绕统筹推进“五位一体”总体布局和协调推进“四个全面”战略布局，牢固树立创新、协调、绿色、开放、共享的发展理念，按照党中央、国务院决策部署，牢牢把握“房子是用来住的，不是用来炒的”定位，以构建购租并举的住房体系为方向，着力构建城乡统一的建设用地市场，推进集体土地不动产登记，完善利用集体建设用地建设租赁住房规则，健全服务和监管体系，提高存量土地节约集约利用水平，为全面建成小康社会提供用地保障，促进建立房地产平稳健康发展长效机制。

（二）基本原则。

把握正确方向。坚持市场经济改革方向，发挥市场配置资源的决定性作用，注重与不动产统一登记、培育和发展住房租赁市场、集体经营性建设用地入市等改革协同，加强部门协作，形成改革合力。

保证有序可控。政府主导，审慎稳妥推进试点。项目用地应当符合城乡规划、土地利用总体规划及村土地利用规划，以存量土地为主，不得占用耕地，增加住房有效供给。以满足新市民合理住房需求为主，强化监管责任，保障依法依规建设、平稳有序运营，做到供需匹配。

坚持自主运作。尊重农民集体意愿，统筹考虑农民集体经济实力，以具体项目为抓手，合理确定项目运作模式，维护权利人合法权益，确保集体经济组织自愿实施、自主运作。

提高服务效能。落实“放管服”要求，强化服务意识，优化审批流程，降低交易成本，提升服务水平，提高办事效率，方便群众办事。

（三）试点目标。通过改革试点，在试点城市成功运营一批集体租赁住房项目，完善利用集体建设用地建设租赁住房规则，形成一批可复制、可推广的改革成果，为构建城乡统一的建设用地市场提供支撑。

（四）试点范围。按照地方自愿原则，在超大、特大城市和国务院有关部委批准的发展住房租赁市场试点城市中，确定租赁住房需求较大，村镇集体经济组织有建设意愿、有资金来源，政府监管和服务能力较强的城市（第一批包括北京市，上海市，辽宁沈阳市，江苏南京市，浙江杭州市，安徽合肥市，福建厦门市，河南郑州市，湖北武汉市，广东广州市、佛山市、肇庆市，四川成都市），开展利用集体建设用地建设租赁住房试点。

除北京、上海外，由省级国土资源主管部门和住房城乡建设主管部门汇总本辖区计划开展试点城市的试点实施方案，报国土资源部和住房城乡建设部批复后启动试点。

二、试点内容

（一）完善试点项目审批程序。试点城市应当梳理项目报批（包括预审、立项、规划、占地、施工）、项目竣工验收、项目运营管理等规范性程序，建立快速审批通道。健全集体建设用地规划许可制度，推进统一规划、统筹布局、统一管理，统一相关建设标准。试点项目区域基础设施完备，医疗、教育等公共设施配套齐全，符合城镇住房规划设计有关规范。

（二）完善集体租赁住房建设和运营机制。村镇集体经济组织可以自行开发运营，也可以通过联营、入股等方式建设运营集体租赁住房。兼顾政府、农民集体、企业和个人利益，理清权利义务关系，平衡项目收益与征地成本关系。完善合同履约监管机制，土地所有权人和建设用地使用权人、出租人和承租人依法履行合同和登记文件中所载明的权利和义务。

（三）探索租赁住房监测监管机制。集体租赁住房出租，应遵守相关法律法规和租赁合同约定，不得以租代售。承租的集体租赁住房，不得转租。探索建立租金形成、监测、指导、监督机制，防止租金异常波动，维护市场平稳运行。国土资源、住房城乡建设部门应与相关部门加强协作、各负其责，在建设用地使用权登记、房屋所有权登记、租赁备案、税务、工商等方面加强联动，构建规范有序的租赁市场秩序。

（四）探索保障承租人获得基本公共服务的权利。承租人可按照国家有关规定凭登记备案的住房租赁合同依法申领居住证，享受规定的基本公共服务。有条件的城市，要进一步建立健全对非本地户籍承租人的社会保障机制。

三、组织实施

（一）加强组织保障。国土资源部和住房城乡建设部共同部署试点。省级国土资源主管部门和住房城乡建设主管部门负责试点工作的督促、检查和指导。城市政府全面负责试点组织领导工作，制定试点工作规则和组织实施方案，建立试点协调决策机构。各地区各有关部门要加强协调配合，稳妥有序推进试点。

（二）推进试点实施。

1. 编制实施方案。试点城市根据本方案编制实施方案，经省级国土资源主管部门和住房城乡建设主管部门汇总后，2017 年 11 月底前报国土资源部和住房城乡建设部批复。

2. 试点实施、跟踪及总结。省级国土资源主管部门和住房城乡建设主管部门负责试点工作的督促、检查和指导，及时研究解决试点中存在的问题。

2019 年 11 月，省级国土资源主管部门和住房城乡建设主管部门组织开展试点中期评估，形成评估报告报国土资源部和住房城乡建设部。

2020 年底前，省级国土资源主管部门和住房城乡建设主管部门总结试点工作，总结报告报国土资源部和住房城乡建设部。

（三）强化指导监督。各地区各有关部门要按照职责分工，加强对试点工作的指导监督，依法规范运行。要加强分类指导，尊重基层首创精神，健全激励和容错纠错机制，允许进行差别化探索，切实做到封闭运行、风险可控，发现问题及时纠偏。

（四）做好宣传引导。试点地区要加强对试点工作的监督管理，密切关注舆情动态，妥善回应社会关切，重大问题及时报告。

附表一：关于田园综合体、特色小镇、农村产业融合发展示范园、乡村民宿、农家乐的政策文件索引

财政部关于开展田园综合体建设试点工作的通知

（2017 年 5 月 24 日）

住房城乡建设部、国家发展改革委、财政部关于开展特色小镇培育工作的通知

（2016 年 7 月 1 日）

国家农村产业融合发展示范园创建工作方案

（2017 年 8 月 1 日）

农业部关于促进家庭农场发展的指导意见

（2014 年 2 月 24 日）

农业部关于大力发展休闲农业的指导意见

（2016 年 7 月 8 日）

农业部办公厅、国家农业综合开发办公室关于推进农业全产业链开发创新示范工作的通知

（2017 年 6 月 15 日）

农业部、国家发展改革委、财政部、国土资源部、人民银行、税务总局关于促进农业产业化联合体发展的指导意见

（2017 年 10 月 13 日）

附表二：农村投融资相关政策文件索引

财政部、农业部关于深入推进农业领域政府和社会资本合作的实施意见
（2017 年 5 月 31 日）

国务院办公厅关于创新农村基础设施投融资体制机制的指导意见
（2017 年 2 月 6 日）

农业部、中中农办、国土资源部、国家工商总局关于加强对工商资本租赁农地监管和风险防范的意见
（2015 年 4 月 14 日）

国土资源部、全国工商联关于进一步鼓励和引导民间资本投资国土资源领域的意见
（2012 年 6 月 15 日）

农村承包土地的经营权抵押贷款试点暂行办法
（2016 年 3 月 15 日）

农民住房财产权抵押贷款试点暂行办法
（2016 年 3 月 15 日）

附表三：建设用地指标取得模式图

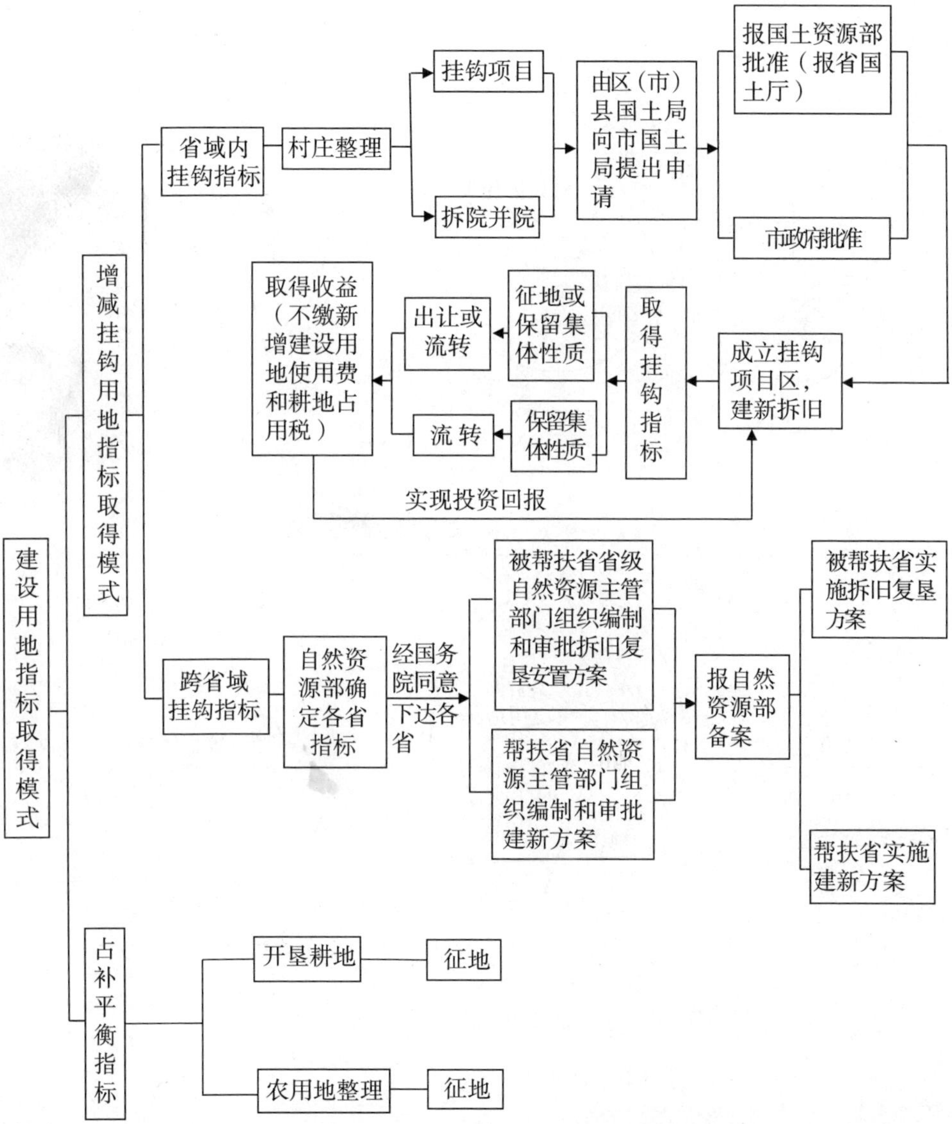

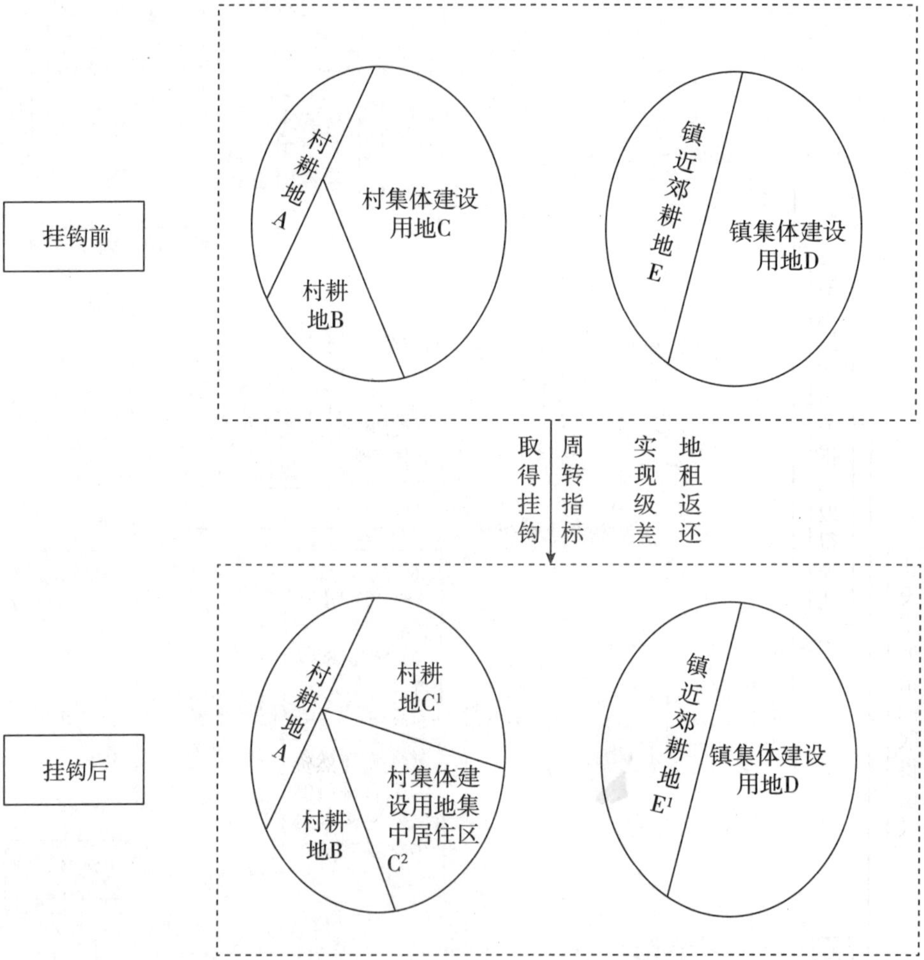

备注：C－C^1、C^2：挂钩指标整理区

E－E^1 挂钩指标落地区

附表四：集体建设用地入市流程图

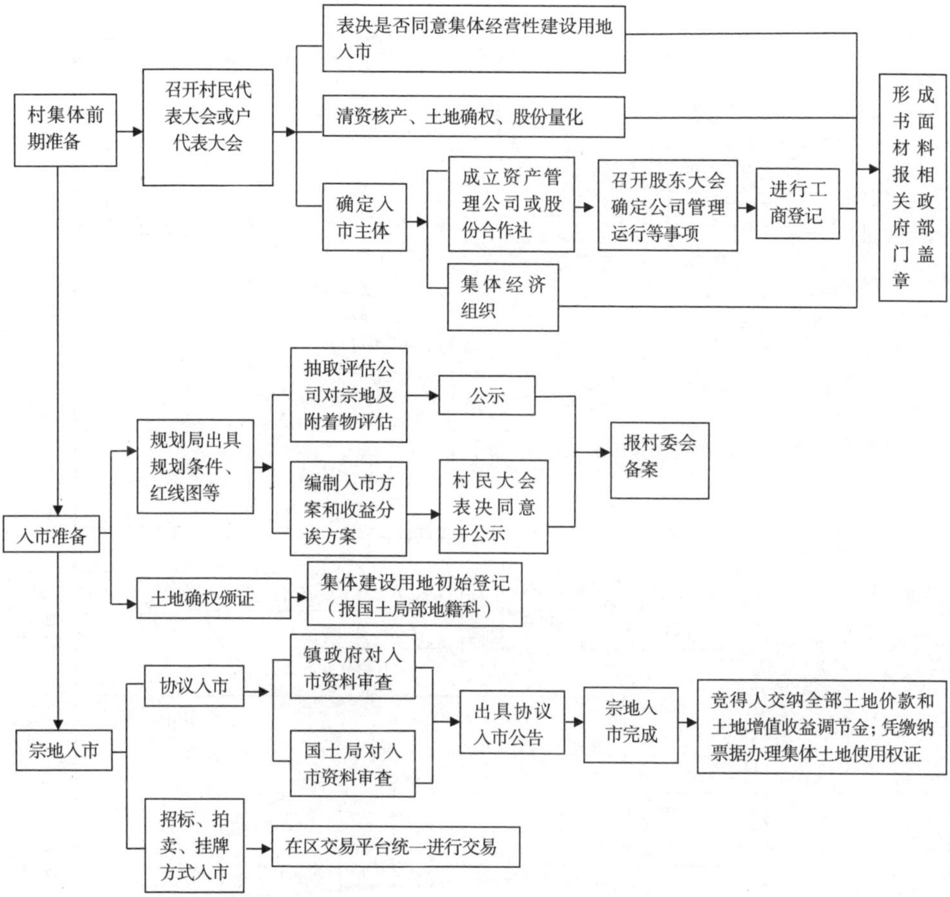

附表五：集体建设用地上项目开发建设流程图

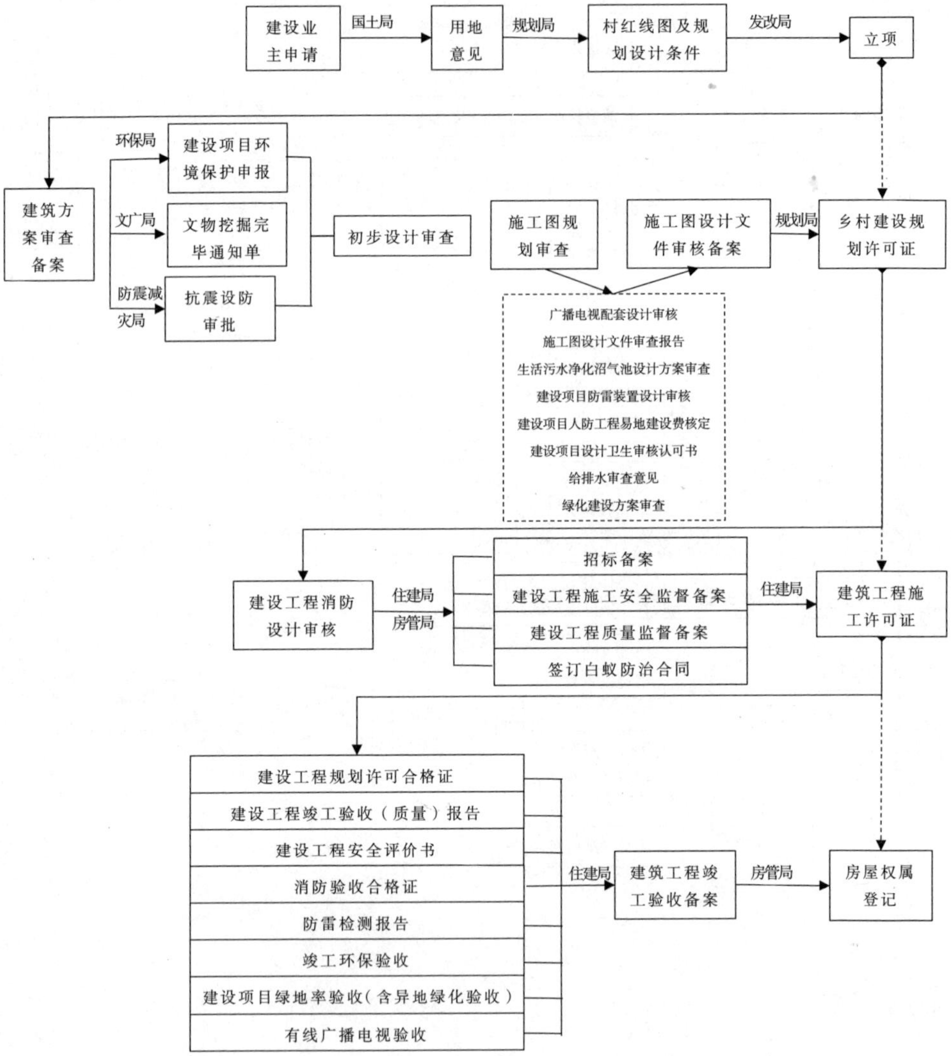

集体土地项目建设中涉及的证书式样

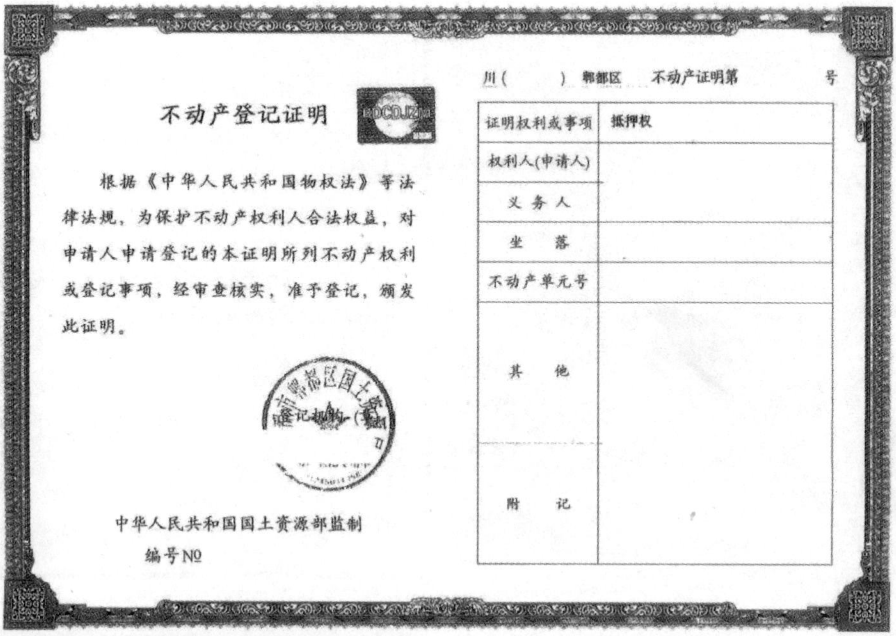

不动产登记证明

根据《中华人民共和国物权法》等法律法规，为保护不动产权利人合法权益，对申请人申请登记的本证明所列不动产权利或登记事项，经审查核实，准予登记，颁发此证明。

登记机构（章）

中华人民共和国国土资源部监制

编号№

川（　　）郫都区　不动产证明第　　　号

证明权利或事项	抵押权
权利人(申请人)	
义务人	
坐落	
不动产单元号	
其他	
附记	

中华人民共和国

不动产权证书

根据《中华人民共和国物权法》等法律法规，为保护不动产权利人合法权益，对不动产权利人申请登记的本证所列不动产权利，经审查核实，准予登记，颁发此证。

登记机构（章）

中华人民共和国国土资源部监制

编号№

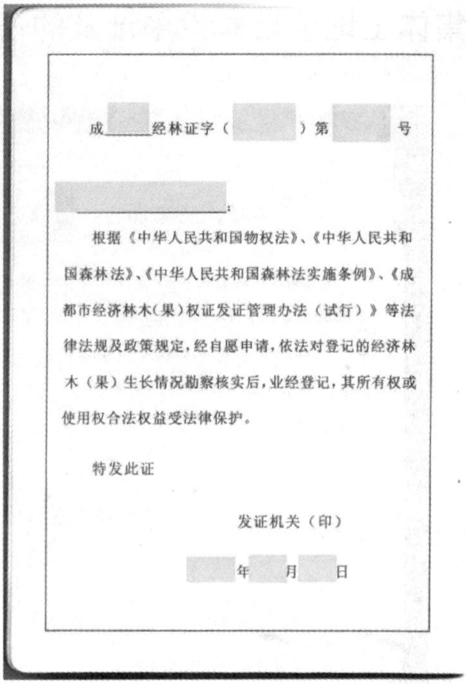

成______经林证字（　　　）第　　　　号

______________：

根据《中华人民共和国物权法》、《中华人民共和国森林法》、《中华人民共和国森林法实施条例》、《成都市经济林木(果)权证发证管理办法（试行）》等法律法规及政策规定，经自愿申请，依法对登记的经济林木（果）生长情况勘察核实后，业经登记，其所有权或使用权合法权益受法律保护。

特发此证

发证机关（印）

　　年　　月　　日

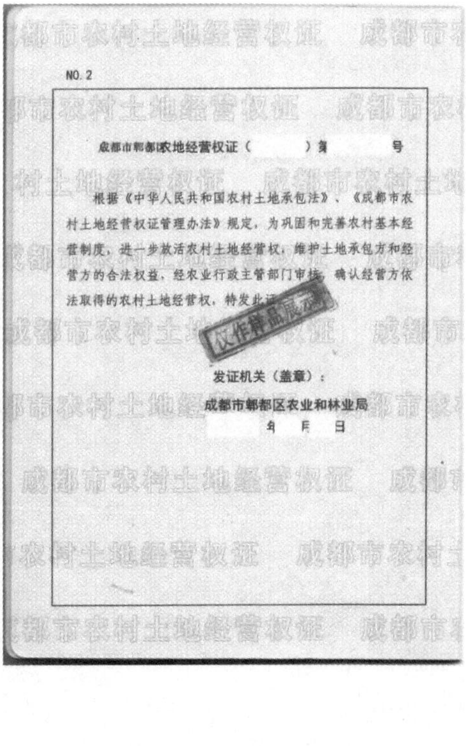

NO. 2

成都市郫都区农地经营权证（　　　）第　　　　号

根据《中华人民共和国农村土地承包法》、《成都市农村土地经营权证管理办法》规定，为巩固和完善农村基本经营制度，进一步激活农村土地经营权，维护土地承包方和经营方的合法权益，经农业行政主管部门审核，确认经营方依法取得的农村土地经营权，特发此证。

仅作样品展示

发证机关（盖章）：

成都市郫都区农业和林业局

　　年　　月　　日

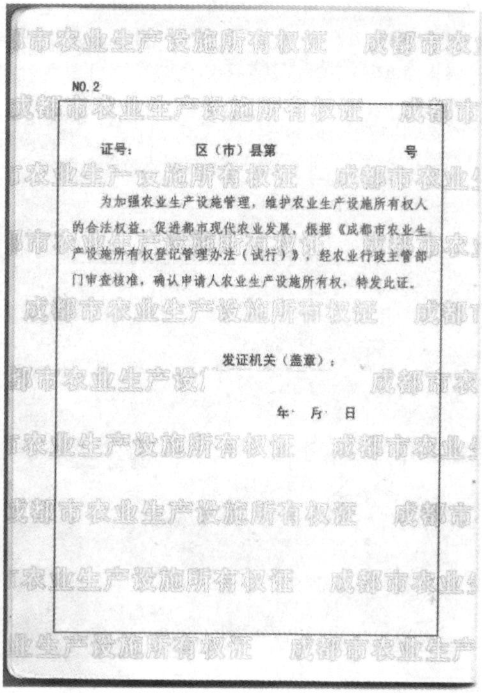
NO.2

证号：　　　　区（市）县第　　　　　号

为加强农业生产设施管理，维护农业生产设施所有权人的合法权益，促进都市现代农业发展，根据《成都市农业生产设施所有权登记管理办法（试行）》，经农业行政主管部门审查核准，确认申请人农业生产设施所有权，特发此证。

发证机关（盖章）：

年　月　日

根据《中华人民共和国农业部令 2010 年第 9 号》和四川省<中华人民共和国渔业法>实施办法》，等法律法规，为稳定和完善农村养殖水域、滩涂利益关系、保障水域、滩涂使用者合法权益，进一步规范农村养殖水域、滩涂水面经营权证管理，由养殖水面使用者申请，经县级渔业行政主管部门审核，县级人民政府批准，准许登记，颁发此证。

发证机关（章）

年　月　日

农村养殖水面经营权证编号	郫农（水产）养证					
养殖水面经营权人						
单位地址或个人住址						
养殖水面所有制性质	集体所有制					
养殖水面类型	塘堰					
核准养殖水面面积						
核准养殖方式	1	滩涂底播	2		3	
核准养殖水面经营权期限						
养殖水面地理坐标及四至范围	东至	三团路				
	西至	承包地				
	南至	承包地				
	北至	承包地				
备注						

仅作样品展示

小型水利工程产权证

（第　　　　号）

根据《中华人民共和国水法》及其他法律、法规的规定，对权利人申请登记的本证所列小型水利工程，经审核，准予登记，颁发此证。

发证机关（印）

年　月　日

经办人：　　　　负责人：

年　月　日　　　　年　月　日

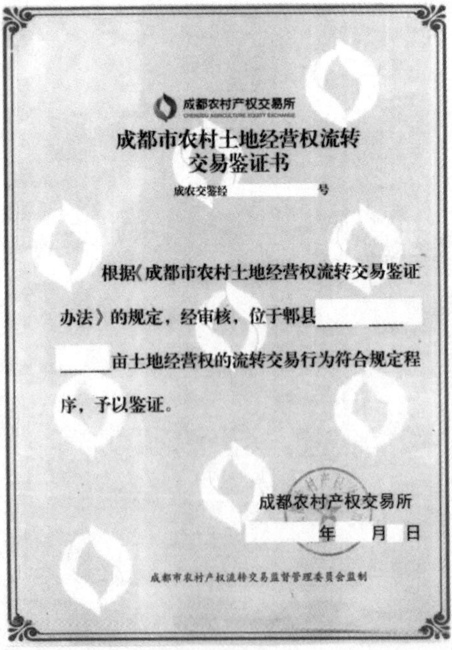

成都农村产权交易所

CHENGDU AGRICULTURE EQUITY EXCHANGE

成都市农村土地经营权流转交易鉴证书

成农交鉴经　　　　号

根据《成都市农村土地经营权流转交易鉴证办法》的规定，经审核，位于郫县＿＿＿＿＿＿＿＿亩土地经营权的流转交易行为符合规定程序，予以鉴证。

成都农村产权交易所

年　月　日

成都市农村产权流转交易监督管理委员会监制

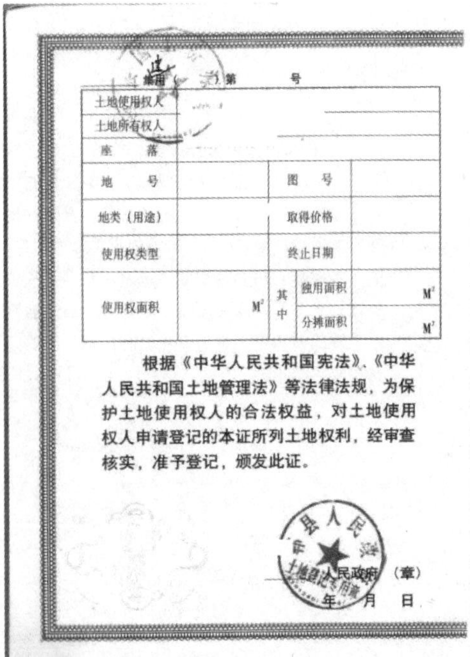

（　　）第　　号

土地使用权人				
土地所有权人				
座　落				
地　号		图　号		
地类（用途）		取得价格		
使用权类型		终止日期		
使用权面积	M²	其中	独用面积	M²
			分摊面积	M²

根据《中华人民共和国宪法》、《中华人民共和国土地管理法》等法律法规，为保护土地使用权人的合法权益，对土地使用权人申请登记的本证所列土地权利，经审查核实，准予登记，颁发此证。

＿＿人民政府（章）

年　月　日

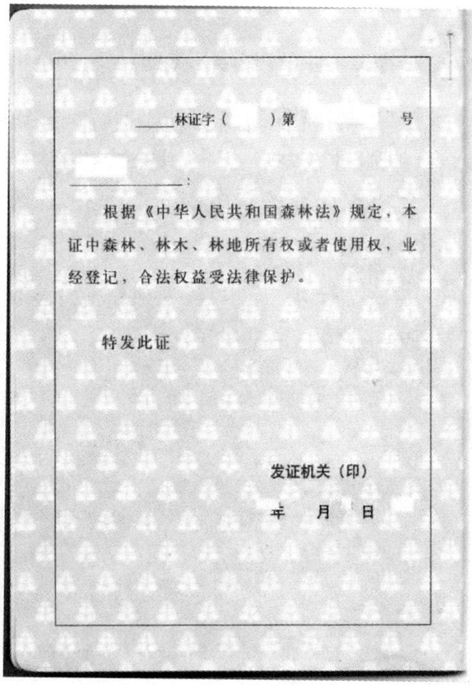
林证字（ ）第 号

：

根据《中华人民共和国森林法》规定，本证中森林、林木、林地所有权或者使用权，业经登记，合法权益受法律保护。

特发此证

发证机关（印）

年 月 日

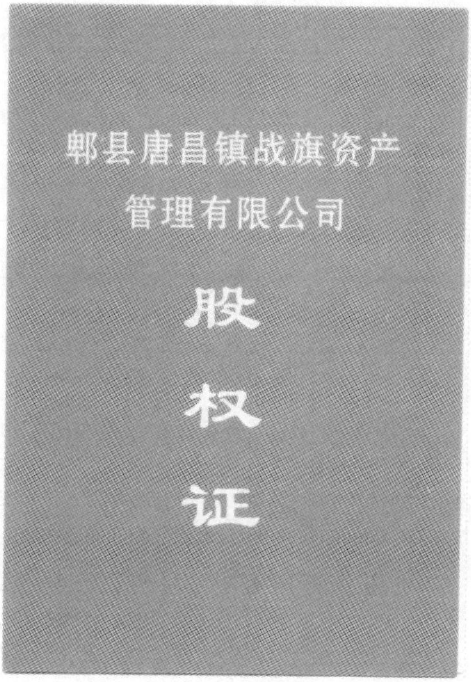

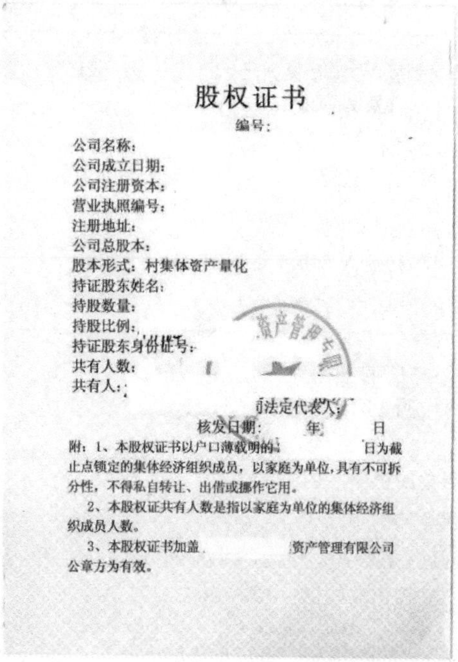
股权证书

编号：

公司名称：
公司成立日期：
公司注册资本：
营业执照编号：
注册地址：
公司总股本：
股本形式：村集体资产量化
持证股东姓名：
持股数量：
持股比例：
持证股东身份证号：
共有人数：
共有人：

司法定代表人：

核发日期： 年 日

附：1、本股权证书以户口薄载明的 日为截止点锁定的集体经济组织成员，以家庭为单位，具有不可拆分性，不得私自转让、出借或挪作它用。

2、本股权证共有人数是指以家庭为单位的集体经济组织成员人数。

3、本股权证书加盖 资产管理有限公司公章方为有效。

图书在版编目（CIP）数据

乡村振兴中集体土地项目全程运营模式与实践 / 伍波编著 . —北京：中国法制出版社，2019. 4

（乡村振兴实务系列丛书）

ISBN 978 - 7 - 5216 - 0058 - 2

Ⅰ. ①乡… Ⅱ. ①伍… Ⅲ. ①农村 - 集体所有制 - 土地所有权 - 研究 - 中国 Ⅳ. ①F321. 1

中国版本图书馆 CIP 数据核字（2019）第 040569 号

责任编辑 朱丹颖（投稿联系：ss - nuannuan@ hotmail. com） 封面设计 李 宁

乡村振兴中集体土地项目全程运营模式与实践

XIANGCUN ZHENXING ZHONG JITI TUDI XIANGMU QUANCHENG YUNYING MOSHI YU SHIJIAN

编著/伍波

经销/新华书店

印刷/三河市国英印务有限公司

开本/710 毫米 × 1000 毫米 16 开 印张/ 18. 75 字数/ 242 千

版次/2019 年 4 月第 1 版 2019 年 4 月第 1 次印刷

中国法制出版社出版

书号 ISBN 978 - 7 - 5216 - 0058 - 2 定价：68. 00 元

北京西单横二条 2 号

邮政编码 100031 传真：010 - 66031119

网址：http：//www. zgfzs. com **编辑部电话：010 - 66067369**

市场营销部电话：010 - 66033393 **邮购部电话：010 - 66033288**

（如有印装质量问题，请与本社印务部联系调换。电话：010 - 66032926）